一般社団法人
地域デザイン学会 監修

原田　　保
諸上　茂光 編著
西田小百合

地域デザイン学会叢書 11

地方創生から地域デザインへのコンテクスト転換

地方と中央との関係編集による地域価値の創造

学文社

編著者プロフィール

＊原田　保（はらだ　たもつ）
　（一社）地域デザイン学会理事長，ソーシャルデザイナー，地域プロデューサー，現代批評家（序章，第1章，終章）

＊諸上　茂光（もろかみ　しげみつ）
　法政大学社会学部教授（第1章，第5章，終章）

藤田　直哉（ふじた　なおや）
　日本映画大学映画学部准教授（第2章）

庄司　真人（しょうじ　まさと）
　高千穂大学商学部教授（第3章）

石川　和男（いしかわ　かずお）
　専修大学商学部教授（第4章）

佐藤　正弘（さとう　まさひろ）
　日本大学法学部教授（第6章）

佐藤　茂幸（さとう　しげゆき）
　大月短期大学経済科教授（第7章）

越川　靖子（こしかわ　やすこ）
　千葉商科大学商経学部准教授（第8章）

鈴木　寛（すずき　かん）
　東洋大学経営学部准教授（第9章）

福田　康典（ふくた　やすのり）
　明治大学商学部教授（第10章）

＊西田小百合（にしだ　さゆり）
　東海大学観光学部准教授（序章，第1章，終章）

（執筆順，＊は編者）

はしがき

　一般社団法人地域デザイン学会は新しい学会であり，確立した学問分野ではない地域デザインの研究を行うために，理事長の原田によって設立された学会である。当初からの方針は，可能な限り早く日本学術会議の協力学術研究団体になることであり，定期的に研究成果を上げることである。そのため，定期的に学会誌を刊行するとともに，本叢書を毎年刊行することも基本的な活動になっている。このようなことから，毎年叢書の刊行を行ってきたが，これは会員が共通のテーマで研究を行うことで，組織としての考え方を会員が共有することに大いに貢献していると考えられる。

　そこで，本学会に関心がある方は，学会誌と叢書に目を通していただきたいと希望している。それは，学会は新たな情報発信を行っていくことが生命線であり，また新たな執筆者の育成が大事になっているからである。

　なお，本学会ではコンテンツ(contents)よりもコンテクスト(context)が重視されており，そのため学会の名称に使用されているデザインに関してもコンテクストとしてのデザインが強調される。その意味では，コンテンツ主義者にとっては不適当な学会であると考えられるわけである。また，叢書においては，内部に向けたメッセージの発信とともに，社会に対するメッセージの発信が期待されることになる。

◇ **本学会が重視するスタイル** ◇
×コンテンツ重視
↓
○コンテクスト重視

　本学会では原田が構想した ZTCA (zone, topos, constellation, actors network) デザインモデルが唯一の公式モデルになっているので，このモデルの進化と深

化が研究活動のコアに据えられている。つまり，会員においてもこのモデルをコアにおいた研究がなされることになる。これは，学会の活動のバラツキを避けるためであり，またそう多くの会員を必要としていないからである。

◇ 地域デザイン学会の主な確認事項 ◇
①ZTCA デザインモデルが主たる研究対象
②ZTCA デザインモデルに関心を払わない研究者は会員として不適当

　会員においては周知であろうが，地域デザインを行う際にはまずは社会課題への対応を行うことになる。しかしながら，我々は社会啓発者ではなく地域デザインの研究者であるから，社会運動や正義に依拠した社会活動を行うことはなく，社会課題解決は研究のための対象であって，目的になることはない。したがって，本学会では単なる社会啓発者の参加は望んでいない。それは，そのような人が参加すると調整に手間がかかるからである。

◇ 研究分野としての地域デザインのスタンディングポイント ◇
①多様な課題が散見される地域は研究の対象としての位置づけ
②地域デザイン研究において目的ではなく手段としての社会課題の認識

　また，地域課題への対応はその性格から国や地方自治体における政治家の心情や政策に関してはニュートラルであり，そのため政治的色彩の強いふるさと納税などには関与しないことになるし，特定の政治的あるいは宗教的影響がみられる実務家や住民などとも距離を置く姿勢を貫くことにする。つまり，地域おこし協力隊や地方への移住者の思いに対しては，何ら評価しないという立場を取っているが，このことはモデルの実装化における原則になっている。

◇ **アクターに対する研究におけるスタンスの確認** ◇
　①全ての政治的な見解に対しては組織としてはニュートラルな対応
　②地域外部の人材の行為には適当な距離感でのニュートラルな評価

　このような前提を踏まえながら，今回の地域デザイン学会叢書11は，以下のような体制で展開された。運営担当は原田，西田，石川であり，編者は原田，諸上，西田である。なお，執筆者は全員が地域デザイン学会の会員（執筆当時）であり，また地域に関する研究者になっている。このようなことから，今回は特に「地方創生から地域デザインへのコンテクスト転換」というテーマに基づき，特に地方と中央との関係編集による地域価値の創造を指向して執筆がなされることになった。

　全体を貫く大事な観点は，地域デザインは地方創生とは異なるということであり，デザインの方法が用いられることが丁寧に説明される。また，執筆者の研究領域が多様であるため，かなり広範な課題への対応策の提示がなされることになる。なお，本学会にはまだ良い研究者が多数いるので，彼らが共同研究を希望するのであれば，次号以降の執筆者にしたいと考えている。

　併せて，本叢書においては，地域価値の発現には特にネットワーク組織論が有効であるということが全体の基盤になっている。つまり，ここでは地域価値の発現はノード（node）とリンク（link）を巡る展開として捉えられている。具体的には，原田が40年にわたって研究対象にしていたコンテクストである境界融合と関係編集が多用に展開される論考の執筆が追及されることになっている。このように，価値はコンテンツからではなくコンテクストから現出するという考え方からの論述が展開されている。

◇ **本叢書で使用される主要なコンテクスト** ◇
　①境界融合⇒自身を拡大するための行為
　②関係編集⇒自分と他者がなすべき事柄

最後になるが，我々地域デザイン学会の会員が本叢書執筆の機会を得たのは，学文社　田中千津子社長のご好意によるものであり，ここに深謝の意を表したい。こうして本叢書が執筆されたが，各執筆者においては今回の研究を起点にして何らかのコンテクスト転換がなされ，併せて ZTCA デザインモデルへの貢献がなされることが期待される。さらに，執筆者がこの著作を活用して社会課題の解決に寄与していただくことを期待しているし，本学会会員には本書を活用してモデルの実装化への関心を深めていただきたい。

2024 年 10 月

編者　原田　　保
　　　諸上　茂光
　　　西田小百合

目　次

序章　地域価値発現方法のコンテクスト転換
―地方創生から地域デザインの進化に向けたカテゴリーの活用― ……1
はじめに …………………………………………………………………………1
第1節　地方と地域の差異から捉えたデザイン行為の対象に関するコンテクスト転換視点からの考察 …2
第2節　地域課題の多様化と時空間の多様化を捉えた今後におけるゾーンデザインの方向性 …6
第3節　地域デザインにおける連携方法の開発による地域価値発現へのアプローチ …11
おわりに …………………………………………………………………………15

第1章　カテゴリー連携から想起されるリンク活用による関係編集
―広域カテゴリー，連結トポス，間主観結合によるリンクの展開― …17
はじめに …………………………………………………………………………17
第1節　地域デザインにおける関係価値の追求によるZやTの価値発現 …19
第2節　関係編集の事例―リンクとしての道を活用した新たなゾーンの形成 …23
第3節　地域資源価値向上のための3層の関係編集事例 …………………28
第4節　ネットワーク組織論を契機として提唱された関係編集に関する考察 …34
おわりに …………………………………………………………………………44

第2章　地域デザインのドラマツルギー
―アーヴィング・ゴフマンを参照した地域デザインの観察― ……49
はじめに …………………………………………………………………………49
第1節　「ドラマツルギー」による地域デザインの観察 …………………51
第2節　抵抗と逸脱 ……………………………………………………………59
第3節　メタフィクション的な認識の一般化と，真正性の希求 …………63
おわりに …………………………………………………………………………73

第3章　エコシステムによる地域デザインの新視角
　　　　──サービスの関係編集によるエコシステムの価値発現── 77
　はじめに 77
　第1節　脱成長社会の到来 78
　第2節　エコシステムによる関係編集 86
　第3節　エマージェンスとエコシステム 94
　おわりに 99

第4章　外部人材による地域デザインの新視角
　　　　──離島における関係編集によるスモールワールドの価値発現── 103
　はじめに 103
　第1節　行政区中心による地方創生政策展開の陥穽 104
　第2節　外部人材活用による関係編集の変化 107
　第3節　任期終了後定住した協力隊員の生活 110
　第4節　粟島浦村というスモールワールドにおける変化 116
　おわりに 124

第5章　トポスデザインの新視角
　　　　──トポス同士の関係編集による地域の価値発現── 128
　はじめに 128
　第1節　地域価値を客体に伝えるトポス 129
　第2節　ローカルネットワーク 131
　第3節　リージョナルネットワーク 135
　第4節　意味関連ネットワーク 139
　おわりに 144

第6章　公共空間デザインの新視角
　　　—移動販売車の関係編集による公共空間の価値発現— ………… *150*
　はじめに ……………………………………………………………… *150*
　第1節　マーケットと公共空間に関する先行研究 ………………… *151*
　第2節　カテゴリーに関する先行研究 ……………………………… *153*
　第3節　移動販売車の関係編集による公共空間デザインの価値発現 …… *158*
　おわりに ……………………………………………………………… *161*

第7章　プラットフォームデザインの新視角
　　　—境界連結者の関係編集による大学・観光・デジタル・共助の価値創造— … *166*
　はじめに ……………………………………………………………… *166*
　第1節　ビジネス分野と地域のプラットフォーム ………………… *167*
　第2節　プラットフォームと地域デザイン ………………………… *174*
　第3節　統合プラットフォームと価値創造 ………………………… *184*
　おわりに ……………………………………………………………… *191*

第8章　寺社における地域デザインの新視角
　　　—空間用途の関係編集によるカーニバルの価値発現— ……… *195*
　はじめに ……………………………………………………………… *195*
　第1節　寺社の過去と現在 …………………………………………… *196*
　第2節　宗教とコミュニティ ………………………………………… *204*
　第3節　空間（ゾーン）によるコンテクスト転換 ………………… *209*
　おわりに ……………………………………………………………… *212*

第9章　路線デザインの新視角
　　　　―観光スポットの関係編集による沿線の価値発現― …………… *217*
　はじめに ………………………………………………………………… *217*
　第1節　鉄道会社における「ゾーン」……………………………………… *218*
　第2節　京急電鉄におけるゾーニング …………………………………… *221*
　第3節　三浦半島ゾーンにおけるコンテクスト転換 …………………… *225*
　おわりに ………………………………………………………………… *235*

第10章　ネットワーク化による地域デザインの新視角
　　　　―都市連携の関係編集による連携中枢都市圏の価値発現― …… *241*
　はじめに ………………………………………………………………… *241*
　第1節　連携中枢都市圏構想と地域ネットワーク ……………………… *242*
　第2節　理論的レビュー：価値創出ネットワーク研究における知見の整理 … *247*
　第3節　連携中枢都市構想の展開と評価に向けた試論 ………………… *257*
　おわりに ………………………………………………………………… *263*

終章　地域デザインモデルの効果を高めるためのコンテクスト転換
　　　　―価値発現を指向する境界融合と関係編集の推進― …………… *267*
　はじめに ………………………………………………………………… *267*
　第1節　境界融合に向けた関係編集を推進するための基本的思想 …… *269*
　第2節　個別の執筆者の独自の主張とその地域デザインからの評価 … *273*
　おわりに ………………………………………………………………… *281*

序章

地域価値発現方法のコンテクスト転換
―地方創生から地域デザインの進化に向けたカテゴリーの活用―

原田　保
西田小百合

はじめに

　本章は，政府などが進めている地方創生[1]を標榜した地域に対する基本政策や活性化を指向する戦略に対するある種の批判と，これを踏まえた地域デザイン学会からの地域価値の発現を指向した構想を要約したものである。近年，我が国では急速に過疎化や高齢化が進む地域が増加していることから，これらに対する政府等の政策が内閣府を中心にして多様に打ち出されているが，これらの対応には多くの部分的な重なりが生じていたり，また相互の整合性が欠けていたりする。

　これらに伴って，各地域における各組織の対応も複雑化することになり，そのために各地域には多くのコンサルタントのいわば草刈り場のような状況が現出している。このような悲惨ともいえる状況からの脱却を図るために，各地域が自身で対応策を構築できるような手法の提示が必要になっている。そこで，本書ではこれらの政策の中心的な主題になっている地方創生や地域活性化というような従来の政策に対するある種の批判的な提言を行うことにしたい。これが実は我々が主張する対象範囲と対応方法を明示している地域デザインというものである。これは，具体的には地方と地域の差異の確認，および創生とデザ

インの差異を認識することから始まる。

◇ 本書におけるアプローチ方法 ◇
地方創生⇒地域デザイン
①対象＝地方⇒地域
&
②手法＝創生⇒デザイン

　本章では，我が国の国土や国民を捉えたデザイン手法による地域価値の発現を指向することが主張される。とりわけ，地域デザインの視角から地域価値の発現を可能にするための方法が提示されることになる。このようなことを踏まえながら，第1節では，まず地方と地域の差異から捉えたデザイン行為の対象に関するコンテクスト転換の視点からの考察が行われる。次に第2節では，地域課題の多様化と時空間の多様化を捉えた今後におけるゾーンデザインの方向性が提示される。第3節では，地域デザインにおける連携方法の開発による地域価値発現へのアプローチについて述べる。

第1節　地方と地域の差異から捉えたデザイン行為の対象に関するコンテクスト転換視点からの考察

　本節では，まず地方と地域の差異を確認するが，前者の地方においては中央という対抗概念があり，後者の地域においては全域という対抗概念が容易に想起できる。しかし，これらは時に誤って混同されたり，無意識を含めて定義なく多様に使用されたりすることもある。地域デザイン学会においては，これら2つの概念を明確に区別している。すなわち，前者の地方は地のある種の性格のことであり，後者の地域は地のある種の範囲のことである(図表序-1)。

図表序-1 本書における地方と地域

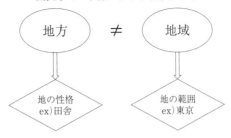

◇ 地方と地域との基本的な差異 ◇

A. 地方＝地の<u>性格</u>

VS

B. 地域＝地の<u>範囲</u>

(1) 地方の定義

　上述した通り，前者の地方とは，まさに特定の地に見られるある種の性格のことだが，この対抗概念は中央ということになる。つまり，地域には地方と中央の双方があって，これらがある種のセット概念になるといえる。こう考えると，全域については原則的には1つの中央(複数あってもよい。例えばツインシティ[2])と複数の地方から成り立っていると考えられる。しかし，実際には全域に大きな影響力を行使できる地域である中央が，これもまた地域である複数の地方に対して何らかの影響力を行使する傾向があると考えられる(図表序-2)。

　我が国の場合は，一般的には中心は東京，あるいは東京に神奈川，埼玉，千葉の3県を加えた1都3県ということになるが，本書においては主に後者の広域を中心であると考える。つまり，1都3県を地方自治体であると捉えれば，これは他の道府県とは水平関係にあるといえるし，ここを政府がある中心地域であると捉えれば，ここと他の道府県とは垂直関係にあるといえる。

図表序-2　1つの中央と多数の地方

(図:「全域」─「中央(東京都)」を囲む楕円の中に地方(県)、地方(府)、地方(道)などの円 → 1つの中央と複数の地方)

◇　中央に見出される二重性　◇
①水平構造⇒中央は地方と同等の自治体水準の域
②垂直構造⇒中央はより上位の国家水準の域

　そうなると，我が国における地域デザインにおいてはどちらの考え方をとるのがよいのかを検討することが必要になってくる。すなわち，中央に見出される二重性を捉えた地域デザインが期待されることになる。これは，1都3県という広域ゾーンの2重の構造を考えることが大事になることを示している。つまり，価値発現のためには，自治体間の関係編集の効果的な展開が期待されるということを示している(原田，2000)。
　ここで大事になるのは，水平的な関係に対するもう1つの関係である中央(国家)と地方(地方自治体)と地方という階層的関係についても，同時に検討を加えることが必要になってくるということである。また，地方自治体は2層構造になっているが，ここにおける階層的な枠組に対する検討も不可欠になっている(原田他，2023)。このような垂直構造では，権限をいかほどまで下位の組織に移譲するかが大事な検討項目になってくる。

そこで，本書では，地域デザインの観点から，このような垂直的関係よりは，むしろ前者のような水平的関係としての中央と地方という関係体系を捉えた研究を対象にすることにしたいと考えている。なお，著者は，垂直関係を捉えた対応については地域デザインよりも地方自治や地方政治の議論として捉えるべきであると考えており，ここでは地域デザインの研究対象から除外することにした。

(2) 地域の定義

地域とは地に関するある種の範囲を示す概念であり，これは全域とそこの一部である複数の部分域から構成されることになる。そのため，我が国においては，例えば国(日本)を全域とするならば，都道府県のすべてはその部分である地域ということになる。そのため，中央(東京都)も地方(すべての道府県)もまた部分域である地域ということになる。つまり，地域という概念は部分域になるのだから，これらを含む全域との関係を踏まえた部分域であることになる(図表序-3)。

図表序-3　多生化する全域と地域

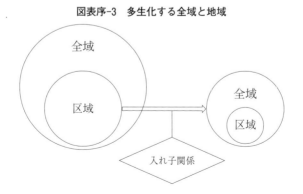

◇ 階層関係にある地域と全域との関係 ◇

A. 部分域＝地域

VS

B. 全体域＝全域

こう考えると，対抗概念である地域と全域についてはまさに多段階に及ぶ包含関係であり，ある種の多段階包含モデルということができる。これにより，多様な主体や客体が織りなす包含関係は多様に設定できることになるが，その判断には最大限の効果が期待できる関係が現出するような単位での関係価値の最大化が求められる。つまり，デザインのための単位と関係性の考察が，地域価値の発現のためには有効なアプローチであると考えられる。今後の価値論では，コンテンツを対象にしたものよりは，例えば場と関係を捉えた編集が有効なアプローチになることを示している（原田，2001）。

第2節　地域課題の多様化と時空間の多様化を捉えた今後におけるゾーンデザインの方向性

我が国においては，その地域課題はますます大きくなり，また多岐にわたっている。そのため，これらの多様な課題への対応も，これまでとは大きく異なるものになってくる。これについては，急速に進展する時空間の多様化を展開しながらまずは有効なゾーンデザインの展開を指向することが期待される。そこで，本節においては，このような観点からの考察が行われることになる。

(1) 地域デザインにおけるカテゴリーの設定とマルチカテゴリーゾーン構想の推進

これまでの議論に上り，地域における水平構造や垂直構造が理解できたと思われるが，これらをいかにデザインしていくのかが，今後の地域デザインにとってはきわめて大事な対応になってくる。これはすなわち，地域デザインの対

象になるゾーンにはまさに水平構造と垂直構造の双方を捉えた戦略的な対応が必要であることを示している。

　ゾーンは，地域における水平関係においても垂直関係においてもニュートラルな概念として構想されてきた。その意味で，著者が構想したZTCA（zone, topos, constellation, actors network）デザインモデルは，地域デザインにおける広範な適用を可能にするために構想されたモデルであることになる（原田，2020）。

　これについては，地域デザインの対象が多くの場合には都道府県や市区町村というように，水平的にも垂直的にも既存の自治体の単位（エリア：area）に依拠したものであるが，これらがあまり効果的な対象になっていない場合には，これらの単位を超えた自在な戦略的単位が必要になる。そこで，既存の自治体単位とは異なるデザイン対象の設定が期待されることになる。このような脱エリア発想で設定された対象がまさにゾーンであって，これは水平的にも垂直的にも完全に自由な立場から構想される純粋に戦略的な範囲になるわけである。

◇　ゾーンという概念に見出される戦略的な指向性　◇
A. 法による垂直的な縛りからの解放指向性
&
B. 法による水平的な縛りからの解放指向性

　もちろん，既存の都道府県や市区町村がゾーンとして的確である場合は，既存の地域の単位がそのままゾーンになる場合もある。こう考えれば，ゾーンはゾーン＝エリアという場合とゾーン≠エリアの場合があることになる。自治体の合併や再編は多様な因子を捉えた対応になるのだから，今後においては自治体の範囲とは異なる地域デザインの対象が設定されることが増大するであろう。

　また，近年では地域差が多様に現出し，対応策ごとに対象範囲が異なる場合が多くなっているため，単にゾーンを設定しただけではうまく対応がとれないという場合も増加している。実際，対応課題は一律であっても，その展開には単一のエリアやゾーンでは不可能であるということも散見されるようになって

きた。場合によっては，課題ごとにその対象ゾーンを変化させることが必要になってくることから，複数のゾーンが設定されることになる。

例えば，現在でも警察や消防の管理範囲は既存の市町村の単位とは異なっている場合があるし，公共事業のみならず，大企業の管理範囲もそれぞれに固有のものになっている。そこで，課題ごとに対応地域を変えるために，課題単位

図表序-4　1つのゾーンにまたがるカテゴリー

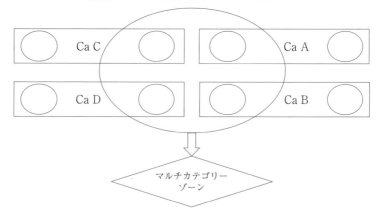

図表序-5　マルチカテゴリーゾーンのイメージ

の地域でカテゴリー(category：Ca)という概念が構想されることになる(原田他,2021；原田他, 2022)(図表序-4)。こう考えると，今後はどの地域も複数の課題の一つひとつの連携対象が変わることになるために，課題ごとの広域カテゴリーを複数構築することが大事になってくる。つまり，これがマルチカテゴリーということになるが，これがゾーンとして機能すると考えれば，マルチカテゴリーゾーン(multicategory zone)になる(図表序-5)。

(2) 現実化するゾーンの多様な拡張が現出させるゾーン概念の多様な拡張

本学会においては，すでに何度も述べているように，今やいわゆる空間はいたるところに多様に現出しており，そのためこれを捉えたデザインも次第に複雑化の傾向をみせている。例えば，リアルな空間としては，すでに宇宙空間(outer space)がデザインの対象に入ってきており，またバーチャル空間(virtual space)も多様な広がりをみせるまでに進化を遂げている。つまり，空間は多様な次元において現出し，これらが従来のリアル空間と連携するようになっている。これらの空間が，連携するに伴い，空間デザインは次第にインテグレート指向を取ることになり，その作業は次第にプロデュース指向を強めるようになってきた。

そして，これらの空間を操作する主体はマルチ化し，これを踏まえて組織化されていくことにもなってきた。また，このような空間は時間との統合概念化がなされるようになっている。さらに，時間というものがデザインの対象になり，今後においては空間ゾーンのみならず時空間ゾーンというような統合型ゾーンがデザインの対象になってくる。

このような時空間概念の広がりの中においては，我々は例えばトランス(trans)やワープ(warp)というような能力の構築が不可欠になってきている。こうして，新たに時空間ゾーンが現出するようになると，そのための新たな編集能力の獲得が欠かせない。こう考えれば，さらなる次元の取り込みが予見されることになり，まさに次元フリー型の複合ゾーンの設定も可能になってくる。

◇ 地域デザインの対象次元の拡張 ◇
A. 空間 ＋ 時間＝時空間ゾーン
↓
B. 次元フリー型複合ゾーン

　さらには，地域デザインに関与するアバター（avatar）[3]の多様な進化によって多様な私（I）が存在できるようになると，リアルな私のほかに数多の私（We）が生まれることになって，結果的に複数の私が存在するようになってきた。また，このような現象が生まれるような時代はIでなくてWeの時代であるといわれている。つまり，このような空間がゾーンになると，ここには私が主体としても客体としても存在することになってくる（Mogura VR News, 2022）。
　こうなると，地域デザインの主体である我々が編集すべき対象としての空間も多方面に多様化することになり，そのためにリアルな私の本来的な希望とは異なる方向に時空間が動くことも生じるわけである。つまり，ゾーンデザインの主体が私ではなくなってしまい，私自身が他者になってしまった自分をデザインの対象に転換させてしまうような状況が現出してくることになる。

(3) 自身に内在化していく時空間としてのイメージゾーンの多様な形成

　これまでは，リアルであろうがバーチャルであろうが，可視化されている人工物として時空間が存在するという前提の中において確認できる時空間であったが，ここではいわゆる心象としての時空間，つまり人工物ではない，心の中に個人的に内在されているある種のイメージとしての存在である時空間になっている。これについては，本来は個人的なものであるのだが，それでも現実の外部との接触によって実際にはないものが自身の代わりの主体によって，いわば内的心象の中において構想されることになり，まさに見えない主体が無意識的にネットワークされるようなある種の間主観型の結びつきが形成されることになってくる。

◇ 空間概念の拡張 ◇
①リアル空間＝現実に存在する空間
＋
②バーチャル空間＝ネット上の仮想空間
＋
③心象空間＝心理的に存在する心象空間

　このような領域は，ある種の心理的な領域であると考えられるが，これもデザインの対象になることができる。このようなゾーンは，特にコンステレーションとの関係性が強くなっていると思われる。こうなると，ゾーンは心の奥底においては個人的に，あるいは共同主観的に構築されるようになってくる。それゆえ，ここにおけるデザインについては，ある種のセルフデザイン（self design）であり，またパーソナルデザイン（personal design）であることになる。そこで，このような時空間もゾーンデザインの対象として捉えることが大事になってくる。

　しかし，このような領域においては自身が自己喪失をおこさないようにすることがきわめて大事な対応になっている。これについては，時空間はリアルからバーチャルに，そして心象に移っていくことを示している。こうなると，地域デザインのゾーンにおいてもこのような領域が対象になってくる。そこで，特に手段としてのコンステレーションの戦略的な活用が大いに期待されることになる。

第3節　地域デザインにおける連携方法の開発による地域価値発現へのアプローチ

　本節では，以上のような既存の地域デザインへのアプローチに加えて，新たにもう1つのアプローチを追加していくことにする。これまではいかに価値あるゾーンやトポスを構築するかという視点からの議論が中心になっていたが，

今後はこれに加えてエリアやゾーンとの関係を踏まえた編集，つまり関係編集によって地域の課題を解決することを指向していく。

(1) デザイン対象の選定が地域価値を発現するための基本的な対応思想

　地域デザインモデルにおいて，特に Z，つまりゾーンを起点にしたのは，価値の発現を可能にする最適な対象を模索すべきである，というねらいがあったからである。だからこそ，自治体の範囲に拘ることなく，これとは異なる対象を設定すべきだということが主張されたわけである。

　この方法による 1 つのアプローチから構想されることになった概念であるゾーンは，原田のかつての仕事経験から浮上することになった。これについては，地域デザインの対象に対する戦略的なコンテクスト転換の結果として現出したものである。

　しかし，ここにおいて提言されるのは，地域価値の発現のための包括的対象であるゾーンのように転換させるのではなく，むしろ数多ある課題ごとに複数の地域が連携する個別的な対応主体としての複数のネットワーク化である。これについては，これまでのカテゴリーのある種の広域ゾーンであるという捉え方から個別の地域課題ごとに最適な対応のための範囲を構想するマルチネットワークを設定しようということへのコンテクスト転換により捉え直されたものであり，ある種のネットワーク組織としてのカテゴリーになる。このような複数の課題への対応を並行して行える広域の課題対応のためのカテゴリーこそが，今後の地域デザインの展開のためには大いに有効であると考えられる（原田他，2021；原田他，2022）。

◇　カテゴリーのコンテクスト転換　◇

A．広域ゾーンとしての性格が強調される地域概念

↓

B．マルチカテゴリーとしての性格が強調されるネットワーク概念

(2) 今後の地域デザインにおけるとゾーンとカテゴリーの同時展開

このように，カテゴリーのコンテクスト転換によって地域デザインのためのモデルの活用は2つあることになり，これらの効果的な使い分けと統合が不可欠になる。各自治体は，一方では1つのゾーン指向を行いながらも，同時に他方では複数のカテゴリー指向を(ゾーンとは別に)行うことが期待される。つまり，他地域との間において包括的な関係を指向するのか，部分的な関係を指向するものか，あるいはこれらを同時に追求するのかという課題が生じることになってくる。

◇ **2つの地域デザインモデルの活用方法** ◇
A. 唯一の地域単位としてのゾーン
and/or
B. 複数の地域単位としてのカテゴリー

そこで，これに伴う今後の使用モデルについては，原則としてはこれまでのZTCAデザインモデルによる対応が良いと思われるが，場合によっては新たにZに変えて，あるいはZに加えて展開することも可能であると考えられる。

こう考えると，従来のZTCAデザインモデルにCaを連携させることも可能になってくる。ここで大事なのは，ZにかえてCaを使用することはできないということである。これは，CaはあくまでもZTCAデザインモデルの価値を高めるための補助的な概念だからである。

Cas(複数のカテゴリーを示す)を連携したZTCAデザインモデルというような新たなモデルを導入することも可能である。そのため，これは課題ごとに対応するためのZTCAデザインモデルの変形モデルであるとも考えられる。

(3) 地域デザインモデルの進化ためのネットワークから捉えたカテゴリーに関する考察

これまで展開してきたカテゴリーの可能性を認識するために，ここではすで

に一般化しているネットワーク理論[4]からカテゴリーへの活用を行うための考察を行ってみる。つまり，これはカテゴリーはある種のネットワークであるという考え方であり，そのためここでのカテゴリーはノード(node)とリンク(link)から成立していると考えられる。また，このネットワークから捉えたカテゴリー論においては，市区町村等のノードについてはエリアやゾーンであり，またリンクはこの市区町村の共通課題である。

こうなると，それぞれの地域はまさに共通化によって他地域と結びつくし，また広域の目的志向のネットワークを形成できることになる。つまり，地域デザインにおいては，共通課題をリンクとして固有に存在する地域をノードとして捉えることができる。

◇ 地域におけるカテゴリーの捉え方 ◇
A．ノードとしての地域(ゾーンまたはエリア)
&
B．リンクとしての共通課題(例えば安全保障，過疎化)

ここで大事になるのは，今日の課題にいかに地域として対応するかということになるのだが，実はこのようなものにすでに類似したものを見出すことができる。これには実は2通りの対応がとられているが，具体的には広域ゾーンとしての展開と広域カテゴリーとしての連携が見出される。前者の場合は，警察や消防，あるいは保険などのようにコアシティを中心に周辺にそのテリトリーが広がっている事例であり，後者は参加型ガバナンス視点から，そのテリトリーごとに組織化がネットワーク的に形成されている事例である。

これは，地域の課題対応に対しては，2つの広域アプローチが必要であることを示しており，管理軸と参加軸という2軸から広域対応を行っていくことが大事になっている。大都市では課題が複雑に絡みあってくるし，過疎地ではアクターが見出せないという課題があるのだが，それでもすべての課題を行政が丸ごと対応することはできないのだから，カテゴリー指向の対応が不可欠にな

っている。

おわりに

　これまでに，我が国における困難な課題の克服を指向した論述が行われてきたが，本章ではこれにはカテゴリーのネットワーク組織論からの展開が有効であることが提示されることになった。

　これについては，ゾーンを起点としたZTCAデザインモデルを補完しようという目的から提示されたものである。このような考え方に立脚しながら，特に場と関係がもたらす価値に関する議論として展開がなされることになった。本章については，価値をコンテンツそのものではなく，コンテクストである関係性から現出させようとしたものであり，その意味では地域デザインの拡張であり，またネットワーク組織論の拡張であると考えることができる。

　この関係編集は場と場との相互関係になるため，まさに場と関係の新たな方向性の追求と新たな関係編集が期待されることになる。つまり，場と関係を捉えた価値発現のための方法の開拓が不可欠であるということが主張されたわけである。これはすなわち，場と関係を捉えた編集行為への期待であると考えられる。

◇　場と関係を捉えた編集行為への期待　◇
①関係による価値発現のためのエンジンとしての役割期待
＋
②ネットワーク理論による場と関係への評価方法としての期待

　次章においては，このような関係編集の理論的な考察とこの地域デザインへの活用方法が議論されることになる。そして，各章においては，これらの議論を踏まえた成功事例や新たな提言が多様に展開されることになる。これによって，今後の各章においては，これを踏まえた優れた関係編集の事例が広範に紹

介されることになる。これにより，地域デザインモデルのさらなる進化が期待されることになるし，ZとともにCaの地域デザインにおける重要性が理解されることになる（原田，2001）。

注
1）地方創生とは，2014年に第二次安倍内閣によって掲げられた地方活性化の施策である。
2）ツインシティとは，2都市がともに発展する共生都市のことである。
3）アバターとは，デジタル空間におけるユーザーの代理となるキャラクターやアイコンのことである。
4）ネットワーク理論とは，現実世界に存在する巨大で複雑なネットワークの性質について研究する学問である。

参考文献
原田保（2000）『関係編集：知識社会構築と組織革新』日科技連出版社。
原田保（2001）『場と関係の経営学：組織と人材のパワー研究』白桃書房。
原田保（2020）「地域デザイン理論のコンテクスト転換—ZTCAデザインモデルの提言」地域デザイン学会誌『地域デザイン』第4号改訂版，pp. 11-27。
原田保・石川和男・西田小百合（2021）「ゾーンのトレースとカテゴリーとの連携によるデザインメソドロジーの深化方向—地域価値発現のためのZTCAデザインモデルのさらなる活用のために」地域デザイン学会誌『地域デザイン』第17号，pp. 11-66。
原田保・西田小百合・吉田賢一（2022）「地域デザインモデルの進化に向けた圏概念の戦略的活用」地域デザイン学会誌『地域デザイン』第20号，pp. 49-91。
原田保・西田小百合・渡瀬裕哉（2023）「我が国における地方自治の特徴とこれを踏まえた地域デザインの転換方向—ZTCAデザインモデルの進化に向けた地方自治の効果的活用と支援に関する考察」地域デザイン学会誌『地域デザイン』第21号，pp. 73-111。
Mogura VR News（2022）「【特集】わたしとアバターと自己と：メタバース時代の「自己」とは何か考える　京大教授・出口康夫×東大准教授・鳴海拓志対談」，https://www.moguravr.com/metaverse-special-with-me-my-avatar-and-myself/（2024.6.2アクセス）。

第1章
カテゴリー連携から想起される
リンク活用による関係編集
―広域カテゴリー,連結トポス,間主観結合によるリンクの展開―

原田　　保
西田小百合
諸上　茂光

はじめに

　前章では,地域価値発現方法のコンテクスト転換が主張されており,またそれには地方創成ではなく地域デザインを展開する必要があることが提示されている。なお,地域デザインモデルの活用効果を上げるためには,デザインメソドロジー(design methodology)の導入が必要であることが,前号の叢書10で広範囲に論じられている(原田・西田編著,2023)。そこで,本書ではこれを踏まえて,ZTCAデザインモデル(原田,2020)におけるゾーンやエリア(area),そしてこれらの構成要素であるトポスなどの相互の関係性を追求することによる地域価値の発現を行おうという試みが展開されることになる。

　すでに周知であろうが,我が国においては高齢化と人口減少の急速な進展によって,もはや大合併による過疎地域の救済は不可能な段階に陥っている(原田他,2023)。そのため,合併を伴わない地域の再編を指向することが急務の課題であることから,原田らはすでに大都市をまさにエンジンにした地域の活性化を可能にする地域政策のためにNL(network and/or link)地域政策モデルの提言を行っている(原田他,2022)。なお,ここにおけるNはネットワークであり,Lはリンクである。

さて，ネットワークはノード(node)とリンク(link)から構成されているが，著者はNL地域政策モデルについては特に東京，名古屋，大阪などのいわゆるメガシティ(mega city)に対して有効なツールであると考えている。しかし，当該地域にこのような適当なコアになるようなメガシティが見出せない地域においては，特定のノードへの期待が困難である。そのため，地域デザインの対象がたとえいかなる地域であっても，これらの地域価値を増大させるためには少なくともリンクを，つまり各地域間の結び付きを追求することによって，デザイン対象としてのエリアやゾーンの価値発現に対して効果を発揮することが期待できることになる。それは，前述したようにネットワークはノードとリンクから成り立っているため，一方が脆弱であっても他方が機能すれば，ネットワークとしての役割を果たすことができると考えられるからである。

◇ NL地域政策モデルに関わる大事な留意事項 ◇
① NL地域政策モデル＝N and/or L 政策モデル
＆
② N（ネットワーク）＝構成要素としてのノード＋構成要素としてのリンク

このように，たとえメガシティが存在しないような地域ネットワークにおいても，ノードが脆弱な場合には，完全な姿のNL地域政策モデルではなく，特にN（ネットワーク）の一方の構成要素であるL（リンク）のみを取り出したモデルを構想することですべての地域に対してそれぞれに地域価値の発現が可能になる。

この場合のNL地域政策モデルは，特段にNL地域政策モデルの構成要素であるLのみを捉えた地域政策モデルになっている。つまり，我が国においては，NL地域政策モデルを使用できる対象が限定されるため，メガシティの存在をモデルの前提にしない場合に対してもその関係性から価値を引き出そうというデザイン方法の方がその活用範囲が広いということを考慮して，地域政策モデルを捉えた考察が行われる。現時点でNL地域政策モデルが使用できる地域に

ついては，前述の3都市に加えて，札幌，仙台，広島，福岡というメガシティ予備軍がある地域に限定されるだろう。

◇ NL地域政策モデルの戦略的な使い分け ◇
①メガシティが存在する地域⇒NL地域政策モデル
&
②メガシティが存在しない地域⇒L地域政策モデル

本章の構成は，以下のとおりである。第1節では，地域デザインにおける関係価値の追求によるZやTの価値発現について論じる。第2節では，関係編集の事例として，リンクとしての道を活用した新たなゾーンの形成についてみていく。第3節では，地域資源価値向上のための3層の関係編集事例について述べる。第4節では，ネットワーク組織論を契機として提唱された関係編集に関する考察が行われる。

第1節　地域デザインにおける関係価値の追求によるZやTの価値発現

価値発現には主体を対象にした価値発現と関係を対象にした価値発現があり，我が国における地域デザインにおいては後者の関係価値の発現を進展させることが大事であることから，本節では，地域における関係価値とは一体いかなるものか，そしてこれはいかにして発現できるのか，等に関する議論が展開されることになる。

(1) 主体価値と関係価値

あらゆる主体は孤立して存在するのではなく，多くは他の主体との関係を構築しながら存在している。これは，各主体は他者との多様で複雑な関係の中で存在しているということである。主体の価値は他者との関係によって左右され

ることになるのだから，それこそ誰が誰と関係を構築するかが，各主体の保持する価値の性格や大きさに左右されてしまうことになる。つまり，それは関係が主体の価値を決定づけるための因子になることから，関係形態の選択は主体にとっては大きな要因になってくる。

このような考え方を地域デザインに活用すれば，地域価値発現の主体であるエリアやゾーン，あるいはこれらに含まれるトポスなどの価値も，他のエリアやゾーン，あるいはトポスとの連携形態によって左右されることになる。つまり，主体の価値は他者との関係形態によって異なってくる。そこで，自身にとって最適な関係の相手を探すことや関係の形態を選択することが重要な課題になってくる。

このように，他地域との間の関係編集によって現出される価値の大きさが変わってくる。つまり，地域価値の発現は関係主体の客体の選択と両者による関係形態いかんによって大きく左右される。こう考えると，主体である各地域は，まさに他の地域との関係形態のあり様によって大きく異なることになる。そこで，ここでは主体自身の地域価値をまずは一定であるとしながら，自身の地域価値を最大化するための関係編集が模索される。

このような関係編集によって地域価値を発現するという考え方は，これまでの自身ですべて対応するという考え方からの脱却が必要になることを示している。なお，このような地域価値の発現方法について，前者を地域の主体価値であり，後者を地域の関係価値であるとする。

◇ 地域価値の発現方法の進化型形態 ◇

A. 主体としてのエリア＆ゾーン，あるいはトポスの価値＝地域の主体価値

×

B. 主体の関係形態が現出させるエリア＆ゾーン，あるいはトポスの価値
＝地域の関係価値

こう考えると，主体はノードであり関係はリンクということになるが，本章

では主体は固定し，関係を編集対象として考えることにする。つまり，関係編集によって地域価値の発現を行おうという考え方を地域デザインに持ち込むことになる。そのため，本章では関係編集による地域デザインが主題になり，この関係編集方法のある種の体系化が試行されることになる。

　主体価値があまり期待できない過疎化が進展する地域が増加しているため，連携によって地域価値を期待せざるをえない地域が増加する中においては，関係価値を現出させることは多くの地域にとって望ましい価値発現方法になっている。このような関係価値は，複数のノードとのリンクによって，つまりネットワーク構築の結線であるリンクのデザインによって，結節点としてのノードの価値は大きく改善できることになる（原田他，2022）。このように，地域デザインは主体価値と関係価値の双方を追求することが求められるが，ここでは関係価値に注目したデザインが大いに期待されることになる。

◇ **新たな試みである関係編集による地域価値の発現** ◇

結節点であるノードによる主体価値の発現

×

結線であるリンクによる関係価値の発現

‖

ノードとしての地域とリンクとしての関係の強固な結節による好循環の実現

　こう考えると，結線であるリンクの結節点であるノードとの間はノードとノードの関係編集装置のようなものになるのだから，このような編集行為がうまく機能すれば地域の価値は増大することになるが，うまく機能しなければ縮小することになるわけである。したがって，地域をプロデュースするアクターにとっては，関係編集によって地域の価値が増大するような関係をいかに構築するかが重要になる。

(2) 現時点で構想できるノードとリンクの組み合わせ形態

　ノードとノードの間におけるリンク形成には多様なものが想起できるが，ここでは自身だけでは超えることができなかったハードルをクリアすることができるノード間の関係編集に対するいくつかのアプローチ方法の提示が試みられる。このような関係編集は数多く構想できるが，ここでは特に3つの代表的なものを詳記することにしたい。

　第1は，ノードが3つ以上想起できるものを捉えたものであり，トポス連携によるリンクゾーンということになる。これは，現実に存在するコンテンツをコンテクストに置き換えることによって，これに結び付けられるトポスの価値を発現しようというものである。

　第2は，ノードがカテゴリーごとに複数のノードとの間で部分的な連携を展開するマルチパーシャルなカテゴリー連携ということになる。これはすなわち，ある種の政策領域によって地域を結び付けることであり，その意味ではポリシーリンクカテゴリーであると考えられる。

　第3は，トポスやゾーンが何らかの権威ある組織による認定対象になることによって，つまりオーソリティの力を借りることによって，トポスやゾーンの地域価値を高めようというもので，個別の対象がノードになり権威がリンクということになる。これは例えば，世界遺産のゾーンやトポスが世界遺産という権威によってその地域価値を増大できるということを表している。

◇　リンクを活用した地域デザインの展開方向　◇
①複数のトポスの連携によるリンクゾーンの構築
⇒トポスリンクゾーン
②多様な政策領域の活用によるポリシーカテゴリーの構築
⇒ポリシーリンクカテゴリー
③強力な権力装置の活用によるオーソリティゾーン＆トポス
⇒オーソリティリンクゾーン＆トポス

第2節　関係編集の事例—リンクとしての道を活用した新たなゾーンの形成

　ここでは関係編集が現出させる地域価値の発現を示す事例紹介が行われることになる。当然ながら，関係はリンクであるからリンクの価値発現に向けた対応策に関わる考察が行われる。具体的には，参考とすべきドイツにおけるロマンチック街道(Romantische Straße)の成功事例と街道戦略の拡大についての紹介，そして日本における展開事例の紹介が行われる[1]。

(1)　ドイツにおける街道戦略の成功事例～ロマンチック街道とメルヘン街道

　結線としてのリンクを活用した地域デザインの効果的な展開方法の第1は，複数のトポスリンケージによる新たな価値あるゾーンを形成しようというものである。これを著者が想起したのは，ドイツにおけるロマンチック街道というトポス連携による街道ゾーンを調査したことによっている。このロマンチック街道は，かのヒトラー(A. Hitler)のアウトバーン(Autobahn)計画[2]の対象から外された西部地域の荒廃からの回復を指向して展開された，地域デザインの成功事例である。

　戦後，この地域の底上げがドイツにとっては大きな課題になっていた。しかし，新たな開発は膨大な資金が必要になる。これを回避するために，既存の荒廃していたが歴史的には価値があるトポスの活用を行おうということから想起されたのがロマンチック街道の開発であった。

　ここはもともとローマへ通じる街道であったが，このローマへの道というコンテクストをまさにここに多数ある歴史的な価値のある城や教会，そして中世都市が残る道ということで，いわばロマンチックな街道ゾーンであるとしたコンテクストに転換することによる地域の再開発である。このようにして，この地域はかつてのローマ帝国時代の政治的，軍事的なゾーンから新たな地域価値を現出させる観光的なゾーンへの転換が図られたわけである。

◇ ロマンチック街道のコンテクスト転換 ◇
ローマに通じる道＝地域価値が小さなかつての政治的，軍事的ゾーン
↓
ロマンチックな道＝地域価値が大きな観光的なゾーン

　このような歴史的，文化的なトポスの活用によって，現在では世界中から多くの観光客が訪れる注目される地域へと転換している。現在では，ドイツのみならず世界各国において観光立国のための有効な地域デザインとしてこのロマンチック街道という広域なゾーンに注目が集まっている。

　ロマンチック街道沿いには，古城（ノイシュヴァンシュタイン城など），教会（ヴィース教会など），中世の町並みを残す小さな街（ローテンブルクなど）が点在しており，絵本の世界に入り込んだような世界に浸ることができる（図表1-1）。

　このように，ドイツにはいくつもの街道ゾーンが構築され街道ゾーン国家ともいうべきものになっている。特に，上述したロマンチック街道をはじめ，中部のメルヘン街道（Märchenstrabe）[3]などが現出した観光ゾーンは参考にすべき事例として大いに評価できる。これについては，我が国においても容易に適

図表1-1　ロマンチック街道のメイントポス

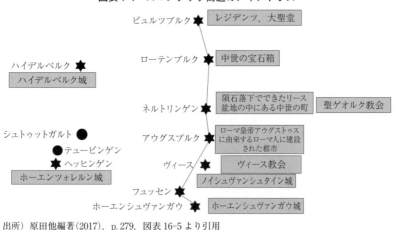

出所）原田他編著（2017），p. 279，図表16-5より引用

用できるものとして，地域デザイン研究における見本とすることが期待されている。

(2) 長野県における街道戦略の好事例の紹介〜信州ビーナスラインの設定と旧中山道添いの宿場の連携

　実は，このような対応は，我が国においても長野県を中心にした山岳ゾーンにおいて見出される。その多くは，概ねドイツにおける成功を踏まえた近年における取り組みである。ここでは，日本風景街道の13ルートのなかで，ブランディングに成功した信州ビーナスライン茅野についての紹介を行っておく（長野県，2021）（図表1-2）。

　長野県公式観光サイト（2024），ビーナスライン（信州ビーナスライン連携協議会）公式サイト（2024）によれば，ビーナスラインは平均標高1,400 mの高原地帯を走る，日本屈指のドライブルートであり，蓼科，白樺湖・女神湖，霧ヶ峰・車山，美ヶ原の4つあるいは5つのエリアに分かれている[4]。ビーナスラインは，長野県茅野市街から松本市の美ヶ原高原までを結ぶ，全長75.2kmの山岳ドライブルートである。蓼科エリアは，湯治場から別荘地へと発展した「蓼科山」周辺の高原リゾートであり，池や湖，滝など多数の風光明媚なスポットのほか，温泉施設も点在している。白樺湖・女神湖エリアは，2つの湖を中心に多種多様なレジャースポットが集結している。霧ヶ峰・車山エリアは，最高峰・車山（1,925 m）を中心として広がる高原で，車山は日本百名山の1つである。アルプスや八ヶ岳連峰，富士山などの山々が望めるロケーションに加え，ニッコウキスゲをはじめとする数多くの高山植物を観賞できる。美ヶ原エリアは，ビーナスラインの最高地点に広がっており，日本百名山の1つである標高2,034 mの王ヶ頭を中心とした，約600haにおよぶ日本一広い高原である。

　また，これらに旧街道の旅籠が残る旧宿場町を捉えた地域をリンクすることで，ある種の街道ゾーンを形成することができる。旧宿場町は，中山道沿いに多くが見出される。この場合は，複数の宿場町がトポスであり，街道がリンクということになる。

図表 1-2　ビーナスラインの地図

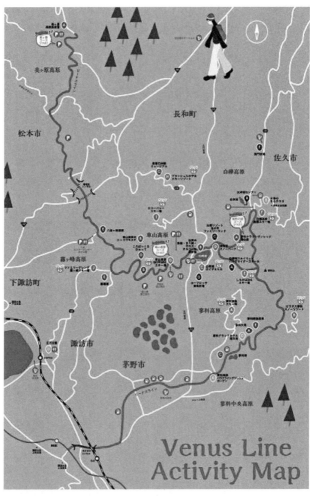

出所）Venus Journey 付録「パンフレット｜ビーナスライン」, https://www.venus-line.net/wp-content/uploads/2019/05/8f9e45926b9fb9e13b8dbcc201e4ff9d.pdf（2024.6.29 アクセス）より引用

　このトポスリンクは，その広がりを捉えれば，ある種の宿場町ゾーンということになる。つまり，ゾーンとしての宿場町ゾーンは，トポスとしての宿場と

リンクとしての街道から成立することになる。このような考え方は，歴史的なゾーンのみならず，現在では幹線道路や地方の道の駅にも適用することができる。こう考えると，これは沿道ゾーンの好事例であると考えられるわけである。

◇ **街道ゾーンの構成因子** ◇

A．トポス⇒旧旅籠のある旧宿場町

＋

B．リンク⇒旧街道

ここでの地域デザインとしての特徴は，今も観光客などの人の往来であふれており，過去の遺産にはなっていないことである。このようなノードとリンクによる街道ゾーンの形成は，道自体がブランディングできるものもある。これには，例えば松尾芭蕉が歩いた奥の細道[5]があるが，これは道自体が，つまりリンクが多くの人を惹きつけるものになっている。

これらの道には歴史的なトポスが存在するわけだから，結果としてノードとしてのトポスとリンクとしての道から成り立っていることになるが，この場合はトポスのノードとしての役割が原則的に要請されることになる。つまり，街道ゾーンがトポス起点であるのに対して，道ゾーンはリンクとしても捉えられる道が起点になったゾーンであると考えられる。前者は著名でユニークな人工物を長く大きな道が結ぶゾーンであるが，後者は異なっており，リンクである道は細く，自然物も含めた複合的なトポスであることが多いようである。なお，後者の事例としては，上述した奥の細道や熊野古道[6]が想起できるであろう。

◇ **街道ゾーンに見られる2形態** ◇

A．宿場トポスと街道リンク

＋

B．沿道トポスと道リンク

第3節　地域資源価値向上のための3層の関係編集事例

　ここでの主題である関係編集については，ノードとそれを接続するリンクの関係で説明ができることがすでに本章で論じられている。ここでは，諸上・木暮(2023)において提案された3層ネットワークモデルに基づき，ノードとリンクの関係性について，1) ローカルネットワーク層(Local Network Layer)，2) リージョナルネットワーク層(Regional Network Layer)，3) 意味的関連ネットワーク層(Semantic Connection Network Layer)の3層の関係編集層を仮定して，具体的な事例を挙げながら概観していく。

◇　3層構造のネットワークモデル　◇
第1層＝ローカルネットワーク層
第2層＝リージョナルネットワーク層
第3層＝意味的関連ネットワーク層

(1)　各層における関係編集ネットワークの形成

　ここでは，各層における関係編集ネットワークの形成に関する議論が行われる。

1) ローカルネットワーク層

　地域内の限られた範囲で関係編集されたローカルネットワークは，数百mから1km程度の短いリンクで結ばれたノード群から構成される。関係編集対象となる地域の範囲も徒歩で1～2時間の範囲で回ることのできるごく限られた範囲のものである。各自治体や市民グループ等が編纂するウォーキングマップ，まちあるきマップなどがこれに相当する。

　ノード一つひとつとしては弱い地域資源でも，「〇〇史跡を巡る」「〇〇の散策」「〇〇の歴史の再発見」「〇〇伝説を訪ねて」など，それらを束ねるコンテクストに名前を付けることで，1つの小さなゾーンを構成できるように工夫がなされている。

例えば，山形市の中心市街地の魅力を発見し，「誰もが訪れたくなる街，誰もが住みたくなる街・山形」を実現するために活動する市民グループである城下町やまがた探検隊が発行している「城下町やまがた探検地図」[7]では，「山形城から商人町へコース」「江戸寺町から明治の道をたどるコース」「蔵とレトロ建築をめぐるコース」「紅花商人の町から最上義明公菩提寺へコース」と所要時間が約1時間から1時間半程度の4つのまちあるきコースが掲載されている。このうちの「山形城から商人町へコース」は，起点の山形駅から，霞城公園(山形城跡)，山形市郷土館(旧済生館本館)，本丸一文字門，山形美術館，最上義明歴史館，豊烈神社，山形聖ペテロ教会，御殿堰中央親水空間(元七日町大手口)に至る3km 47分のウォーキングコースが設定されている。このウォーキングコースでも見られるように，ノードは街に点在する史跡や，神社・教会，郷土資料館，石碑・記念碑など，地域主体にとってトポス性のあるものが選定されることが多い。

地図で示されるウォーキングの経路としてノードとノードを結ぶリンクは，数百メートル程度と徒歩で楽しみながら移動できる距離に設定されている。ウォーキングマップには途中で立ち寄れる飲食店の情報が掲載されており，ノードを結ぶリンクを徒歩移動中に直接体感する地域の景観や雰囲気についてもこのコースを構成する重要な要素となっている。まちあるきによる地域愛着が高まるという報告からも，リンク自体にも地域価値を高める効果が見込める（木暮,2023）。

また，コンテクストによってゾーンの認識が可変的に定義できるという諸上・木暮(2021)の主張からも，これらのコース，すなわちノードとリンクはゾーンを形成することが可能であると考えられる。この例では4つのゾーンを定義したと捉えることができ，それぞれのコンテクストによって地域住民に地域価値の再認識をさせ，それぞれの地域資源のトポス性を高める一定の効果が見込まれよう。

他方で，主体の認識するトポス性やその価値と，観光客に代表されるような客体に認識される観光価値は必ずしも一致するものではなく，こうして構成さ

図表1-3　ローカルネットワークの例

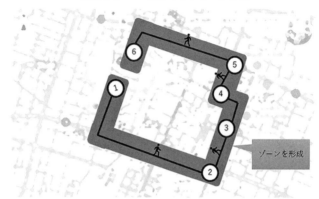

出所）著者作成
注）地域資源（①～⑥）が各ノードとなり，まちあるきの経路となる短リンクで結ばれる。このリンクとノード社会全体が関係編集され，ゾーンを形成する。

れたゾーンが必ずしも客体から高く受容されるわけではないという課題が残る（図表1-3）。

2）リージョナルネットワーク層

　ローカルネットワーク層より少し広い範囲で関係編集されたリージョナルネットワークは，数kmから数十km程度のリンクで結ばれたノード群から構成される。関係編集対象となる地域の範囲は1日，あるいは1泊2日程度の日程で，車あるいは電車バスといった公共交通機関を利用して廻ることのできる，やや広いものである。旅行雑誌や旅行ガイドなどで紹介されるモデルプランがこれに相当する。

　ノードとなるものも，一つひとつの地域資源よりは，複数の地域資源から構成される「エリア[8]」であることが多い。また，ノード同士も，単一のコンテクストによって括られるよりは例えば「焼物の里と温泉を巡る」[9]，「グルメと名産に会いに，里山へ」[10]，「四国をまるっと周遊！2泊3日鉄道＆バス旅四国全県モデルコース」[11]のように，いくつかのコンテクストを合わせたモデルコースに関係編集されて提示されることが多い。

図表 1-4　リージョナルネットワークの例

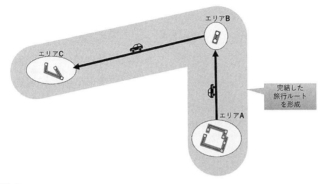

出所）著者作成
注）複数のエリア(エリア A ～ C)が各ノードとなり，移動経路を示すリンクで結ばれる。このリンクとノード全体によって，客体にとって完結した旅行ルートを形成する。

　こうしたモデルコースは，客体の旅行日程上の都合，すなわち限られた日程の中で行われる1つの完結した旅として成立することが重視されることが多く，コンテクストの一貫性よりは客体の利便性や満足度をより重視した形によって結ばれる。例えば，コースの中にはタイトルには直接関係しないおしゃれな喫茶店やインスタ映えするお土産の購買などが含まれることが多い。また，必然的にリンクはノード間の「移動経路」という側面が大きくなり，ローカルネットワーク層のリンクのような，地域価値を向上させる役割はあまり期待できない。そのため，リンクの設定では，時間的・距離的な制約が重視される(図表1-4)。

3) 意味的関連ネットワーク層

　上述の2つのネットワークより上位にある意味的関連ネットワーク層では，高い価値と独自性を持つコンテクストによって地域資源や地域同士の意味的なつながりを持って関係編集を行う。この層ではリンクは距離的な制約をほとんど受けずネットワークを構成する。各ノードは，数十kmや数百，場合によっては数千kmという長いリンクで結ばれ，関係編集対象となる地域は全国規模あるいは全世界規模と，かなり広範囲にわたる。

短リンクで結ばれたローカルネットワークや中リンクで結ばれたリージョナルネットワークをさらに括るコンテクストを提示し，そのコンテクストによってノードの価値を高める手法が取られている。あるいは，前述した2つのネットワーク層におけるノードとは異なり，地域の中では単体として地域資源的価値が高くないノードを，何らかのコンテクストによって広域に連携させ意味づけすることで価値化させる例もこれに当てはまる。例えば，人気の高かったドラマやアニメのゆかりの地を紹介する『るるぶエヴァンゲリオン』[12]，『まっぷる大河ドラマどうする家康』[13]，『地球の歩き方JOJOジョジョの奇妙な冒険』[14]などの情報誌がこれに相当する。これらの情報誌では，作品に登場する場所というコンテクストがリンクとなって全国各地ないし，全世界の各地をノードとして結ぶことで意味的関連ネットワークを形成する。

同様に，テレビ東京系列で放送されている「モヤモヤさまぁ〜ず」とるるぶがコラボして出版された『るるぶモヤモヤさまぁ〜ず2』[15]や同じくテレビ東京系列で放送されている出川哲郎の充電させてもらえませんか」とるるぶがコラボして出版された『るるぶ出川哲郎の充電させてもらえませんか？』[16]といったように，有名な旅行系バラエティ番組を基にシリーズ化されているガイドブックも意味的関連層でのネットワーク構築の例として挙げられよう。これらの例に共通することは，1つずつのノードに相当するエリアに含まれる地域資源は必ずしも高い観光資源的価値やトポス性を持つ必要がないということである。あくまでも，有名な芸能人がテレビ番組で実際に訪れたり，食事・買い物をしたという同一のコンテクストのみで意味的な関連づけを行い，地域の客体にとっての消費や観光動機づけに結び付けようとするものである。

他方で，よりトポス的な価値を重視した地域資源をリンクさせて意味的関連ネットワークを形成する例としては，同名の番組を基に書籍シリーズ化された「ブラタモリ」を挙げることができよう。この書籍シリーズには実際に番組で取り上げられたスポットを結ぶモデルコースが示され，まちあるき用の地図も収録されているが一冊に収録されている地域は複数であり，直接的な意味的な関連は必ずしも高くない。

図表1-5　意味的関連ネットワークの例

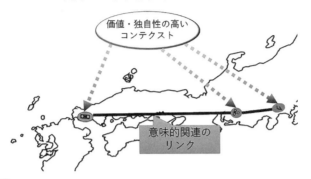

出所）著者作成
注）複数のエリアが各ノードとなり，価値と独自性の高いコンテクストによって，意味的なつながりを示すリンクで結ばれる。

　一例として，『ブラタモリ13』[17)]では，京都（清水寺・祇園）と黒部ダム・立山の2つのエリアが一冊に収録されているが，両者には地理的にも意味的にも特に関連はない。もちろん，それぞれのエリア自体についてもこの書籍では「ローカルネットワーク層」として価値化するだけの情報を提供しているが，より俯瞰してこのシリーズを捉えた場合，「ブラタモリ」に取り上げられ，実際にタモリが実際にそこを訪れて蘊蓄を述べた場所という大きなコンテクストを共有するというリンクでつながっている。このことは，例えばシリーズの中のあるエリアへの観光経験が別の地域への観光動機につながるといった効果をもたらすことが期待できる（図表1-5）。

(2) 3つの関係編集層の小括と解釈

　本節で仮定した3つの関係編集層は，ネットワークの構築によって，地域資源価値を向上させるという共通の目的を持つものの，それぞれの役割は異なる。
　ローカルネットワーク層では短いリンクで地域資源を結び徒歩で廻れる範囲のゾーンを形成させる関係編集が行われる。主に地域の主体にとって価値を感じやすいコンテクストによってネットワークが形成されており，地域価値を再

認識させ，地域資源のトポス性を高める効果が見込まれる。また，リンク自体にもゾーンの価値を高める効果が見込まれる。

　リージョナルネットワーク層では，これより少し長いリンクでエリアを結ぶことで，単体では誘因力が必ずしも十分ではないエリアを束ね，1つの完結した旅行というパッケージのような形で客体に提示し，来訪動機につなげるという関係編集が行われる。ローカルネットワークよりは離れたエリア同士を束ねることが可能となる一方で，リンクは自家用車や公共交通機関での単なる移動経路にすぎず，客体の利便性によってリンクの距離的時間的制約が決まる。

　意味的関連ネットワーク層では，客体にとって価値の高いコンテクストを用い，地域資源や地域同士の関係編集が意味的なつながりによって行われる。他の2つの層とは異なり，ノードは仮想的なリンクによって結ばれており，1つのノードでの消費経験が将来的に別のノードとなるエリアへの来訪意欲の喚起につながることが期待できる。

　これら3つの関係編集層は階層的に配置されており，下位層のローカルネットワーク層は地域内において地域資源価値を高め，中位層のリージョナルネットワーク層は比較的距離の近い複数の地域（エリア）間の協力によって地域の誘因力を高めている。一方で，上位層の意味関連ネットワーク層は，独自性と価値を兼ね備えたコンテクストを共有可能な地域同士の緩やかな連携によって，地域価値を高めることができるものである。もちろん，これらの関係編集層は単独で利用することも可能であるが，併用することによって地域活性化の効果を高めることが期待できる。このことから，本モデルは柔軟で効率的な地域デザイン戦略の構築の指針となりえよう。

第4節　ネットワーク組織論を契機として提唱された関係編集に関する考察

　本章で取り上げた関係編集は関係形態の性格に依拠することになるが，本節では何らかの権威を背景にした関係構築が地域価値を生み出すことに関する考

察が行われる。実際に，多くの場合に，地域がいかなる権威によって語られる地域であるかにより地域の価値は大きく変化する。

　自身の価値を増大するには，何らかの連携を活用できるような関係を構築すること，つまり関係編集が必要になってくる。そこで，ここではネットワーク組織論を契機として提唱された関係編集に関する考察が行われる。

(1) 権力発現装置の活用による地域価値の発現

　最後に紹介する概念は，ある種の権力装置として機能するネットワークとして機能するゾーンに参加することによって，トポスのパワーが各段に増大する状況に関するものである。この場合には，影響力を行使できる権力が初期の計画段階から組み込まれて，潜在的なイニシアチブが掌握されるような事例が該当すると考えられる。この場においては，トポスのネットワークとの整合性が問われることになるため，ノードのネットワークとの相性がきわめて大事になってくる。また，このトポスの他のトポスとの関係も重要になり，他のトポスとの関係編集デザインが大きな対応になってくる。

　近年の我が国の立国政策は観光に重心が移ってきたが，ユネスコ（国際連合教育科学文化機関）の世界遺産[18]（World Heritage Site）などの国際的な認証を獲得することが，地域価値を発現するためには大事な対応になってきた。しかし，この認証は主にキリスト教に依拠した西洋的な価値基準による評価であるため，我が国固有の価値観を持ち込むことは若干の困難を伴っている。

　また，旧ヴェネツィア共和国[19]の滅亡から始まったといわれる観光立国は国が滅びた悲しみの中での苦肉の策であったという認識があれば，それこそ大喜びで展開させるような立国政策ではないことは分かるであろう。科学技術立国がうまくいかないことの隠れ蓑として観光立国が使用されることはとても残念なことである。

　加えて，世界遺産については認証基準が日本の基準ではなく，世界的な基準によって担保されるというものである。つまり，イコモス（国際記念物遺跡会議）の認可を獲得することが不可欠の条件になっている。つまり，ヨーロッパが得

意とするデジュールスタンダード(de jure standard)[20]によって世界遺産は支配されているわけである。ここでも，我が国はスタンダードに適合するコンテンツを提案するという認可対象というポジションになってしまっている。

　このようなことは，観光立国とも関係が高まっている飲食業においても同様である。我が国においても，飲食業のクオリティの認定機関であるミシュランガイドの影響力が高まっている。これも不思議なことであるのだが，認証に関する詳細な理由は完全には公開されることなく，このランキングが経営者やシェフ，そして利用者等を多様に縛ることになり，たった1つの認証機関による評価が大きな権威になるという状況を現出している。

　このことは，たとえ評価主体が民間資本であっても，また権威がその対象とする領域と直接的な関係がなくとも，構築できるということを教えてくれた好事例である。つまり，ミシュランは直接本業とほとんど関係のない飲食の領域においてグローバルな権威を獲得することができることになったわけである。

　これは，常にコンテンツビジネスが評価されるサイドで，コンテクストビジネスが評価するサイドであることを示している。つまり，コンテンツビジネスよりもコンテクストビジネスの方がグローバルスタンダードを獲得する可能性が高いことになる。そうなると，今後においては，地域デザインに限らずすべての事業領域でのグローバルスタンダードを決定するサイドになることを指向することが望ましいということになる。これはすなわち，これまでのコンテンツ大国から欧米に負けないコンテクスト大国へのコンテクスト転換が急務の課題になることを表している。

◇　ミシュランにみられる価値評価装置としての本質　◇
①コンテンツに対するコンテクストの優位性
&
②コンテクストによって支配されるコンテンツ

(2) メイントポスの権威への結び付けによるサブトポスの価値増大

　世界遺産の富士山[21]ゾーンは多くのトポスから構成されており，すでに周知であろうが静岡県の海沿いにある三保松原[22]はその代表的なトポスとして実に多くの観光客を集めている。つまり，観光ゾーンである富士山ゾーンを構成する代表的なトポスとして三保松原が存在しているわけである。しかし，富士山が自然遺産としての登録を図った際には，自然遺産としては不適格であったことは，多くの人には周知であろう。これはすなわち，自然遺産としての三保松原は不適格であるという判断がなされたということになる。三保松原は自然遺産を構成するトポスではなく，文化遺産を構成するトポスとして認められたのである。

　これは，同じトポスがゾーンのコンテクストによって世界遺産の構成要素になるのかどうかに影響を与えていることを示している。これは，イコモスが，富士山ゾーンは自然遺産としては不適切であるが，文化遺産としては適切であるという見解を示したことを意味しているし，これに伴いこのゾーンに含まれる三保松原というトポスは世界遺産に含まれるトポスであることを認定したということである。

　このように，地域の価権発現への対応と，これを捉えた戦略的な対応が大事である。このような経験を踏まえて，観光立国を指向する我が国の世界遺産の認定戦略は大いに評価されるものになり，近年では提案する案件は多くが認定されるようになった。このように，富士山の自然遺産としての失敗，そして文化遺産としての成功という体験は地域デザインにおける権威への対応の重要性を示していると考えられる（図表1-6）。

◇　三保松原のトポスとしての価値発現　◇

A．自然遺産である富士山のトポスとしての三保松原⇒認定外トポス

VS

B．文化遺産である富士山のトポスとしての三保松原⇒認定内トポス

図表1-6　富士山を捉えた自然遺産ゾーンと文化遺産ゾーン

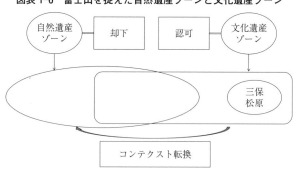

なお，自然遺産として提案された際のトポスと，文化遺産として提案された際のトポスを比較するならば，概ね以上のとおりになる。もちろん，多くのトポスがそれぞれのゾーンに含まれるが，それでもいくつかのトポスは一方のみに含まれている。つまり，トポスにとってはいかなるゾーンの展開になるのかによって，そのポジショニングが大きく異なってしまうことになる。このように，ゾーンのコンテクストいかんによって，そこに含まれるための正統性があるトポスの対象は変わってしまう。

　ここで大事なのは，すべての認定主体は何らかの権力装置であるので，その基準に添っていることが認定のための前提であり，認定されたゾーンやトポスは絶対的な存在ではなく，相対的な存在であるということである。世界遺産についてはイコモスの，また国立公園においては国の認可が前提になってくるのだから，認定にあたっては認定主体の価値観との相性が大事な要素になってくる。そうなると，認定を希望する際には，その手続きにおいて，認定機関のスタンダードとの整合性が問われることになるので，認可におけるスタンダード対応が重要になる。今後何らかの資格を取得することを希望するならば，そのためのコンテクスト転換が不可欠になっている。

　このようなことは，何も世界遺産だけでなく，国立公園などについても同様である。これはすなわち，何らかの政策的なゾーンの設定が，そこに関連する多くのトポスのポジショニングに大きな影響を与えることになる。したがって，

認定権を保持するアクターの考え方に対する分析と，これを踏まえたそこへの戦略的な対応が大事になることを示している．

◇ ゾーンやトポスの権力による認定能力のコンテクスト転換 ◇

A．自然や文化に関する提案主体起点での提言
↓
B．自然や文化に関する認可主体起点での提言

(3) トポスネットワークゾーンの形成による地域価値の発現

多くの世界遺産の認定においては，文化遺産についても自然遺産についても，実際には主たるトポスのみの内容で認定資格を獲得することは困難である．だからこそ，たとえいかなるものであっても認証資格の申請においてはきめ細やかな対応策の構築が期待されるわけである．また，特に世界遺産については，イコモスという認証組織からの認証に関わる高いハードルが存在しており，イコモスの実権を握っているキリスト教圏における価値観への深い理解が不可欠である．例えば，鎌倉を武家の都として申請したことは，まったくの無知が成したことであったと考えるべきである．

これについては，コンテンツ以上にこれらの価値を高めるためのコンテクストのデザインが大事であることを示している．そうなると，多くの関連するトポスの効果的な連携を模索することで，ネットワークとしてのゾーンの価値を増大させることが大事になってくる．つまり，複数のノードのリンクによって地域価値が最大化するネットワークとしてのゾーン，つまりネットワークゾーンをいかに構築するかが大いに問われることになる．

例えば，富士山のようにメイントポスが強烈な存在である場合には，いかに他のトポスをメイントポスに関連づけるかが大きな課題になってくるが，このような周辺のトポスを含めた大きなゾーンを形成できるトポスについては，単独でゾーン全体を牽引できるものを簡単に見出すことはできない．そうなると，多くのトポスから構成されるゾーンの価値を最大化するためには，複数のノー

ドとリンクから構成されるネットワークゾーンともいうべきゾーンにおいてある種のゾーンやトポスとしてのコア地区の存在が不可欠になってくる。これは，近年の世界遺産への応募においても大きな影響を及ぼしていることの証左である。

こうして，これまでのメイントポスに依存するようなコンテンツドリブンデザインから複数のトポスを捉えたコンテクストドリブンデザインへの転換が指向されることになってきた。これは，デザインがコンテンツ指向ではなくコンテクスト指向へ転換することを意味しており，また具体的にはメイントポス起点ではなくネットワークゾーン起点へという転換が行われることになる。

◇ 世界遺産の認定を獲得するための戦略の転換 ◇
A．コンテンツ起点⇒メイントポス起点コンテンツデザイン
↓
B．コンテクスト起点⇒ネットワークゾーン起点のコンテクストデザイン

多くの場合には，富士山のような強力なコンテンツは見出せない。そのような場合には，ゾーンの模索を行うことが要請されるため，多くのトポスをノードとして捉えながらのネットワークゾーンの探索が価値発現の方法として大いに期待されることになる。そこで，ここではネットワークゾーンを推進すべき好事例として，文化遺産の石見銀山[23]と自然遺産の白神山地[24]を捉えた考察を行ってみる。

世界遺産への登録に際しては，遺産として残すべきコンテンツを設定して，これを認定するケースが多く見受けられる。例えば，石見銀山や白神山地などは，コア部分は銀山跡や山というトポスに対して遺産の認定が行われているわけである。こう考えると，前者の石見銀山は歴史的人工物をコアにしたネットワークゾーンであり，後者の白神山地は自然物をコアにしたネットワークゾーンということになるわけである。

◇ 世界遺産に見られる2つのネットワークゾーン ◇
A. 人工物を捉えたネットワークゾーン＝文化遺産としての石見銀山

or

B. 自然物を捉えたネットワークゾーン＝自然遺産としての白神山地

　このようなゾーンは，同じようなネットワークゾーンであっても，前述したドイツにおけるロマンチック街道等とはまったく異なるものである。これらは，ネットワークゾーンということでは，世界的な権威であるイコモスから世界遺産という公式のお墨付きをもらったゾーンである。一方，ロマンチック街道には世界遺産が4カ所あるが，あくまで世界遺産はゾーンの中のトポスにすぎず，ゾーン自体は世界遺産ではない。つまり，両者の差異は公式なネットワークゾーンなのか，非公式なネットワークゾーンなのか，ということになる。もちろん，地域デザインの視点からは，効果があればどちらでもよいことになるのだが，公的なネットワークゾーンにした方が長期的に安定したゾーンとしてのポジションの獲得がより期待できるだろう。

　このように，著者は，これを前述したドイツのロマンチック街道のようなゾーンとは捉えず，多くのトポスが特定のコンテクストで統合されたネットワークゾーンであると考えている。石見銀山にある坑道などの人工物としてのトポスは，過去にはどこにでもあるコンテンツであったが，世界遺産という認証ゾーンの誕生によって価値が発現したのであり，認証以前にはあまり価値を持たなかったものが，世界遺産というゾーンを構築することによって遺産価値が現出したものである。

　また，自然遺産の白神山地は，どこにでもある山ではなく，特にブナなどのコンテンツが自然としての価値が大きいということから世界遺産になったのだが，ここは世界遺産に認証されなければ日本の山岳地域の姿として当たり前のものであった。そのため，自然が価値を発現したのではなく，世界遺産の認証というコンテクストによって価値が顕現したわけである。

　このように，最初は何の価値もなかった山地が世界遺産に認定されたことに

よって，新たな地域価値が現出したのは，まさにコンテクストが価値を現出した好事例であると考えることができる。世界遺産に認定されることによって，それまで価値を認められていなかったゾーンやここに組み込まれるトポスがこれまでになかった価値を発現することになったわけである。

(4) 単一ゾーンとしてのトポス増大ではないカテゴリー連携によるトポスネットワークの展開

　このような複数のトポスをリンクしたネットワークゾーンについては，市区町村に代表されるエリアや地域デザインの戦略的な区域であるゾーンであると捉えたコンテクストドリブンのネットワークトポスであると規定したのだが，ここにおいては世界遺産の新たな展開を捉えたさらなる地域デザイン視点から参考になる対応方法を紹介していくことにしたい。

　結論を急げば，これはネットワークカテゴリー(network category)という戦略的な概念である。ネットワークゾーンでトポスがノードであり，またイコモスのような世界的に権威ある機関の公式的な認定がリンクになってネットワークとしてのゾーンが構築されるというものであるが，ここではノードとしてのトポスのリンクがカテゴリーを形成するというような考え方に依拠した対象になっている。

　これは，ネットワークはトポスの構成いかんによって多様に形成されるが，この要請を捉えれば多様な，つまり複数のネットワークとしての設定が可能になる。これらの複数のネットワークは，それぞれ異なる特徴を保持しているので，個別のトポスは複数のネットワークに参加できることになる。こうなると，複数のネットワークゾーンに位置づけられるが，それぞれのネットワークはある種のカテゴリーということになる。このトポス集団ともいえるネットワークは，ゾーンではなく，部分結合組織としてのカテゴリーということになる。これは，トポスによっては自由度が高く，マルチな課題対応組織の構成員になれることを示している。ネットワークを構成しているノードが結び付けられて構築されるネットワークが，まさに全域を意味するゾーンではなく，部分域の連

携組織のようなカテゴリーになると考えられる。

　なお，このカテゴリーはいわゆる複数の主体同志の連携という1つの組織形態になるが，これらに参加するには，必ずしも隣接していなければならないということはない。つまり，トポス間連携は遠距離でもよいということである。近年ではデジタル化の進展もあるのだから，地域における課題への対応における連携組織は不連続な配置であっても差し支えないことになる。

　例えば，各市区町村は，戦略要素単位でのネットワークを複数保持できることになる。つまり，地域は適切な1つの全域ではなく，複数の部分域の存在が実現できるような柔軟なネットワークを構成することができる。ネットワークを構成するトポスにおいては複数のネットワークがこれを包含することができるため，個別の政策ごとにマルチに形成されるネットワークに参加することが可能になってくる。そうなると，今後期待されるのは相互連結に有効なコンテクストの開発力を蓄積することである。

　そういう意味では，明治期の近代化遺産である明治日本の産業革命遺産[25]は，遺産名称に地域名称やトポスの名称が入っていないまさに画期的な事例である。これらは，我が国の明治期における主要産業である製鉄，製鋼，造船，石炭産業の遺構を捉えた産業としての文化遺産である。また，これらが展開された地域は，北九州を中心にしながらも広域にまたがる不連続な地域群になっている。

　つまり，ここにあるトポスは1つのカテゴリーを形成するが，これらの結び付きとしたトポスネットワークは主に近代産業のコア利用域に限定されている。これらの地域はある種のトポスの集合であるが，当時はネットワークとして存在していなかった。これは，世界遺産への申請を考えるにあたって，従来のゾーン型の対象の設定ができないこともあって，これらの離れている複数のトポス連携させたことによって，ゾーンではトポスネットワークとしてのトポス連携型のネットワークになったわけである。もちろん，これらのトポスを狭域のゾーンであるとするならば，これはゾーンネットワークであるともいえる(図表1-7)。

図表1-7 カテゴリーによるトポス連携のイメージ

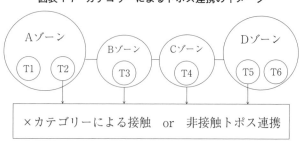

◇ デザイン対象としてのトポス活用の方向性 ◇
A. 同一ゾーン内トポス増加による同一ゾーンの強化
and/or
B. 複数の非接触ゾーン内トポスによるカテゴリー連携の追求

また，非接触ゾーン内トポスの地域価値発現のトリガー(trigger)として活用するには，前述したようにトポスのゾーン内探索によるゾーンの強化や離れたゾーンにある複数のトポスの連携によるトポスネットワークによる非接触型ゾーンの強化が図られる。これこそが，トポスのカテゴリー連携の地域デザインにおける貢献であると考えられる。

おわりに

本章においては，以後の各章における個別の展開の前段の認識事項として，地域デザインにおいて追求されるトポスの効果的な展開のあり様が著名なネットワーク組織論の視点から考察されることになった。そして，トポスをノードとして捉えながら，いかにゾーンの地域価値を増大させるかが問われていた。そのため，複数の課題に囲まれている主に市区町村においていかなる対応が行われるべきかに関する議論が展開された。

本章においては，特にトポスとトポス等を結び付けるリンクに注目すること

になったが，これはリンクの張り方によってノードやこれらが含まれるゾーンの価値が増大することが見出されるからである。こうなると，このようなリンクをいかに構想するかが地域デザインのコンテクスト転換を誘発することになり，またリンクのあり様が価値発現の決め手になるということから，トポス間の関係編集こそが今後においては地域デザインの研究ではきわめて大事になってくる。そこで，トポス間の関係編集が重要になり，このネットワーク組織論からの展開が期待されることになったわけである。

こうして，コンテクストとしての境界融合と関係編集から地域に異次元の価値発現が現出するであろうし，ネットワーク組織論の効果的な活用が可能になってくる。ネットワークの価値を発現するためには，境界融合と関係編集からネットワークの価値を追求するアクターの組織化が急務の課題である。そのためにも，地域デザイン学会のアクティブな組織への育成が不可欠になっているわけである。

この関係編集はデザインのテクニックであるから，デザインの対象であるトポスの状態に関係なく，この関係の編集というテクノロジーによって価値を現出させるような状況を現出させることが期待されてくる。このような関係は複数のトポスの間で多様に構築されるが，そのような関係を見出すことはそれなりの準備や計画の遵守，予想外への対応なども含めたトータルな対応が求められる。併せて，最適なアクターの確保と彼らの組織が不可欠になってくる。少なくとも，ディレクターとプロデューサーは優秀な人材が欠かせない。つまり，トポスのネットワーク対象にはアクターのネットワーク対応が不可欠ということになる。

このようなことが現出すれば，地域価値の発現が期待できるようになり，ネットワーク組織論の地域デザインへの投入も可能になってくる。このような関係編集プロデューサーに必要とされる能力は，コンテンツではなくコンテクストから価値を発現することである。彼らが行うことは，すでに存在するトポスの価値を所与としながら，これらの最適な組み合わせを探査しながらリンクを張り，その効果を最大化するようにすることである。そこで，ゾーンとカテゴ

リーを併用しての価値最大化が期待されることになる（原田，2000；原田・古賀編著，2002）。

◇ ネットワーク研究へのアプローチ方法 ◇
①既存ネットワークの中での関係編集力の増大
＋
②関係編集によるネットワーク自体の進化と改善の追求

謝辞
　第3節は JSPS 科研費♯23K11636 による助成を受けた研究の成果を基にしています。

注
1）ロマンチック街道の考察については，原田他編著（2017），pp. 276-284 参照。
2）アウトバーンは，ドイツとオーストリアにまたがる，自動車専用の高速道路網である。ワイマール帝国時代から構想されていたが，しばしばヒトラーの「唯一の功績」とされる。
3）メルヘン街道は，ドイツ中部の街ハーナウから北部の都市ブレーメンを経てブレーマーハーフェンまでを結ぶドイツの観光街道で，全長約 600km，70 都市にもなる長い街道である。
4）ビーナスライン（信州ビーナスライン連携協議会）公式サイト（2024）では，新しいビーナスラインとして，蓼科，白樺湖・女神湖，霧ヶ峰・八島・車山，和田・姫木平・高山，美ヶ原・武石の5つのエリアに分けている。
5）奥の細道とは，江戸時代の俳人である松尾芭蕉が，尊敬する西行の五百年忌にあたる 1689 年（元禄2年）に江戸を出発し，東北から北陸地方を実際に旅して，それぞれの地の様子などを文章や俳句でまとめた旅行記（紀行文）である。
6）熊野古道は，日本の各地から和歌山県にある熊野三山（熊野速玉大社，熊野那智大社，熊野本宮大社）を目指した巡礼者が歩いた巡礼の道である。
7）城下町やまがた探検隊（2021）「城下町やまがた探検地図」，https://www.city.yamagata-yamagata.lg.jp/_res/projects/default_project/_page_/001/004/495/marugoto-2-12.pdf（2024.6.29 アクセス）。
8）ある地域空間を指す用語としてゾーンとエリアが存在するが，特定のコンテクストを基に地域資源を意味で括って定義できるゾーン（諸上・木暮，2021）とは異なり，この場合はコンテクストの意味的な近さにあまり関係なく，地理的にある程度近接しているような，地域にとって有名な地域資源群を束ねて紹介される例が多いため，ここでは「エリア」として扱う。
9）昭文社旅行ガイドブック編集部編（2019）『まっぷる佐賀』昭文社，p. 10。

10) JTBパブリッシング　旅行ガイドブック編集部編（2023）『るるぶ山形　鶴岡　酒田　米沢　蔵王 '24』JTBパブリッシング, p.17。
11) 昭文社旅行ガイドブック編集部編（2017）『ノッテミテ四国』昭文社, pp.8-9。
12) JTBパブリッシング旅行ガイドブック編集部編（2022）『るるぶエヴァンゲリオン』JTBパブリッシング。
13) 小和田哲夫監修, 昭文社旅行ガイドブック編集部編（2023）『まっぷる大河ドラマどうする家康』昭文社。
14) 地球の歩き方編集室編（2022）『地球の歩き方JOJO ジョジョの奇妙な冒険』地球の歩き方編集室。
15) JTBパブリッシング　るるぶ編集部編（2022）『るるぶもやもやさまぁ〜ず2　東京のモヤモヤタウンガイド』JTBパブリッシング。
16) JTBパブリッシング　るるぶ編集部編（2023）『るるぶ出川哲郎の充電させてもらえませんか？』JTBパブリッシング。
17) NHK「ブラタモリ」制作班監修（2018）『ブラタモリ13　京都（清水寺・祇園）　黒部ダム　立山』NHKブラタモリ制作班。
18) 文化遺産及び自然遺産を人類全体のための世界の遺産として損傷, 破壊等の脅威から保護し, 保存することが重要であるとの観点から, 国際的な協力及び援助の体制を確立することを目的に, 1972年のユネスコ総会で採択された「世界の文化遺産及び自然遺産の保護に関する条約」に基づいて世界遺産リスト（世界遺産一覧表）に登録された人類が共有すべき顕著な普遍的価値を持つ物件のこと。
19) 現在の東北イタリアのヴェネツィアを本拠とした歴史上の国家であり, 7世紀末期から1797年まで1000年以上の間に亘り, 歴史上最も長く続いた共和国である。
20) ある技術や製品の仕様などについて, 公的機関や標準化機関が定められた手続きや法制度に則って策定した標準規格のことである。
21) 富士山は, ユネスコ世界遺産委員会によって「富士山—信仰の対象と芸術の源泉」として2013年に世界文化遺産に登録された。
22) 三保松原は, 富士山頂から南西に約45km離れた静岡県静岡市清水区にある三保半島は沿岸の約5kmにわたり続いている松林であり, 世界文化遺産富士山の構成資産である。
23) 「石見銀山遺跡とその文化的景観」は, 2007年に世界遺産に登録されたアジアで初めての鉱山遺跡である。
24) 白神山地は, 青森県南西部から秋田県北西部にまたがる130,000haに及ぶ広大な山岳地帯の総称であり, このうち原生的なブナ林で占められている区域16,971haが1993年12月に世界遺産として登録された。
25) 「明治日本の産業革命遺産　製鉄・製鋼・造船・石炭産業」は, 2015年7月に開催されたユネスコ世界遺産委員会で, 世界遺産に登録されたものであり, この遺産群は8県11市に23の資産がある。

参考文献

木暮美菜（2023）「地域への愛着を高める施策―まちあるき参加者の心理調査より―」『地域デザイン学会第12回全国大会予稿集』，pp. 116-119．

長野県（2021）「『日本風景街道』県内13ルートの紹介」，https://www.pref.nagano.lg.jp/michiken/infra/doro/joho/kaido12.html（2024.6.29アクセス）．

長野県公式観光サイト（2024）「長野県の絶景ドライブルート『ビーナスライン』を走ろう！見どころや観光スポット紹介」，https://www.go-nagano.net/natue-and-outdoors/id21713（2024.6.29アクセス）．

原田保（2000）『関係編集：知識社会構築と組織革新』日科技連出版社．

原田保（2020）「地域デザイン理論のコンテクスト転換―ZTCAデザインモデルの提言」地域デザイン学会誌『地域デザイン』第4号改訂版，pp. 11-27．

原田保・石川和男・西田小百合（2021）「ゾーンのトレースとカテゴリーとの連携によるデザインメソドロジーの深化方向―地域価値発現のためのZTCAデザインモデルのさらなる活用のために」地域デザイン学会誌『地域デザイン』第17号，pp. 11-66．

原田保・石川和男・西田小百合（2023）「我が国における地方自治体の大合併を踏まえた地域デザインの進化方向―官制大合併に見られる限界とコンテクストベースドデザインへの期待」地域デザイン学会誌『地域デザイン』第21号，pp. 11-71．

原田保・古賀広志編著（2002）『境界融合：経営戦略のパラダイム革新』同友館．

原田保・立川丈夫・西田小百合編著（2017）『スピリチュアリティによる地域価値発現戦略』学文社．

原田保・西田小百合編著（2023）『地域デザイン研究のイノベーション戦略：フィードバック装置としての多様なメソドロジーの開発』学文社．

原田保・福田康典・西田小百合（2022）「ニューノーマルからメジャーノーマルへのコンテクスト転換とクリエイティブシティをコアにした我が国の地域デザインに関する試論的研究」地域デザイン学会誌『地域デザイン』第20号，pp. 11-47．

ビーナスライン（信州ビーナスライン連携協議会）公式サイト（2024）「ビーナスライン」，https://www.venus-line.net/（2024.6.29アクセス）．

諸上茂光・木暮美菜（2021）「コンテクストによるゾーンの可変的定義モデル」地域デザイン学会誌『地域デザイン』第18号，pp. 169-186．

諸上茂光・木暮美菜（2023）「地域のためのトポスとゾーン―概念と関係性の再考―」地域デザイン学会『第6回ZTCAデザイン研究フォーラム報告』．

山形市健康増進課「山形市ウォーキングマップ」，https://www.city.yamagata-yamagata.lg.jp/kenkofukushi/iryou/1006672/1006673/1003484.html（2023.8.17アクセス）．

第2章

地域デザインのドラマツルギー

―アーヴィング・ゴフマンを参照した地域デザインの観察―

藤田　直哉

はじめに

　この世は舞台で，人はみな役者だと，シェイクスピアは言った(『お気に召すまま』)。社会学者のアーヴィング・ゴフマン(Goffman, 1959)は，『日常生活における自己呈示(邦題)』の中で，「ドラマツルギー」という概念を用いて，日常の中で人がいかに文脈上の役割を演じているのかを論じた。ドラマツルギーとは，元々は演劇における「上演法」などを意味する言葉だが，それを日常生活における相互作用の分析にゴフマンは応用した。本章においては，ドラマツルギーという「観察法」を応用し，地域デザインについて論じていくことにしたい。

　ゴフマン(1959)の理論は，シンボリック相互作用論という社会学のアプローチの影響を受けている。シンボリック相互作用論では，生きた主体による行為によって，自分自身も社会も変容していくプロセスが重視される。特に重要な概念は「意味」である。人間は，ナマの現実そのものが剥き出しな状態で生きているのではなく，現実などに意味を賦与して生きている。実際に人間が日常的に生きているのは，ナマの現実に意味が賦与されたもののなかだとする。ブルーマー(Blumer, 1969)は，ナマの現実を「現実の世界(world of reality)」と呼

び，意味が賦与された領域を「世界(world)」と区別した。

　事象を解釈し，意味を賦与し，行為をし，主体的に社会や環境を再形成し，動的に変容していくプロセスこそが，シンボリック相互作用論では重視される。この手法は，定量的なアプローチに適していないのだが，しかし実際に起こっている地域の変容を捉え，そこに介入していくためには，定量的な手法だけでは捉えられない質的な側面にも注視していく必要がある。ゴフマン(1959)のドラマツルギーでは，このように積極的に社会を変えていく側面の強調は控えめであるが，実際の地域デザインにおいてはそのような相互作用を考慮に入れておく必要がある。

　本学会のZTCAデザインモデル(ZCTモデル)との関連でいえば，（原田他編著，2014)の中で，ゴフマンのドラマツルギーを参照しながら，ゾーニング，コンステレーション，トポスにおける物語や心の価値の経験を重視し，地域デザインを演出やシナリオライティングに喩えていたことをある程度踏襲しているが，ゴフマンの理論の応用の仕方が完全に重なるわけではない。また，古賀(2017)により「ドラマツルギーとしての地域デザイン」という発表が地域デザイン学会の全国大会で行われており，著者は討論者としてこの発表に参加していた。後に，古賀(2022)は，アクターズネットワークという概念がラトゥールのアクターネットワーク理論と誤解されることを避けるために，「ゴフマンの表現に倣い『ドラマツルギー』に置き換えようとしたこともある」と述べているが，著者の考えでは，ドラマツルギーはアクターズネットワークに相当するものというよりは，ZTCAデザインモデルにおけるモデルとして不可避である静的な性質に対し，そこで起こっている動的なプロセスを記述する補完的な観察法と位置づけた方がいいのではないかと思われる。

　さて，本章の構成であるが，第1節，第2節は，ゴフマンの理論を用いて実際の地域デザインを観察し，記述することで，ゴフマンの理論に詳しくない人にも，地域デザインを理解しやすくなるような記述を心掛けた。第3節では，現代の文化消費状況，SNS (Social Networking Service)や国際政治の様子を紹介し，現代に生きている観客のあり方を分析・解釈し，そのようなコンテクス

トの中でどのような地域デザインの方向性があるのかを論じ，提言・示唆をしている。

第1節　「ドラマツルギー」による地域デザインの観察

(1) 地域デザインにおける「自己呈示」

　ある地域をデザインするときには，何がしかの目的がある。現在の場合，目立つのは観光や移住者促進だろう。特にその場合は，その地域をあるイメージのものとして他者に呈示する必要がある。ここでは，ゴフマン(1959)のいう「自己呈示」の概念を援用することができるだろう。

　まずは，「地域」を主体の単位として議論を進めていく。ある地域は，目的に応じて，自己呈示をする。ゴフマン(1959)は，人間は「印象管理」をしているといっている。それは，どのような印象を他者に抱いてもらうかを，自己の側でコントロールしようとする努力である。子育てしやすい街であるという印象を抱いてもらいたい地域は，光溢れる画像や動画を使い，子どもたちが公園で楽しそうに遊んでいる広告を打つだろうし，高級感溢れるイメージを打ち出したい地域は高級感を醸し出す宣伝により自己呈示をするだろう。

　この自己呈示に絡んだ，いくつかの概念が，地域デザインにも参考になる。1つは，役割を演じる場における「表局域」と「裏局域」である。舞台芸術の比喩でいえば，表局域は開演中における舞台上であり，裏局域とは楽屋などである。舞台を演じている間にはよそ行きの顔で着飾って役割を演じるが，舞台裏や楽屋などでは愚痴をいったり，だらけた姿も見せたりするだろう。

　地域デザインの場合，例えば観光客が来て体験をする場を表局域と考えればいいだろう。それ以外にも，たとえば創造都市としてクリエイティビティを刺激したい場合には，住人やそこで働く人々が観客として想定され，彼らが触れるものを表局域と想定すればいい。それに対して，例えばスーパーマーケットにおけるバックヤードのような，客にはあまり見せない領域もあり，それが裏局域である。ただし，注意が必要なのは，舞台芸術と違い，地域デザインの場

合は，表と裏の境界がはっきりしないことである。

例えば，「子育てしやすい町」というイメージを呈示するだけで，保育園が少ないとか，公園が少ないとなれば，ファミリー世帯は移住して来ないし，クレームの嵐となってしまうので，「呈示」した内容に合わせて実質を変えていくことも伴っていかざるを得ないだろう。地域デザインに関していえば，表局域は裏局域にまで影響を及ぼすのだ。ゴフマン(1959)は，自己呈示は内面化されることで，本当の当人の性格に影響を及ぼすとしているが，同じことが地域にも起こると考えられる。

ゴフマン(1959)は，「イメージとしての自己」と「プレイヤーとしての自己」という概念も使っている。イメージとしての自己は，「こうあるべき」とされる自己であり，我々が日々従っている規範や役割のモデルである。教員として，妻として，親としてなど，我々は様々な状況で様々な役割を担い，そこで必要とされる行為をして，それによって評価され，自尊心や社会的地位などに影響を受けている。一方，プレイヤーとしての自己は，イメージとしての自己を作り上げ維持しようとする自己のことである。研究者としての必要な役割を果たすために，日々ランニングやダイエットをしたり，式典に相応しい服を買いに行ったりするようなことを想定すれば良い。イメージとしての自己とプレイヤーとしての自己は，どちらが「真」というわけでもなく，相互に影響し合う。

おそらく，地域デザインにおいては，自己呈示は，ある地域に対して理想像や進むべき方向を指し示すことにより，イメージとしての自己としても機能するようになるのだと思われる。そして，それがプレイヤーとしての自己(実際のその地域)をも変化させていくプロセスが存在していると考えられる。

(2) 「自己呈示」と観客の間の断絶

よって，自己呈示，すなわち，「どのような地域にしていくのか，それをどう打ち出すのか」を考えるフェイズがとても重要なのだが，これがうまくいっていないように見えてならない。

地域デザインの実践を見ていると，自己呈示の段階で問題が発生しているよ

うにも思われる．どのように自己を呈示するのか，どのような自己を呈示するのかをデザインするという段階で，企画力やアイデアに難があるように思われるのである．特に，自分たちでこう思ってほしい，自分たちにはこういう価値があるという発信が独りよがりで，それを受け取る観客のことを考えていないケースが散見される．

　例えば，日常的な実践においても，自分を性的に魅力があるように見せようとしたり，面白い人間だと思わせようとしたりして失敗することは容易にありうる．演劇の場合でいえば，お客さんを楽しませようとしているのに，お客さんの反応が非常にシラケたものになり，客席はガラガラ，という失敗は頻繁に起こる．自分の見せたいもの，見せられていると思っているものと，観客が受け取るものにはギャップがあるからである．そして，興行的に成功するためには，自分が見せたい，こう思ってほしいというビジョンを押し付けるだけではなく，観客が何を求めているのかを理解し，観客から見たらどう見えるのかから逆算して舞台を作り上げていく必要がある．地域の人々が誇りと愛着を持っていること，例えば自然が豊かであることなどをそのまま自己呈示しても，そこに住んでいる人以外にとってそれが必ずしも魅力的ではないこともある．誰しも自分が住んでいる土地に愛着を持っており，住んでいない土地にはそうではないのだから，自分たちにとって大事なものを他の人間がそう思わないというのは当たり前のことである．さらに，他の地域の人間からすれば，同じようなことを主張する地域は無数にあるので，そこにだけ特別の魅力を感じることには必ずしもならないのだ．このような表現者と観客の間にある恐るべき断絶を意識し，それでも目的を達成するために何をするべきかを真剣に考える緊張感が必要であろうし，その断絶を超えて飛躍する勇気もまた必要である．そうしなければ目的は達成できないのである．

　その前提のうえで，自己呈示をどうするかを創造的に考える必要がある．成功するためには，全国，全世界のコンテクストを把握し，その中でどう価値を発現させるかの戦略を練る巧みさが必要である．

(3) アイデンティティの変容

地域デザインにおいて，地域を自己呈示することは，対外的にも，対内的にも，その地域のアイデンティティを作り上げていくことになっていく。ここでは，アイデンティティを作るということの意味を考えてみよう。

ゴフマン(Goffman, 1963)は『スティグマの社会学 改訂版(邦題)』で，アイデンティティについて考察を深めた。イメージとしての自己とプレイヤーとしての自己という問題系は，「社会的アイデンティティ」「自我アイデンティティ」「個人的アイデンティティ」という概念に引き継がれているように思われる。

社会的アイデンティティとは他者が考える自分のことで，自我アイデンティティとは自分で考える自分のことである。個人的アイデンティティとは，データや事実などで示すことのできる自分のことである。このうち，社会的アイデンティティと自我アイデンティティが相克と相互作用をするのは容易にわかるだろう。自分がモテると思っていたり，才能があると思っていたりしても，他者からの容赦のない評価と結果に晒されれば，自我アイデンティティは修正されるだろうし，他者からの高評価によって否定的だった自我アイデンティティがポジティヴなものになることもあろう。婚活などの現場を想定すればすぐにわかると思うが，ここには複雑なダイナミズムと葛藤が孕まれざるをえない。

スティグマとは，ネガティヴなレッテルのことで，精神疾患や人種や宗教や階級などが挙げられやすい。重要なのは，スティグマをもたらす考え方が社会の中で通念として機能していることであり，主体はそれを内面化してしまう傾向があり，鬱や自尊心の低下をもたらす。ときに自我アイデンティティと相克することで，隠されたり否定されたり，規範や通念自体への挑戦をも生むだろう。

ゴフマンと同じエヴェレット・C・ヒューズ門下で学び，『日常生活における自己呈示』でも参照されているハワード・ベッカー(Becker, 1964)の『完訳アウトサイダーズ(邦題)』では，社会的逸脱者の調査を行い，ネガティヴなレッテルを貼られることこそが，貼られた人間の社会的な処遇やアイデンティティなどに影響を及ぼすことでますます逸脱を生み出すということを論じた。教

育心理学では，「あなたは頭が良い」と根拠なく言うことにより相手が期待を内面化し成績が伸びるピグマリオン効果というものがあるが，どちらも社会的アイデンティティを与えることで，自我アイデンティティが変容していく現象なのだと考えられる。

　地域デザインにおいて考慮に入れておくべきことは，自己呈示＝地域がどうあるべきかのビジョンの呈示が，そのように再帰的にアイデンティティに影響を与えることである。当然，外部の人間だけでなく，住人たちのアイデンティティも変容していく。それは，原田が序章で「① リアル空間＝現実に存在する空間＋② バーチャル空間＝ネット上の仮想空間＋③ 心象空間＝心理的に存在する心象空間」と分類した中で，③に位置する。人々は，ありのままの剥き出しの現実の中に生きているわけではない。科学的世界観の中では，人間の生と死には何の意味もないが，人々はそのようなことには耐えられず，自他の生と死を意味づける「物語」を求めるし，神話や宗教などの形で大きな体系の中にそれを位置づけようとしてきた。そして，アイデンティティとは，自身の生きてきた歴史についての物語化，自身の存在についての大きな体系の中での位置づけとの関係性が深い。

　アイデンティティは，人々の気分や行動も変える。ネガティヴなアイデンティティを持っていれば，ラベリング効果のようにネガティヴな行動が続き，ポジティヴなアイデンティティを持っていれば，ピグマリオン効果のように，予言の自己成就的な連鎖が続く可能性がある。

　伊藤・紫牟田監修(2008)『シビックプライド』においても，デザインによってシビックプライドを醸成することがポジティヴな気分を作り出し，それが自発的に町を良く変えていこうとするプラスのスパイラルを生み出すことへの期待が記されている。それらを前提とし，アイデンティティをどのように変容させるのが未来のためになるのかを逆算したデザインが必要となるだろう[1]。

(4) 「自己呈示」を練り上げていくためには

　自己呈示とは，アイデンティティを作り上げる行為である。これは，映画な

どにおける「企画」「脚本」などに相当する場面である。企画の良し悪し，脚本の良し悪しにより，スタッフがいくら有能で一生懸命にがんばったとしても，成功するか失敗するかは大きく結果が変わってしまう。であれば，この自己呈示をどうするかについても，地域デザインにおいて，時間と労力をたっぷり使って考えるべき箇所である。

　成功する自己呈示を考えるためには，まずは自由かつ創造的に思考することである。自由とはいっても，今の自分の思い付きをそのまま垂れ流すだけではほぼ失敗する。我々は思考や想像力に，無意識に箍をはめている。したがって，会議やアイデア出しの場合には，アイスブレイクやブレインストーミングなどの手法が使われる。創作者たちも，それを緩めるために，寝ているときの夢を利用し，科学者たちも風呂に入っているときなどを利用してきた。まずは，アイデアを出す段階ではタブーを作らない，無意識の準拠枠を破壊する思考法の訓練をすることである。シュンペーター(Schumpeter, 1934)がいうには，創造とは，無から何かを生み出すわけではなく，既存のものの組み合わせである。しかし，試されていない組み合わせの領域というのは実は膨大にある。我々の思考がパターン化してしまっているので，思いついたり試したりすることすら困難になっている領域がかなりたくさんあるのだ。まずはそれを考えられるようにしなくてはならない。

　そして，未来を読み，そこからバックキャストしつつ，これまでの歴史や現状の延長線上に結びつけることである。これは論理的なプロセスであり，誰でもできるようなモデル化もそう困難ではないだろう。

(5) 地域デザインにおける「自己呈示」の実例

　日本に生きていると，どうしても日本の常識に無意識に囚われ，発想が閉じてしまうが，メンタルブロックバスターをするために，海外の事例をいくつか紹介したい。

　1つ目が，韓国の光州である。著者は2024年1月に朝鮮大学校のシンポジウムに招かれ，光州を案内してもらい，その後2日ほどあちこちを歩き回り，

視察してきた。光州は2017年にユネスコ創造都市ネットワークに加入しており，光州メディアアートプラットフォームや国立アジア文化殿堂などが建設されそこで展示が行われていたが，街の中心的なアイデンティティは1980年の光州事件であった。

　学生や民衆のデモに軍が発砲し殺戮した事件はユネスコ記憶遺産になり，博物館があり，ヘリによる機銃の弾痕もそのまま展示されている。中心部のストリートは「民主と人権通り」と名付けられ，国立5.18民主墓地という施設もあり，著者が訪れたときには政治家がそこを訪れ，写真の撮影をしていた。光州事件とその後の運動などを「民主主義と人権のシンボル」として光州はアイデンティティにし，対外的にPRしているのである。

　軍が民間人を殺戮した事件を記録し，街のアイデンティティどころか国家のアイデンティティにするなど，日本ではなかなか考えられないが，その背景には軍事政権から民主政権へと転換したという日本とは異なる文脈がある。

　真鍋(2010)によると，この民主化運動はこの地域で盛んな巫俗や，儒教の伝統の延長線上にあったという。死者を悼むシャーマニズム的な価値観が濃い地域であり，儒教の考えでは祖先から続く血統を絶えさせるというのは重大事であり，若い青年たちがたくさん亡くなったことが，民衆たちに強い同情の念を引き起こし，事件の後も国が排除しようとするなかで追悼の儀式を民間人が続けたり，伝承を熱心に行ったりしていたようである。歴史や伝統，土着的なものを活かしつつ，負の事象すら創造的にアイデンティティに組み込んでいる。日本であれば，これ自体が自己呈示を脅かす裏局域として表に出さないようにされるのではないかと思ってしまった。

　1995年から始まった光州ビエンナーレは，歴史や記憶，痕跡，民主主義などを題材にした作家や作品が多く選ばれているように見え，「人権と民主主義の街」というアイデンティティと現代芸術を接続している。また，市内ではテクノロジー産業が育成されており，メディアアートによる創造都市への登録は，それが関係しているように思う。重層的な歴史が折り畳まれており，一見ミスマッチともいえるようなものが組み合わされているのが，光州のユニークな点

である。メインストリートの近くには「韓流スター通り」があり，原宿のようになっていて，一番人が多く集まっており，サブカルチャーも含めた多様性・多層性をつくづく感じた。

　次の事例は，伊藤・紫牟田監修(2008)で最初に紹介されている，アムステルダムである。アムステルダムは「自由と寛容の町」を打ち出しているが，それにも歴史的な背景がある。「宗教的寛容さから，アムステルダムは異教徒を受け入れてきた歴史がある」「1960〜70年代にかけては，世界中からヒッピーたちが集まってきた」「女性解放などの社会改革運動も盛んとなり，その後，市は市民の声に耳を傾けざるを得なくなった」「寛容な麻薬対策，ゲイやレズビアン・カップルの法的権利の確立などの進歩的な社会政策でも知られるようになった」(p.24)という。アムステルダムといえば麻薬，というイメージがあるが，実際にそのような街と見做されてきた歴史がある。裏局域には麻薬による陰惨で悲惨な状態の人々が膨大にいるのだと推測されるが，それを街のアイデンティティにし，地域資源にもしているのである。ゲイやレズビアンなども，保守的な価値観の地域であればマイナスに思われるだろうが，そのような人たちにとってはアムステルダムに移住するメリットがあるのである。そのような自由と寛容さを活かし，創造性につなげるために，「アムステルダム精神」を涵養する，本章の言葉で言い換えれば，地域のアイデンティティを構築する試みが行われてきた。

　また，ニューカッスルの事例紹介では，スペンサー・チュニックが行った，2,000人が裸になってウォーターフロントを練り歩くアートイベントが紹介されている。ニューカッスルは，創造産業を育成する創造都市となるためにこのようなことをやっている。自由さや，発想の箍を外す，個を大事にするという創造性を育むメッセージが，2,000人が裸で集まるという行為に象徴されて呈示されているのだろう。

　ヨーロッパなどの都市間競争においては，明らかに「他ではできないこと」をできるようにし，「他では生きにくい人たち」を集めるような戦略が行われているように見える。実際，中国などから日本に来る高度な人材の中には，

LGBT（lesbian, gay, bisexual, transgender）などにより本国では生きにくい人たちがいるのである。LGBTを歓迎した自由で寛容な社会，というアイデアは，そのような人々の存在自体を違法化している地域では思考や議論に上がってきづらいはずである。しかし，そのような自己の属している価値観を相対化し，俯瞰した上で地域デザインを考え，価値発現を志向する必要があるのではないだろうか。

　これらの例は，歴史や伝統や習俗の延長線上において，地域を尖らせ，新たなアイデンティティを打ち出し，観光客や移住者を惹きつけようとし，産業なども発展させようとしたものだといえる。あえてショックの効果を与えるために日本の常識的価値観においてはタブー扱いされる事例を扱ったが，それは発想を柔軟にするためである。

　例えば，日本において性的な物事がタブー視されやすいのは，東アジアの特徴であり，その厳格な性倫理は儒教に由来する部分が大であろう。その価値観自体に地域性があるのである。例えば，日本や台湾が東アジアにある自由と民主主義を尊重する国として世界の中で存在感を示しているように，その文化圏における支配的な価値観とは異なる地域として突出することは，その地域の価値を発現させやすくなるのではないかとも思われる。

　このような尖った地域デザインによる地域間競争を機能させるには，法律や常識や倫理観に柔軟性を持たせる必要もあるだろう。多元主義的でリバタリアニズム的で寛容な方向に法律や規範が変わっていく必要もあるだろう。それが，日本の伝統や価値観と緊張関係を持つこともあるかもしれない。繊細なバランス感覚と，未知に飛躍する度胸の両方が必要である。

第2節　抵抗と逸脱

(1) 新しいアイデンティティへの抵抗と相克

　本節では，ゴフマンの「役割距離」などの概念を応用し，実際の地域デザインのなかで起こる様々な抵抗と軋轢について観察していこうと思う。

新しい社会的アイデンティティ≒自己呈示を作り出すのが地域デザインの役割だとするならば，それに対する自我アイデンティティの抵抗も当然起こるだろう。実際，「大地の芸術祭」の舞台となった越後妻有での，住人たちに対する説明会や会議の数は2千回を超えているという（北川，2023）。もちろん，その中には，現代アートなどという得体の知れないものを導入し地域を変容させることへの反発や疑問もあった。

　ここで個々の人間に視点を移すが，地域デザインにおいても，その自己呈示に合わせた演出を行う主体たち（例えば，施設やホテルで接客する人たち）の心理には，分裂が当然起こる。「本当の自分はこうではない」「本当のこの地域はこうではない」という気持ちを抱く部分もあるだろう。それらはどのように表出されるだろうか。ここでは，その役割≒自己呈示を基本的には受け止めている場合に，どのような対処の戦略が採られる可能性があるのかを，ゴフマン（Goffman, 1959）の役割距離の概念を参照しながら考えてみよう。

　大半の接客業を想定すれば，客前ではそれにふさわしい役割をしているだろうが，控え室ではその仮面を離れて，愚痴を言ったり文句も言ったりするだろう。地域デザインにおいては，その新しい自己呈示に合わせて演じる（接客をしたり，宿泊施設などのデザインを改装したりする）ことをしつつも，楽屋裏（裏局域）においては，その仮面を外し，本当のその地域の，その人の，リラックスしたあり方になるだろうと思われる。

　さらには，演じつつも，そこにある種の皮肉のようなものを込める場合もある。ゴフマンには，役割距離という概念がある。それは，ある役割を演じつつも，自己がそれによって覆い尽くされてはいないことを示すもので，演じている自己に言及したり，皮肉を言ったり，場合によっては逸脱を示すことである。映画や演劇で「これは偽物ですよ」と示す場合や，強制的に何かをやらされている学生がにやにや笑いを浮かべて「本心からやりたいわけではないのですよ」と示す場合を想定すればいい。

　しかし，これは抵抗とはいえ，その役割を脅かすことではない。イメージとしての自己とプレイヤーとしての自己の乖離を示すことは，むしろ役割遂行を

スムーズにさせるためにこそ必要なのである。いわばガス抜きのようなものである。

(2) 古いアイデンティティへの抵抗と相克

　逆に，新しい自己呈示に惹かれてきた者たちにとって，それとは異なる古い部分についての心理的抵抗もあるだろう。

　例えば，最初に比較的その抵抗が薄い例として，新築のマンションを挙げよう。「誇り高い暮らし」のようなフレーズを用いるマンションポエムがネットでは嘲笑の対象になっているが，あれは表局域と裏局域の境界が曖昧になっていくという地域デザインの性質を活かしているものだと理解しなくてはならない。そのような宣伝，つまり表局域に惹かれ，そのような生活に憧れて引っ越してきた者は，そのような生活をしようとするだろう。そして，ドラマや広告に出ているような「幸福」さを，服装などで演じていこうとするだろう。

　背景には，他者からどう思われるかが自尊心やアイデンティティに影響するというメカニズムが存在していると思われるが，肝心なのは，表局域に惹かれ，そこで生活する者もまた地域のイメージを対外的にアピールするパフォーマーとして，表局域の存在となるということである。このような，宣伝と生活，虚構と実体の境界を越境する現象が，実際の地域デザインでは起こっていると考えられる。そして，その演技や呈示するイメージのモデルとなり，アイデンティティを形成する役割をマンションポエムは果たしているのだと推測される。

　マンションの場合は，新しく作られるので，階級や収入や年齢において同質性が高く，その宣伝に惹かれたという点で価値観が近しいので，皆がそれを演じることで，表局域におけるイメージの矛盾は露呈しにくい。ディズニーランドのように，園内から外部の自然の風景をシャットアウトしてしまうことが，その1つの極における理想だろう。

　しかし，多くの地域デザインは，すでに歴史があり続いてきた地域で行われることが多い。すると，表局域≒自己呈示とは異なる裏局域のリアルさと出会うことが予測される。洗練された現代的な高級住宅地の中に，ボロボロの長屋

があることは世界観を破壊するので住人たちに好まれないだろうことは容易に推測される。

　そのような自己呈示への抵抗，あるいは新しく演じられているものではない側面（≒自我アイデンティティ，プレイヤーとしての自己）への接触の際に起こる反応もまたマネージしていく必要がある。見えなくする，その環境からなくしてしまう，というのが，1つの単純な解決策であろう。本書の言葉で言えば，関係編集としての地域デザインは，このような複雑な人間同士の関係の仕方と変容を動的に捉えて組み立てていくという繊細で複雑なものにならざるをえない。

　観光客や新住人の目に触れるものをすべて管理できるような大規模な，疑似テーマパーク的な地域デザインができる場所はそれで良いだろう。しかし，そこまでのことをできない場合はどうするのか。そこにあるもの，目に入ってしまうものを，覆い隠さない自己呈示≒アイデンティティ形成≒物語化を試みるしかないだろう。著者の言葉で言えば，ブリコラージュ的に，ありものを組み合わせて，自己呈示なり，シナリオなり，物語なり，アイデンティティを作り上げるしかない状況にもなるだろうと思われる。そのようなギャップや抵抗をもまた織り込んだ地域デザインができると理想であろう。

(3) 逸脱と異端

　役割距離的な技法でガス抜きできないような抵抗もあるだろう。新しい社会的アイデンティティにコミットしないもの，逸脱する者もいるだろう。現代日本ではあまり考えにくいが，その最も極端なケースでは暴動や叛乱になるだろう。それに対する対応は，鎮圧ということになる。

　だが，本章で問題にしたいのは，そこまで極端な形ではない反抗や逸脱などである。もちろん，協力しなかったり，批判したり否定してくる存在は疎ましい。しかし，単に変化を拒むだけでなく，もっと「こうしたらいい」というイメージを持っている主体は，重要な何かを行いうる可能性もある。

　先に触れたベッカー（1964）において，アウトサイダーの例として出てくるのは，

ジャズ・ミュージシャンたちであった(ベッカー自身が、ジャズ・ミュージシャンであった)。不安定であるがゆえに一般的な会社員などを規範とする社会からは良く思われず、独自の価値観で生き、黒人などの社会的な差別を受ける者たちが多かったジャズ・ミュージシャンは、当時においてアウトサイダーと見做された。アウトサイダー意識を持つ彼らは、独自のアイデンティティや価値観や文化を生み出し、一般的な社会の規範の中で生きる者たちを「スクエア」といってバカにした。また、歴史的に見れば、ワーグナーやピカソなど、高く評価される芸術家たちの人生は、一般的な生き方や道徳に照らせば「逸脱」したものである。クールジャパン政策の中心になり、外貨を稼ぐ産業になったオタク文化も同様である。逸脱は、そのような創造的な契機にもなるのだ。地域デザインにおいては、うまくその逸脱を活かすことも考えなくてはいけない。

　同じことは、1960年代のヒッピーたちにもいえる。ヒッピーたちの逸脱した生き方は、後にヤッピーと野合し、シリコンバレー精神につながっていったといわれる。ヒッピーたちの既存の価値や社会を否定し、新しい生き方を創造しようとする姿勢が、コンピュータ時代にサイバースペースへの熱狂を生み出し、既存の価値観や生き方や産業に対する創造的破壊を起こすマインドの下地になったのだと考えられる。だとすれば、抵抗や反発や逸脱の契機の中に、創造的なきっかけを見出すような構えもしておく必要がある。町を新しく変えるのは、既存のあり方に満足していない者であり、それは既存の体制や価値観から見れば、逸脱者や反逆者に見えてしまいやすいということを、織り込んで理解しておくことには、意味がある[2]。

第3節　メタフィクション的な認識の一般化と、真正性の希求

(1)　「表局域」「裏局域」の化かし合いと、真正性

　本節では、ゴフマン(1959)のドラマツルギーという観察法を用いて、現在の観客について考察してみようと思う。どのような地域デザインをするのであれ、大都市を含む一般的な現代人を観客として想定せざるを得ない。そのような現

代の観客のあり方を分析し，どのような物の見方をしており，ニーズがあるのかを知っておくことは，地域デザインにおける自己呈示が成功するか失敗するのかを大きく分けるだろうし，現代文化で行われていることは地域デザインの参考にもなるだろうと思われる。

　まずは，現代の文化における消費者たちのリテラシーや文化消費の水準を見ていこう。現代の観客の消費の仕方において，裏局域と表局域の区別すら曖昧であることが多い。アイドルの場合が典型だが，基本的にアイドルは，商業的に演出された仮構の姿をこそ商品として自己呈示する。しかし，芸能人などもそうであるが，消費者はプライベートの情報もまた知りたがる傾向がある。清純派アイドルが煙草を吸って炎上する場合が顕著だが，消費者は仮構の自己呈示を仮構だと分かって消費しているのではなく，裏局域におけるアイドルの「真の人格」と一致していてほしいという願望を持ちがちであり，その心理を利用し消費行動を促進させる点においては水商売と同じである。

　そのアイドル産業において，AKB48以降には，プライベートもまた演出して見せる，つまり裏局域を見せているように見せかけて，そこもまた演出した自己呈示をすることで裏局域を知りたがる消費者を満足させるという技法が発達している。SNSなどにおける楽屋やプライベートの自撮り写真などがそこで使われるのだが，もちろんそれもきわめて厳密な演出と管理の下で提供されている。

　表局域の作り物を嫌い，裏局域をこそ好む観客もいるだろう。著者も，敢えて演出された観光地から外れて，裏側や，寂れた場所などを見て歩くのを好んでいる。結局のところ，演出された観光地や接客などはどの地域も似たようなものになりがちで，それには飽き足らないので，その地域で歴史的・伝統的に形成されてきた真に土着的で固有なものにこそ触れたいと思うタイプである。例えば日本全国の民俗的なものを見て回った岡本太郎の紀行文などにその典型が見受けられる。彼らは，むしろ大衆向けに演出されたものは，全世界どこに行ってもあるようなショッピングモールのようなものだと見做して好まず，むしろそこにしかない固有のものを求めるだろう。もちろん，そこにはオリエン

タリズムなどの問題も複雑に絡む。

　フェイクドキュメンタリーや，プロレス，アダルトビデオの一部などでは，表局域と裏局域のスライド，越境と侵犯の感覚こそが消費の対象になる。エクストリームなアダルトビデオでは，女優らの演じているパフォーマンスは虚構であり，演じられているものであるが，そこに身体を伴った行為は存在しているのであり，演じきれないリアルな反応を求める傾向がある。また，プロレスは，ほとんどの人がヤラセだと思うような演劇性の高いジャンルであるが，しかしレスラーはそこで肉体を使ったパフォーマンスをしているのであり，時に傷つき，時に寿命を縮めて亡くなることもある。これらの場合には，表局域には還元しきれない裏局域も含めて消費の対象になっているのだろうと思われる。プロレスファンが，レスラーの人生を「伝説」として物語化し消費したがる好みを持つことは，言うまでもないだろう。「ここはパフォーマンスの舞台なのか，楽屋裏なのか」を曖昧にする傾向は，屋外や生活空間にて展示される地域アートなどでも発生する効果であるだろう。

　これらの例では，裏局域に見せかけた表局域なのか，それともそうではないのかを見抜くゲームが仕掛けられており，観客がどの程度の目を持っているのか次第で好みも変わるし，配慮の水準も変わるだろう。時には，そのゲーム自体が消費・享受の対象になり，快の源泉となる。

　ゴフマンの理論を援用した，ディーン・マッカネル(MacCannel, 1973)は，ダニエル・ブーアスティンの「疑似イベント」論とも組み合わせ，「演出された本物」(staged authenticity)という概念を呈示した。それは，裏局域を求める観客たちの裏を見たいというニーズに応じて，真の裏ではないものを見せることである。それで満足する人もいるが，「インチキだ」と思えば，観光地ではないところに飛び込んで放浪したり研究したりするようになるだろう。なにはともあれ，表面的なテーマパーク的な楽しさを求める観客と，本物真正さを希求するニーズを持つ観客の2種類を理念的に想定しておくことには意味があるだろう。後者は，例えば東日本大震災の帰宅困難区域や津波の被災地を巡るダークツーリズムなどに通じる行動であろう。

マッカネル(1973)「演出されたオーセンティシティ(邦題)」において，観光客は，観光において，現地の人たちのナマの《生》に触れたがり，真正性を求めると書いている。しかし，それはすでに述べた通り，「演出された本物」が何層にもある虚しい見せかけに騙されるだけにすぎないのか。そうではないだろう。ここで重要なのは，「真正性」が，本当の本物を意味するわけではないということだ。なぜ真正性を観客は求めるのか。それは，近代合理的な社会に疎外されているがゆえに，生を求めるロマン主義的な動機があるのである。社会を表舞台と舞台裏に区分することで支えられている信念は，真実というものを親密性に関連させて考えることに結びついていると彼は言う。つまり，舞台裏や真正さを求める心情は，社会的演技やパフォーマンスによって「疎外」された主体が親密さを求めることと結びついているというのだ。おそらく，これはアイドルのファンが，アイドルの真正性≒裏局域に接触しようとする動機をも説明するだろう。

　概念的に重なりつつもズレがあるのを承知でいえば，それは共同体主義者の政治思想家チャールズ・テイラー(Taylor, 1991)が『「ほんもの」という倫理　近代とその不安(邦題)』で述べたことと関連するだろう。「ほんもの」とは，authenticity，真正さのことである。マッカネル(1973)が真正さは他者との交流や，親密さの中にあるといっているのと似ている。テイラー(1991)のいう真正さは，自分探しや，宗教的・霊的な側面を持つややこしい概念であるが，単純に「心で感じる本物感」といっていいかもしれない。それすらも，儀礼や儀式における演出などの効果で発生しているのだ，とはいいうるだろうし，むしろそれを発生させることができることこそ演出・パフォーマンスの凄みなのであるが，言い換えれば，本当の意味での本物でなくても，そのような心で感じる本物感がきちんとそこで発生すれば十分なのかもしれないのだ。とすると，問題の中核は，演出の質ということになるのかもしれない。

(2)　SNSの普及による，ドラマツルギー的な認識の大衆化

　現代の観客の多くは，世界的に，SNSを使いこなすだろう。そのような観

客たちはどのように変わっており，地域デザインにおけるドラマツルギーの側面にどのように反応すると考えられるだろうか。シンプルにわかりやすい例は，インスタ映えするスポットに行く，などであるが，ここではもう少し大きな構造的な変化を考えてみたい。つまり，SNSによって自己呈示したり，イメージとしての自己を操作したりすることを当たり前に経験するようになった人々が量的に多くなった現在では，ドラマツルギー的な認識自体が普及し，そのことが何か大きな質的変化を起こしていないか，それが地域デザインとどう影響しているのかを考えたいのだ。

　たとえば，SNSにおいてインスタ映えする素敵な場所で自分を映し発信することで，「そのような素敵な場所にいる自分」がアピールされ，それへの羨望や憧れの目線を通じてアイデンティティが形成されていくプロセスは広く存在しているだろう。それは，先述した，マンションにおいて生活それ自体が見られるものとして演じながら生きる生活者たちと近しい。しかし，そのように自分自身をパフォーマンスする場としての渋谷が21世紀になって衰退し，ハイブランドの人気がなくなっているが，これもSNSの普及に拠るのではないかと考えられる。ヒース＆ポッター（Heath and Potter, 2005）『反逆の神話［新版］（邦題）』によれば，ブランドとは他者との差異化のために求められるものだが，SNSで無料で自分自身をアピールできるようになった結果，わざわざ高いお金を払い，身に纏うものによって対外的に差異をアピールしなければけない必然性が減ったのだ。代わりに，SNSなどにおいて内面や個性や美徳などのアピール合戦が生じるようになったと彼らはいっている。

「表局域」「裏局域」の区別も，今では曖昧であろう。ゴフマンが例に出すような，食堂におけるキッチンでの不衛生な振る舞いは，今ではSNSで晒され，告発され，炎上し，株価が下がり，刑事告訴されかねない。よって，観客の前での緊張を解きほぐし仲間同士の親密さを覚える楽屋裏という場所はなくなっていき，すべての場所が潜在的に監視され，スマホによる録音録画と投稿をされる危険性のある表局域になってしまった。違法行為や不衛生なこと，ハラスメントや虐待などがなくなっていくのはもちろんいいことであるが，表局域と

裏局域の区別が曖昧になったことによる社会的混乱や，心理的な変容はおそらく存在しているだろう。

あらゆる場所がパフォーマンスの舞台とならざるを得なくなるという感覚は，「キャラ」などの現象にも見出せる。現代の若者は，SNSなどで「自己呈示」を行うし，日常的にキャラを作って生きている（土井，2009）。すると，自己が演出されたものであり，実体とは違うという感覚を日常的に理解しているものだと推測される。メタバースなどは，「なりたい自分」になれると宣伝され，性別違和などを抱える者などが肉体的性別と違う性別のバーチャル身体を操っている。つまり，見られる自分を演出するということ，そのように相手を見ること，そのように見られているということを知っていること，知っているということを知っていること……という，自己呈示にまつわるメタ的な無限の感覚を経験して生きているのではないかと推測される。

そしておそらく，生身の自分こそが唯一の本物，という感覚でもないのではないかと思われる。美しく化粧し，着飾り，「盛れた」写真の自己像と，朝起きてボサボサの髪でだるい状態でいるのの，どちらを本当と見做すかは，その当人がどちらをそう見做したいかというアイデンティティと自尊心の希求によって決まるだろう（繰り返しになるが，ドラマツルギーのパースペクティヴにおいて，どちらが真でどちらが偽という考え方はとらない）。とはいえ，ありえないぐらい美化された自撮りや，楽しそうに遊んでいるTikTokなどを見ると，それが演出されたものだとわかっていても，自分がみすぼらしく思えて自己肯定感が低下してしまうものである。そこで，整形などで表局域に裏局域を近づけようとする努力が行われるが，それにも限界がある。その物理的・生物的な限界こそが，何層にもなった裏局域の極限の1つだろう。

このように，イメージと自己との複雑で多層的な関係の中で，理想とされるもの，希求されるものも多様になっている。イメージである自己呈示に共感するのか，そこに収まらない逸脱した剰余の部分（裏局域）に相当するものを希求するのか（演じていない状態で気楽に親密さを分かち合いたい，など）は，人によって違うだろう。

特に，新冷戦が行われている現在において，様々な宣伝戦，世論戦，歴史戦，ナラティヴ戦が多元的に駆動しており，それらへのリテラシーも上がり続けている。ある国や体制の自己呈示を「嘘だろう」と疑うシニシズムを蔓延しているだろうし，その自己呈示の欺瞞＝裏局域を暴くようなことも数多く行われている。しかし，それが宣伝工作における過大な印象操作かもしれないという懐疑の認識も当然普及してくる。何を信じていいのかわからない，不信と不安と懐疑の蔓延は，逆に変わらないもの，信じられるものを，作り出す。言い換えるなら，心理的にそれに縋りたいという動機が，カリスマや指導者を生み出し，本当は事実ではないことを信じ込ませてしまうのかもしれない。

陰謀論を信じたり，過激な思想を信じたりする者たちの動機の一部には，親密さへの希求がある。集団や仲間が形成され，真実を知っている者同士，同じ「敵」と戦う者同士の連帯感も生じる。不安と懐疑と流動性ゆえに変わらないものを求める心理は，おそらく「親密さ」を求める心理と結びついている（親密さとは，社会に出て競争や流動と晒される前の幼児期の家庭や，母親の胎内のイメージと結びついている）。だとすれば，必要なのはそのような心の安定，親密な関係性を提供できるような地域なのではないだろうかとも思われる。それは，子育てのしやすさ，少子高齢化対策，ウェルビーイング向上にもつながるだろう。

そして，テイラー(1991)の意見を受け入れるなら，それは例えば日本神話やスピリチュアルを活かした地域デザイン，という表層的な意見だけでなく，もっと実存の本質にまで深く関わるような部分において，宗教的・霊的な物事の活用も必要なのではないか。昔から日本でも，霊的に生まれ変わるためのお遍路や旅や聖地巡礼は行われてきた。それらの伝統のリソースを，深いレベルで活用した地域デザインの深化が必要なのかもしれない。

(3) アイデンティティの多元性・流動性とその反動

序章でも触れた分類「①リアル空間＝現実に存在する空間＋②バーチャル空間＝ネット上の仮想空間＋③心象空間＝心理的に存在する心象空間」だが，現

代の人々はこれら複数の空間に横断的に所属している。

例えば、ある地域に住んでいても、部屋に引きこもってオンラインゲームばかりしている人にとって、アイデンティティとしての所属意識は現実の地域ではなくオンラインゲームのクラン（群れ）の方にあるかもしれない。現実の生活の中で絶望し、信仰や宗教が救いになっている人間にとっては、アイデンティティは心象空間の方に強くあるだろう。あるいは、最近流行しているコンテンツの類型である「異世界転生」ものがある。現実ではうだつが上がらず愛されていない者が、異世界に行くと活躍し褒められ寵愛されるという願望充足の物語である。「異世界」とは、アニメやゲームの世界の寓意だろう。これらの流行が指し示すのは、この現実世界では満たされず、虚構の世界にこそアイデンティティや自尊心を維持する場を設定している者たちの存在である。彼らに、地域や世界の課題にコミットせよ、といっても、あまり説得力は持たないだろう。これらは極端なケースだが、実際には多くの人は、多重に所属し、多元的にアイデンティティを使い分けているのだろうと思われる。

極端な場合、ネット上で形成されたアイデンティティが、リアル空間で形成されるアイデンティティを凌駕する。ヨーロッパやアメリカで顕著なホームグロウンテロがそうである。往々にして孤独で不遇感を抱えているものたちが、ネット上の動画や掲示板などで特定の思想信条に惹かれていき、遠隔でそのグループの一員になり、リアルの接触は一度もないままに自爆テロなどに導かれることがある。リアル地域に対してそこまでの破壊的な行為をできてしまうぐらい、アイデンティティはネットの方に強く存在しているのである。

アイデンティティをリアル空間に結びつけようとする傾向もある。例えば、ロシアの大統領プーチンは、アレクサンドル・ドゥーギン（A. Dugin）の思想的影響を受けているといわれているが、彼はネオユーラシア主義という思想を掲げている。西側やリベラルの価値観を否定し、ロシアが勢力圏を回復するのは当然であるという思想を掲げている。その極右的で民族主義的なイデオロギーは、地域とアイデンティティを深く結びつける戦略のものである。

そのような、土地とアイデンティティの結びつきは、マスメディアとインタ

ーネットの統制によって可能になっている。アイデンティティに訴えかけるような物語をマスメディアや SNS で展開し，相手の世界認識やアイデンティティを変化させ，国際的な世論や状況を有利に動かしたり，他国を分断し動乱を起こしたりする行為は，軍事用語で「ナラティヴ戦」と呼ばれており，日本政府も含め世界的に対応が行われているところだが，これはつまり，「①リアル空間＝現実に存在する空間＋②バーチャル空間＝ネット上の仮想空間＋③心象空間＝心理的に存在する心象空間」の再編成されている状況において物語≒意味≒アイデンティティなどを構築していくことが国際政治と軍事のうえで有効な状況が訪れていることを意味するだろう。現在の地域デザインは，コンテクストを重視し，かつ差異などから価値を生まなければいけないのだから，必然的にそのような世界の状況，グローバルなコンテクストの中での意味を反省的に考えながら行われる必要がある。

　これらは，アイデンティティや所属の感覚が，グローバル化やインターネットによって，土地や身体から切り離されていく傾向と，それに対する反動であると理解することができる。Z 世代（1990 年代半ばから 2010 年代序盤に生まれた世代）には，LGBT などの「属性」をタグのように用いたアイデンティティ観が流行しており，流動的で変化していくものとしてのアイデンティティ論が影響力を薄れさせているが，それも，確固たる物質的なものによってアイデンティティを固定させたいという無意識的な希求であると理解できよう。世界の各国で高まっている極右的な排外主義や，宗教的な原理主義もまた，過剰な流動と，恣意的な構築可能性という考え方にさらされた主体が，どこかに自己の流動を止めるアンカーを求める無意識的な希求があるのだと考えられないだろうか。

　かつて，吉本（2003）は，『ハイ・イメージ論Ⅰ』の中の「映像都市論」で，「世界視線」という言葉を提唱した。著者なりに咀嚼したうえでいうと，これは自己を含めた物事のあり様を，ある俯瞰した視線，抽象的かつ普遍的で無機的で客観的に見てしまう視線のあり方であり，現代人は，自らの虫の眼（「普遍視線」）で見るのと同時に，どこかこの「世界視線」のようなあり方で二重に見

るように内面化されているのではないか。吉本 (2003) が東京工業大学出身の理系の資質を持っていたことから，この「世界視線」には，科学や合理主義の世界の見方というニュアンスをどうしても著者は抱いてしまう。

リベラリズムとは基本的に，宗教的な思いや人生の意味などの問題を私的な領域に押し込め，公的な領域は合理的で機能的にしてしまおうという政治思想である。グローバリズムやインターネットは，世界をつないだことで，ある地域固有の文化や価値や意味などを相対化してしまい，「絶対」だったそれが，「相対」（他の人たちは別のものを信じている）であると認識せざるを得ないという，自我やアイデンティティの去勢を要求してしまう。言い換えれば，インターネットは，世界視線のようなものとして機能するのだ。

あらゆる場所が監視され，潜在的に撮影録音されている場所になってしまった現代の生は，常に世界視線のような他者からの視線を想定して生きていかざるを得ない。それが心理的に耐えがたい場合，世界との交流を遮断するロシアや中国のようなやり方を採る場合もあるだろう。ロシアや中国は，そのような地域デザインを選んだということである。意味や価値などが漂白されるこの世界視線的な場であるインターネットと，歴史や伝統や習俗や信仰などを歴史的に紡いできた地域とは，基本的に相克しがちである[3]。

中央と地方においては，中央（都市）がそのような均質で無機的な近代性と結びつけられてきたが，インターネット・グローバル時代においては，そのような単純な二項対立でのみ考えるわけにはいかず，価値が再編成されていることを理解したうえで，地域価値の発現を考えて行かざるを得ないだろう。

地域デザインは，このようなグローバルな状況とメディア環境を意識せざるを得ないだろう。なぜなら，あらゆるものはつながり合っており，そのコンテクストの中に，その地域の実践も位置づけられるのであり，そのコンテクストとの関係の中における差異から価値も発生してくるからだ。それらを広く意識した野心的な地域デザインが，様々な課題が山積みになっている日本においては必要なのであり，「自己呈示」を戦略的に考える必要があるのだ。

おわりに

本章では，ゴフマン(1959)のドラマツルギーという観察法を用いて，地域デザインを観察してきた。ゴフマンのパースペクティヴと概念を使って地域デザインを説明することで，そこでどのような営みが行われ，何に留意しなければいけないのか，発生しているダイナミズムなどが理解しやすくなったのではないだろうか。

第3節においては，現代のコンテンツ消費における消費者たちの認識の水準と，SNSにおける自己演出や認知戦が蔓延している状況を想定し，それらのコンテクストの中で地域がどのように価値を発現させていくのか，論点とアイデアを素描した。ここで提案されている内容は思索的なものだが，自己呈示（どのような地域にするのか，それにより地域に価値を発言するのか）については，示唆できたのではないかと思う。

本章の全体において意識されたのは，作り上げられた地域と，そうではないものの相克である。作り上げられた地域は，ただちに偽物ではない。作られたものとして，実体を持ち，その限りにおいて実在しているのである。しかし，一方で真正性を求める希求も確かに存在する。その背後にある動機は，親密さや関係性を求める心ではないかという仮説を呈示した。それは，本物を巡るメタゲームの無限さの不毛を解決するためである。伝統や歴史やアイデンティティは虚構かもしれない，しかしそれでも求めている人がいるのなら，地域がその提供をデザインしてもいいのかもしれない。おそらくそれは，意味や価値を漂白するインターネットの無機的かつ合理的なあり様から，逆に地域がそのような役割を担うメディアとして再定義されたのだと見做すことができるだろう。

注
1) 例えば，著者自身が提案しているものでいえば，AIやテクノロジーが産業において重要になる時代と，伝統的な日本のアイデンティティを連続させるために，神道やアニミズムとデジタルテクノロジーを結びつけるようなナショナル・アイデンティティの構築である。これは，都市と地方の，合理主義者と宗教的信念を持つ人たちの深刻な分断

を調停し，新しい時代に適応していくためのアイデアの1つである。神道においては性や出産がポジティヴで神と結びついていたという「物語」を呈示することで，少子高齢化対策になることも期待している。あるいは，柴田雄一郎が第2回地域アート＆フェスフォーラムで提案した「デジタル縄文」などもそれに近いだろう。人間の幸福感は狩猟採集時代に進化し適応した脳に依存するので，デジタル時代には不適応になってしまいがちで，若者の精神衛生の悪化や自殺率の上昇はひょっとするとそれのせいかもしれない。であれば，直接人が顔を合わせて暮らす群れ的な生き方をしてウェルビーイングを向上させ，なおかつ，新しい時代の産業やメディアにも適応しようという戦略であると著者は理解している。そのような生き方への潜在的な希求が存在する可能性はあるだろうと思う。

2）原田（2001）は，「既存の権力と程遠い位置にいる存在である異人」（p.24）が，既存の権力や秩序に対抗して力を得る手法として「類い稀なる編集能力を発揮して価値創造の実現を志向すること」で「自らが資源をほとんど保持することなしに自らの付加価値を高めうるパワー」（p.25）を得るのだと，松岡正剛を参照して述べている。つまり，異能や異端，権力の中心にいない人間こそが，外部との接触も多いので関係編集の高い能力を持ち，権力を持つがゆえに閉じ込められがちな内部的で保守的な発想から飛躍し，その地域や組織を変える可能性があるということである。地域デザインにおいても，そのことには留意しておく必要があるだろう。先に挙げた世界の事例，例えば「2000人が裸で集まるイベントをやろう」と提案できる人間を頭の中にイメージすれば，日本ではいささか異端的で逸脱的と見做されざるを得ないだろうことは，理解されるだろうと思う。

3）アンダーソン（Anderson, 1983）は，ナショナリズムの形成について，出版や印刷による均質な文字によって，一国が同じような時間と空間を共有しているという「幻想」が発生し，人々の想像力の中に，虚構の共同体のイメージが作られたことに重点を置いていた。実際の地域や，それぞれに顔を合わせている共同体の内実は，そのような「想像」の国家とはまったく異なっているというのは，日本の様々な地方の方言などを観察するだけで容易にわかることである。その差異を超えて「同じ国民」という意識を持つために，活字と出版というメディアがもたらした「同質な時空間の共有」という錯覚が作用した。インターネット，あるいはサイバースペースは，抽象的で無機的なデジタルであるというメディアの性質ゆえに，国の単位で形成されたナショナリズムを超えて，既に述べた世界視線的な還元に世界中の人々を晒す場であり，ナショナリズムや地域との関係なども大きく再編成されざるをえない。

参考文献

Anderson, B. R. O. (1983) *Imagined Communities: Reflections on the Origin and Spread of Nationalism*, Verso.（白石隆・白石さや訳（2007）『定本 想像の共同体：ナショナリズムの起源と流行』書籍工房早山）

Becker, H. (1964) *The Other Side: Perspectives on Deviance*, The Free Press.（村上直之訳（2019）『完訳 アウトサイダーズ ラベリング理論再考』現代人文社）

Blumer, H. G.（1969）*Symbolic Interactionism*, Prentice-Hall.（後藤将之訳（1991）『シンボリック相互作用論』勁草書房）

Goffman, E.（1959）*The Presentation of Self in Everyday Life*, Doubleday.（中河伸俊・小島奈名子訳（2023）『日常生活における自己呈示』筑摩書房）

Goffman, E.（1961）*Encounters: Two studies in the sociology of interaction*. Bobbs-Merrill.（佐藤毅・折橋徹彦訳（1985）『出会い：相互行為の社会学』誠信書房）

Goffman, E.（1963）*Stigma: Notes on the Management of Spoiled Identity*, Prentice-Hall.（石黒毅訳（2001）『スティグマの社会学 改訂版：烙印を押されたアイデンティティ』せりか書房）

Heath, J. and A. Potter（2005）*The Rebel Sell: Why the Culture Can't be Jammed*, Capstone Publishing Ltd.（栗原百代訳（2021）『反逆の神話〔新版〕：「反体制」はカネになる』早川書房）

MacCannel, D.（1973）"Staged Authenticity -Arrangements of Social Space in Tourist Settings," *American Journal of Sociology*, Vol. 79, No. 3, pp. 589-603.（遠藤英樹訳（2001）「演出されたオーセンティシティ」『奈良県立商科大学研究季報』第11巻3号, pp. 93-107）

Schumpeter, J. A.（1934）*The Theory of Economic Development: An Inquiry into Profits, Capital, Credit, Interest, and the Business Cycle*（Harvard Economic Studies）, Harvard University Press.（塩野谷祐一・中山伊知郎・東畑精一訳（1977）『軽罪発展の理論（上）：企業者利潤・資本・信用・利子および景気の回転に関する一研究』岩波文庫）

Taylor, C. M.（1991）*The Ethics of Authenticity*, Harvard University Press.（田中智彦訳（2023）『「ほんもの」という倫理——近代とその不安』筑摩書房）

芦野恵理（2018）「E. ゴフマン相互行為論における自己概念の検討」日本女子大学教育学科の会『人間研究』第54号, pp. 53-62。

伊藤香織・紫牟田伸子監修, シビックプライド研究会編著（2008）『シビックプライド—都市のコミュニケーションをデザインする』宣伝会議。

粕谷圭佑（2016）「相互行為論をめぐる理論研究の動向：近年のE. ゴフマン理論研究レビューを通して」『立教大学大学院教育学研究集録』13, pp. 33-45。

北川フラム（2023）『越後妻有里山美術紀行』現代企画室。

北田暁大（2011）『増補 広告都市・東京 その誕生と死』筑摩書房。

古賀広志（2017）「ドラマツルギーとしての地域デザイン」『2017年度一般社団法人地域デザイン学会第6回全国大会予稿集』pp. 16-19。

古賀広志（2022）「地域デザインにおけるZTCAモデルの類型—四行モデルの提案—」関西大学総合情報学部紀要『情報研究』第56号, pp. 23-42。

近藤泰裕（2000）「役割行動と社会的自己：E. ゴフマンの『役割距離論』再考」大阪市立大学社会学研究会『市大社会学』1巻, pp. 1-11。

土井隆義（2009）『キャラ化する／される子どもたち 排除型社会における新たな人間像』岩波書店。

中島岳志（2014）『ナショナリズムと宗教』文藝春秋社。
野田浩資（2021）「ヒューズからベッカーへの継承と展開―シカゴ学派と相互作用論の再評価をめぐって(3)」『京都府立大学学術報告（公共政策）』第13号，pp.281-289。
原田保（2001）『場と関係の経営学』白桃書房。
原田保・浅野清彦・庄司真人編著（2014）『世界遺産の地域価値創造戦略　地域デザインのコンテクスト転換』芙蓉書房出版。
真鍋祐子（2010）『増補　光州事件で読む現代韓国』平凡社。
吉見俊哉（2008）『都市のドラマトゥルギー　東京・盛り場の社会史』河出書房新社。
吉本隆明（2003）『ハイ・イメージ論Ⅰ』筑摩書房。

第3章

エコシステムによる地域デザインの新視角

―サービスの関係編集によるエコシステムの価値発現―

庄司　真人

はじめに

　現代の日本社会では多くの課題を抱えており，特に世界的に注目されているのは高齢化している社会構造の問題である。多くの人々が高齢になることによって，それまで生産という価値に貢献してきた人々の役割が変わることになる。例えば，会社員として生産活動に関与してきた人々は一定の年齢に達すると定年を迎え，それ以降は年金受給者として生活することになる。日本が抱える課題は，この高齢者が急激に増えていくことによって発生する社会構造の変化の「解」が模索されていることにある。

　本章は，この問題について，サービス・エコシステムの視点から考察する。サービス・エコシステムはアクターによるナレッジやスキルのアプリケーションを意味する「サービス」が他者のサービスと交換されることによって価値共創が発生することを指摘したサービス・ドミナント・ロジック(Service-Dominant Logic，以下 S-D ロジック)によって提示された概念であり，サービス交換の構造をマクロ，メゾ，ミクロによってアプローチしているものである(Vink et al., 2021)。サービス・エコシステムでは，価値が創出される枠組みを分析するために，サービス，資源統合，制度をベースに議論するものであり，地域はその

1つであると考えることができる(庄司, 2017；西澤他, 2012)。

　本章では,「関係編集」という概念を前提として, S-D ロジックもしくはサービス・エコシステムの中で, アクターの関係から役割を見直すという点について述べていくものである。S-D ロジックでは, 有形財や無形財の交換からサービスの交換へと議論の焦点をシフトすることによって生産者と消費者の区分を見直している(Vargo and Lusch, 2011)。特に S-D ロジックにおいて強調されているのは, 価値における消費者の役割が変化することであり, これはアクターの関係編集によって発現しているということができるのである。

　この前提を踏まえて, 本章では人口減少が加速する日本において, S-D ロジックにおけるエマージェンスの議論を用いながら, 地域デザインの新視角を提示するものである。エマージェンスは, S-D ロジックにおいて提示されている市場やエコシステムの動態を説明するものである。地域も固定的な存在ではなく, 様々な周囲の環境によって異なることを説明する。

第1節　脱成長社会の到来

(1) 人口減少する日本

　長らく日本社会は高齢化が課題だといわれ続けてきた。団塊の世代と呼ばれる1947年前後に生まれた世代, そしてその子どもたちとなる団塊の世代ジュニアと呼ばれる1970年前後に生まれた世代の人口は多いものの, 団塊の世代と団塊の世代ジュニアとの間, そして団塊の世代ジュニア以降の人口が減少している状態が続いている。

　この人口減少に関する議論は, 政府による白書, 各種メディアで行われている。その主なものとしては, 生産年齢人口の減少となる。生産年齢人口とは, 経済協力開発機構(OECD)によれば15〜64歳の人口と定義しており, 生産活動や社会保障を支える人々を指す。

　この生産年齢人口については, 日本では1995年の8,726万人をピークに減少している状況にある。これは新生児が減少していることを指しており, 新生

児が減少すれば，15年後には生産年齢人口が減少してしまうことになる。この生産年齢人口は2018年には7,545万人と，ピーク時となる1995年より1,181万人，比率でいえば13.5％減少していることになる。

一方で，高齢者は増加している。先ほどのOECDで示された定義をベースにした高齢者は65歳以上となるが，日本の人口に占める比率は20％を超えてきていることになる。医療や介護の環境が充実し，それに関わる技術が発展していることによって，長寿社会となっていることは望ましいこととなる。世界的に見ても，年齢が若い政治・経済のリーダーが活躍する一方で，米国のバイデンやトランプのように70歳を超えて大統領の職務に力を入れる人もいる。米国の学者も70歳を超えても教育や研究を続けている場合もあり，経営学者であるドラッカーもあるいはマーケティングの代表的な学者であるコトラーも，さらには本章のベースとなるS-Dロジックの提唱者であるバーゴも70歳を超えても研究成果を発信してきている。このように，年齢は人々が平等に重ねていくものである一方，個人差も発生することになることから，年齢で区切ることの限界も存在する。

日本政府においては，高齢化する社会の中で，社会保障の制度を見直しつつある。つまり，高齢者の定義を見直しているということができよう。長寿が希であった時代とは異なり，長寿が前提となる社会においては，年齢を前提とする制度を変更することが求められることになる。

生産年齢人口は，15歳を含めているが，大学進学率が上昇している先進諸国においては，15歳前後で仕事に就くことは非常に珍しいケースとなっている。図表3-1は，高等学校等進学率および就職率(中学卒業後に高校に進学せず，就

図表3-1 進学率と就職率(全国)

年月	2013.3	2014.3	2015.3	2016.3	2017.3	2018.3	2019.3	2020.3	2021.3	2022.3	2023.3
高等学校等進学率(％)	98.4	98.4	98.5	98.7	98.8	98.8	98.8	98.8	98.9	98.8	98.7
就職率(％)	0.4	0.4	0.4	0.3	0.3	0.2	0.2	0.2	0.2	0.1	0.2

出所）文部科学省「学校基本調査」暦年版

職する比率)を示している。これによれば，2023年3月時点の全国の中学生の就職率は0.2％，すなわち1,000人に2人ということになっている。

　このように生産年齢人口で定義されている年齢の範囲のうち，15歳から18歳までは高等学校に通っており，実際にはパーマネントな職に就いていることは少ないことになる。この問題はさらに2つの問題につながることになる。第1に，生産年齢人口であることから，パートタイム(いわゆるパートやアルバイト)につく場合があり，これを含めるべきであるということ，第2に大学進学率の上昇である。日本では，15歳から18歳までではなく，さらに22歳前後までパーマネントな職に就くことが少ないのが現状である。そのため，生産年齢人口そのものについてはフルタイムを対象とする場合の問題点として前提となる年齢が異なるのではないかということが指摘されるところではある。

　加えて，高齢者についても同様である。先述したように，高齢であっても仕事を続けることがある。たとえば，大手スーパーチェーンの中では，70歳を超えてパートタイムとして雇用することがある。先述したように，現在では医療技術が発展したこと，および社会構造の関係から70歳を超えても労働することが可能となっている。このため，生産年齢人口は低年齢においては，フルタイムの可能性が低いことと，高年齢であっては定年延長を含めたフルタイムもしくはパートタイムでの雇用が行われることになっている点が挙げられる。

　この点については日本政府においても政策として取り入れられており，高度経済成長期においては家庭内分業が行われ，主な雇用者と扶養家族という構造が作られていたが，現在では複数の収入を持つことを前提に制度が変更されつつある。このため，地域社会においてはアクターの役割については様々な議論が発生しているということを認識する必要がある。

　たとえば，小学校では長年，PTA (parent-teacher association)と呼ばれる教員と父母の支援組織が運営されている。しかし，共働きが前提になってくると，PTAに時間を割くことが各家庭では難しくなってくる。つまり，地域においてそれぞれの地域の役割を担うアクターが不足することになる。この点についてはさらに考える必要がある。

(2) 制度転換の必要性

　これまで議論してきたように，日本が直面している超高齢化社会および少子化，さらに人口減少社会は，これまで地域の維持に用いられてきた諸制度の変更を必要とする。例えば，千葉県流山市は，市制においてマーケティング課を設置し，キャッチフレーズとして「母になるなら流山」を掲げた。流山市は千葉県の北西部にある都市で，周囲には柏や松戸などの大規模な都市に囲まれている状態にある。交通の便がそれほどよくなかったこともあったが，市制改革の中で，子どもの育成を重視するように保育体制を設けたことによって大きく人口が増えていた都市として注目されている。

　ここにいくつかのヒントがある。このキャンペーンにおいては，母親となる女性をターゲットにしていることにある。共働きの増加はその背景として女性の大学進学率の向上も関係するが，働くことを続けながら家族を持つことができるということを強調するものであり，時代の価値観の変化に対応するということになる。このために，流山市では保育体制の構築とその支援を行った。具体的には，保育士および保育園の支援となる。待機児童は働く夫婦にとって重要な課題となる一方で，地域間の対応が大きく異なることになる。大学のような広域に移動することが可能な教育機関とは異なり，幼稚園や保育園は，近隣を選択することが必要となる。そのため，大規模な集合住宅（マンション）が開発されると，その近辺の幼稚園・保育園での受入が難しいということになる。このように，人口はその動態によって対応すべき視点が異なる。

　ある制度の変更は，それに伴う一連の制度の変更を必要とする。S-Dロジックでは，価値共創の構造を考察する枠組みとして制度の視点を取り入れており，複数の制度の関係のことを制度配列と呼んでいる。制度の変更がアクターの価値共創に大きな影響を与えることになるが，特に制度は社会との関係が強いものであり，社会の合意が多く関わることになる。

　先述した流山市の事例は，若年人口の増加を目指すものであり，多くの地域都市において注目されているものの，人口を維持するために必要な出生数を確保できることは難しく，そのため制度においては高齢化社会を前提とすること

が求められる。この点について特にロボットの観点で議論が進められている。つまり自動化・機械化である。

　人口減少の中で，多様な社会的要請を達成するためにサービスの領域では機械化（および AI）について検討されており，例えば，日本の事例として受付や配膳ロボットなどが紹介されることになる。

　また，近年ではシェアリングサービス，特にこれを乗客に利用するということが見られるようになっている。米国や欧州においては，タクシーとの関係で盛んに議論されていたが，シェアリングについてその前提として近隣で共有の試みが行われていた。鉄道網が日本と比べると発達していないアメリカでは，都心部への交通渋滞が問題となっていた。ほとんどの自動車は複数名が乗車できるようになっているため，4人乗りもしくはそれ以上に人数が乗れるにもかかわらず，ほとんどの車両の乗客は1名のみとなっている。このため，一人ひとりが自動車で向かう一方で，それぞれの自動車には空席が存在する。

　このような中で，米国ではパーク・アンド・ライド制度が導入される。パーク・アンド・ライドとは，一般社団法人日本民営鉄道協会の定義によれば「通勤するときに，自宅から最寄駅まで自家用車を使い，駅の駐車場に自家用車を止めてから公共交通機関に乗り換え，都心や中心市街地の勤務先に行く交通行動のこと」を意味する（日本民営鉄道協会）。パーク・アンド・ライドは，交通渋滞といった社会問題に加えて，自動車が排出する排出ガスを減らす環境対応が可能となるものである。渋滞は，社会的な効率性を低くしてしまうことがあるので，都市部における物流も柔軟に行えなくなることもあり，都市部における自動車の総量を減らす必要が出てくる。このような背景から，都市部に向かう自動車を減らし，その代わりの手段として公共交通機関を発達させることになる。そこで，自動車のシェアが行われる。例えば，アメリカでは，複数名が乗っている自動車の場合に乗れるレーンが存在する。つまり，都心部に向かう自動車の台数を減らしながら，移動する人数を減らさないことになる。

　日本においては，同様の取り組みが行われているものの，大都市圏の通勤の多くが電車であるため，対応が異なる。このため，自動車の空間の共有はあま

り行われていないことになる。さらに，近年，議論されている自動車のシェアであるが，既存の法律との関係性が検討されており，整合性が問われることになる。

このため，現時点では地方部において，タクシー事業者との関係で進められる。Uberを始めとする欧米のプラットフォーム企業ではなく，既存の事業者との関係を重視することになる。特に欧米のシステムが先行して有利なのではなく，それまでの制度との関係を考慮することが必要であることはいうまでもない。欧米の制度をそのまま導入すること以上に，どのような問題があるのかについて検討が必要となってくる。

このような中で，エコシステムにおける制度と制度配列について検討をする必要がある。この制度と制度配列を議論している領域の1つにS-Dロジックがある。制度については，経済学，社会学，政治学など幅広い分野で検討されている。たとえば，マーケティングではチャネルの議論，あるいは市場と組織の関係に多大な貢献をしたコース(R. Coase)やウィリアムソン(O. Williamson)は代表的な制度派経済学者である(Coase, 1988；Williamson, 1991)。彼らは社会における制度の役割を経済学の視点からアプローチしていた。コース(1988)は取引費用の概念を用いることによって企業の役割を分析し，またウィリアムソン(1991)は機会的な行動について解明している。

S-Dロジックは制度経済学よりも社会学の影響を強く受けている。その中でもギデンズの構造化理論を元に議論することが多く見られる。例えばバーゴとラッシュ(Vargo and Lusch, 2016)においては，「ギデンズ(1984)は，彼が構造化(structuration)と呼ぶ，構造が人間の行為の結果であると同時にそのコンテクストでもあると主張する超越的な概念化を通じて，主体性と構造の架け橋となることにおいて，実践理論家の中で間違いなく最も影響力のある人物である」(p.13)と述べており，構造が人間の行為にもたらす影響について議論している。

さらに，S-Dロジックでは，スコット(Scott, 1995)による制度論も射程に入っている。スコット(1995)も社会学における制度に関して先行研究をまとめており，制度論の先駆者としてデュルケームやウェーバーを影響力のある学者と

して取り上げているが，制度におけるルールや法制度の重要性について指摘している。社会を全体的な視点で捉えるのか，個別の視点で捉えるのかによって異なるものの，社会におけるアクターの動きを制御するものとしての制度の役割については，多様な観点から議論されている状態にある。

このような観点から，組織論における制度的ロジックは，制度に関して数多くの貢献をしている。組織は，社会における基本的な分析単位となるものであり，何らかの権力構造を有する。この組織の中でアクターがどのように行動するのか，そして他者から影響を受けるのかについては，組織を議論するうえで重要な論点となる。特に，ローレンスの議論はアクターによる制度の構築だけでなく，制度配列の重要性を強調するものである。制度的ワークの概念は，制度が創出され，維持され，破壊される行為に関わるものであるとされる。

これらの議論を踏まえながら，S-Dロジックでは2016年にS-Dロジックの議論の基本となる基本的前提(FP)の改訂を行っている。基本的前提の変遷については，井上編著(2021)が詳しいが，その視点が個別企業の観点から全体的な視点へと移行することでよりマクロ的な用語が用いられるとともに，社会学の観点が導入されているということができる。このような議論の中で，2016年に新規に導入されたのが，FP11となる，「価値共創は，アクターが生み出した制度および制度配列を通じて調整される」(Vargo and Lusch, 2016, p.18)である。バーゴとラッシュ(2016)によれば，このFP11を追加したのは，より広範囲の「交換」を説明するためのものとしており，「価値の創造は，他のアクターの利益のために適用される統合された資源(サービス)という観点からしか完全に理解することができない。サービスというコンテクストにおいてのみ，完全に理解することができる」(Vargo and Lusch, 2016, p.18)ということになる。

このため，サービスの議論が必要となってくる。そこで，エコシステムにおいてベースとなるサービスについて次項で議論をする。

(3) サービスの関係編集

サービスをどう捉えるのかは多様な議論がある。1970年代から80年代にか

けて，いわゆる第三次産業が発展することによって農林水産業や工業ではなく，それ以外の産業としてサービス業が注目されるようになる。しかし，このサービスをどのように捉えるのかは，それぞれの立ち位置で異なる。

一般的に，マーケティングやマネジメントの領域ではサービスを無形財として捉える (Zeithaml et al., 1985)。サービス・マーケティングの初期の代表的論者であるショスタック(Shostack, 1977)は，製品(有形財)を中心としたマーケティングから脱却を主張し，取引の対象の有形性の程度によって，取引の対象の変容を説明しようとする。マーケティングは，伝統的にマーケティング・ミックスを中心に議論してきた。いわゆる4Pと呼ばれるフレームワークの中で，製品がその1つとして取り上げられていた。そのため，サービス・マーケティングは，製品によるマーケティングとの相違を強調する(Lovelock, 1996)。

その際にサービスの特徴として取り上げられたのが，IHIPである。無形性，変動性，不可分性，非貯蔵性をもって製品との相違を強調するものであり，これらに基づいてサービス・マネジメントやサービス・マーケティングが発展することになる。無形性の要素に程度があることや，サービス品質をどのように測定するのかがサービス領域において多くの議論となってきた。

しかし，このようなサービスを複数形のサービス(サービィーズ)と呼び，有形財と無形財という枠組みではなく，アクターに焦点を当ててサービス交換を主張したのがS-Dロジックである。S-Dロジックはサービスとサービスの交換ということから，ナラティブという枠組みを提示する。これは，アクターがどのようにサービスと関わるのかを示すものであり，その中には資源統合やエコシステムおよび制度が配列されることになる。

日本において，サービスは2つの側面で用いられてきた。1つはアフターサービスである。1950年代に自動車および家電という主要産業において，顧客とのリレーションシップを強化するために注目されたのがアフターサービスである。ここでは修理やメンテナンスが強調されることになるが，他方でサービスが現代的な観点でも重要なツールであったことがうかがえる。

もう1つはサービス業への進出である。AV機器の主要メーカーであるソニ

ーは，業界領域をサービス分野へと拡大してきた。金融やゲーム，音楽など，その発展は，業界の枠を超えて広げてきたといえる。しかし，サービスはこのような業界や取引の対象ではなく，サービス交換のプラットフォームとの関係で議論されている現状についてはあまり認識されていないところである。

第2節　エコシステムによる関係編集

(1)　エコシステムの視点

　近年，ビジネス分野ではエコシステムの視点が強調されている(Adner, 2012；Vink et al., 2021)。それに伴い，エコシステムにも様々な用語が派生している。イノベーション・エコシステム，サービス・エコシステム，ビジネス・エコシステムなど，その領域を意識した用語が用いられるようになる。

　エコシステムが用いられている背景には，VUCA (Volatility, Uncertainty, Complexity, Ambiguity)といわれる不確実な時代になっているため，組織でもなく，市場でもない形態が求められているということができよう。かつて中間組織として呼ばれていたネットワークのようなつながりをもち，そのつながりが緩やかでかつ多様性を持つものとしてエコシステムが注目されることになるのである。

　経営戦略論の大家であるポーター(Porter)は，かつてこのような形態をクラスターと呼び，「クラスターとは，ある特定の分野における，相互に結びついた企業群と関連する諸機関からなる地理的に近接したグループであり，これらの企業群と諸機関は，共通性と補完性によって結ばれている」(Porter, 1998, p.199)と定義した。ポーター(1998)はそのベースが産業組織論にあり，産業と関連する組織の視点が強調されている。このため，空間経済学に見られるようにそれぞれの企業がどこに立地するのかが強調されることになり，地域デザイン学とも関連性が高いのはいうまでも無い。地理的な隣接性は地域研究においては重要な要素であり，かつての工業地帯を始めとして，自由な雰囲気の企業と大学が連携したシリコンバレーがあり，米国では他にもピッツバーグやサン

ディエゴなど，英国ではエディンバラなどの例が注目されるようになる。

　さらに大規模になっているのが，エコシステムといえよう。アドナー（Adner, 2012）は世界最大の航空機メーカーであるボーイングを取り上げている。ボーイングやエアバスといった航空機メーカーは，製品開発にかかるコストおよびリスクの発生を抑えるためにローンチカスタマーと呼ばれる仕組みを取り入れている。ローンチカスタマーとは，航空機メーカーが開発費を考慮し，大手航空会社と連携し，それらの会社からの発注を元に製造を進めていくというものである。特に飛行機は安全性が求められるため，多額の開発費が発生してしまうことになる。これらを複数の企業との共同開発によって抑えようとする。実際，B787は，ボーイング社だけでなく，ロールスロイス（エンジン），東レ（素材）など複数の企業が関わることになる。

　このように不確実でリスクが高くなればなるほど，複数の企業でリスクを分散することが行われ，かつ複数の企業の技術を活用することによって価値を創出するのがイノベーション・エコシステムの基本的な考え方となる（Wieland et al., 2017）。電気自動車（Electric Vehicle, 以下EV）であるTeslaも同様であろう。EVは，自動車だけでは運営できない。実際にはバッテリーを充電する設備が必要となる。このように考えていくと，適切な距離に充電装置が必要となるという運用上のサポートも必要となる。

　このため，イノベーションの推進には，道路や標識のような公的資源やルールが必要となり，さらにはそれに関連する支援組織を含むネットワークが求められることになる。このような視点から個々のアクターから捉えるミクロ視点と全体を捉えるマクロ視点の統合が必要となる。

　S-Dロジックでは，サービス交換の範囲を説明するために3つのレベルを設けている（Chandler and Vargo, 2011）（図表3-2）。1つ目はミクロ・レベルであり，これは2つのアクターが直接的にサービス交換を行うものとしている。多くの取引現象は二者間で行われるものであり，伝統的な交換に基づくアプローチやリレーションシップもこのミクロ・レベルで議論されている。

　2つ目はメゾ・レベルである。ここにはアクターが三者登場することになる。A,

図表 3-2　サービス交換の 3 つのレベル

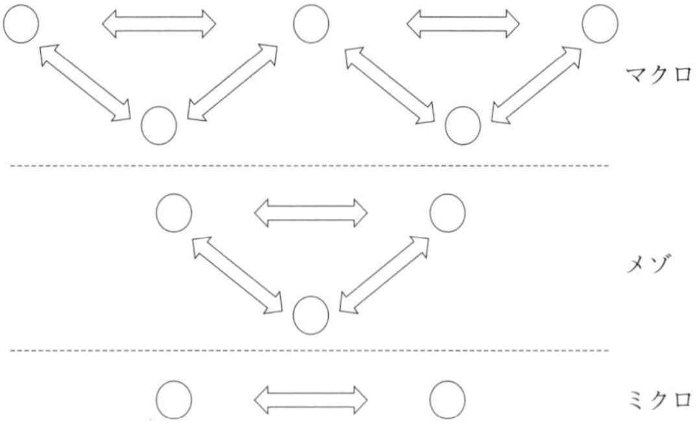

マクロ

メゾ

ミクロ

出所）著者作成

B, Cというアクターがいる場合，AとB, BとCがミクロ・レベルでサービス交換を行っている場合に，AとCが間接的にサービス交換を行っているということになる。このことはアクターが直接的に関係をもつ必要が無いことを指す。

　地域も同様である。利害関係者が多様化している状態にあるため，それぞれのアクターが直接的に関係をもつわけではない。したがって，地域では主体の多様性が議論されることになる。つまり，アクターが主体的であるとともに，それが複数存在するということである。このため，アプローチをグッズに焦点を当てるのではなく，別の方法が求められる。

　最後がマクロ・レベルである。ここでは複合的なサービスが中心となる。マクロレベルでは，受益者のために資源統合を行うことによって適切なサービス交換が行われる。そこには直接的・間接的な交換が組み合わされる複合性が中心となる。

　このような観点から，地域においてはマクロおよびメゾ・レベルでのサービス交換を分析する枠組みが必要となる。先述したように，このレベルでは直接的なサービス交換がない可能性がある。間接的な交換は，それぞれのアクターの直接的な交流がない場合がある。例えば，観光の場合，ホテルと顧客という関係がある。この両者にはサービス交換が発生するとともに経済的な関係が生

まれる。経済性の観点から，あるいはビジネスの視点から基本的にはこの二者関係に焦点を当てているのがこれまでの研究の中心であった。

地域の場合は，多様なサービス交換の関係を分析する必要がある。その代表的な要素として景観がある。景観としての寺社や風景は，その施設は直接的に経済的な交換が行われることもあるが，そのような関係が発生しないこともよくある。歴史のある街並みは，それぞれのエリアにおいて居住している人々が維持している場合がある。

このように，地域の多様性がサービス交換の範囲を広げることになるが，その枠組みを分析するためのフレームワークが必要となる。従来の経済的交換の場合は，取引を対象とする方法があり，これにはいわゆる経済学が用いる市場を用いる。市場の発生する場所において需要と供給を検討することになる。

それに対して，経営学や組織論，あるいは伝統的なマーケティングでは，組織における意思決定を分析単位とする。経営資源といわれる人材，商品，貨幣，情報をどのように専有し，それによって価値を生み出すのかを検討することになる。経営戦略においては，リソースベースドビュー(Resource Based View)という資源の希少性を強調することによって，競争上の価値を見出すことになる。

しかし，これらの議論においては，コントロールやガバナンスと呼ばれる権限の上下関係がある中で進められることになる。これは，意思決定者のコントロール可能性と成果に関わってくる。

これを地方自治体に導入する場合，地方自治体と住民には権限の上下関係が存在しないため，これらの考え方が直接的に導入されるわけではないことになる。地方自治体はすべてが市場において取引するというものではなく，また組織としてコントロールできるわけではないので，それとは異なる観点が必要になる。

そこで出現するのが，サービス・エコシステムである。サービス・エコシステムは，S-Dロジックにおいて取り上げられたものであり，制度の下で緩やかにつながっているアクターの資源統合の枠組みを明らかにするものである(Vargo and Lusch, 2011；庄司，2021)。エコシステムは，3つのサービス交換の

枠組みを用いることによって, それぞれのアクターの資源統合の可能性と, 価値共創の構造を明らかにするものとなる。

特にサービス・エコシステムは, 地域における価値共創の構造を分析する可能性があるものとして注目されている。地域は, 地理的な隣接性が強調されるものである一方で, それぞれの利害関係がはっきりしないこともあり, 視点が異なる。この点は利害関係者のアプローチから明らかになる。

(2) アクターの転換

エコシステムの視点は, 従来, 地域研究におけるギャップとなっていた主体の問題について新しいアプローチを提示するものである。特に本書は「関係編集」がキーコンセプトとなっていることからも, アクターを基点とした枠組みを検討する必要がある。

S-Dロジックでは, アクターを基点としている点が重要である。このような視点は, ステークホルダーに関する議論で見られることになる。

図表3-3に示されるように, アクターの関係を編集する場合は, 多様な関係を見ることができる。国土交通省の地域主導でもこのような関係性を図示しているように, アクターの関係を分析することが重要となる。ただし, アクター

図表3-3　視点による枠組みの相違

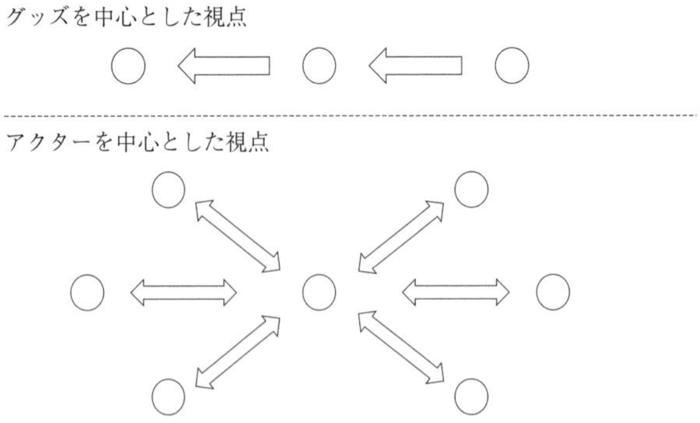

グッズを中心とした視点

○ ← ○ ← ○

アクターを中心とした視点

○ ↔ ○ ↔ ○
（中心のアクターから放射状に矢印）

出所) 著者作成

の関係は生産者でもあり，消費者でもあるかもしれない。この点はすでにトフラー（Toffler, 1980）が生産消費者（プロシューマー：Prosumer）という生産者を意味するプロデューサーと消費者を意味するコンシューマーを合わせた造語をつくり，プロシューマーが重要と指摘したが，まさに地域においてはこのような生産と消費という価値の創出と発現および利用が同時に行われることになる。このため，従来の役割に基づいた関係を編集することが必要となる。

S-Dロジックでは，消費概念に対して疑問を提示している（庄司，2018）。これは，消費者という考え方が価値を破壊するということを暗示しているものである一方で，消費者こそ価値を創出するという考え方を持つからである。

さて，ここで関係編集という観点から，既存の人口概念をどのように価値発現へと変えていくのかが重要なポイントになる。伝統的な視点では，生産者と消費者という価値の創出者と価値の破壊者に分けられていた。先に述べたように，生産年齢人口も同様と考えることができる。年齢による区分によって生産する（＝価値を発現する）かどうかを決めていることになる。ただし，生産年齢人口が減少していく中で，グッズを生み出すという視点が含意されている生産という用語ではない別の視点が取られることになる。

近年では，地域に関連する用語として，定住人口，交流人口，関係人口という人口の視点で議論されている。当該地域に住んでいる人口という意味での定住人口に対し，それ以外でその地域へ訪れた人を指すのが交流人口であるが，この区分はその地域に住んでいるかどうかで示されている。このため，地域活性化における議論では，定住人口の増加とともに，それ以外の交流人口や関係人口をどの程度増やしていくのかが関わっている。

伝統的に，地方自治体では，UターンやIターン，あるいは移住相談といった試みがなされている。これは，定住人口を増やす試みとなるもので，特にUターンは，もともとその地域に居住していた人々を仕事や住まいを提供することによって移住を促進するものである。そもそもその地域に何らかのコミュニティがある場合が多いので，その地域に存在する何らかのエコシステムに参加することになる。他方で，Iターンもしくは移住となると，その地域への移住

に困難さが出現することがある。これは，各種報道によって示されているが，その地域のルールが共有化されない，あるいはその地域の慣習に関して相互理解ができないということがある。このため，住民との間でトラブルが発生するということも起こりえる。移住という場合は，住まいや仕事に加えてこのようなエコシステムとしてのルールに変化があるので，ハードルが高い。

　そのような中で，日本ではかねてより欧米型のリゾート構想の中で，地方移住よりも地方へ観光にいくという動きが見られていた。地方都市における観光促進やツーリズムは，長い歴史があり，それは昭和40年代から続くものであるということができる。この時期は高度経済成長期に地方から東京へと人口が移転した時期を過ぎ，地方で過疎化が問題となった。

　このような時期から，交流人口や関係人口といった視点は少なからず議論されていたが，近年では人口減少の視点からさらにアクターを踏まえて，人口の役割を検討する必要がある。高齢者が増え，生産年齢人口が減少していく中で，国内経済の持続可能性を確保するためには「高齢者や若者＝価値の破壊者としての消費者」という視点を変える必要が出てくる。つまり，生産年齢人口あるいは労働力人口に該当しない人々をいかに地域デザインに取り込んでいくのかが重要となるのである。

　この議論においてはアクターの役割を再認識することが必要となる(庄司, 2023)。S-Dロジックでは，生産者と消費者という2つの区分を見直し，アクターとアクターという二者関係が価値創造において重要であることを示した。つまり，アクターによって価値が共創されるということを示しているのである。

　S-Dロジックにおいてはこの役割に関して多様な視点が存在する。まず2004年の論文から変わらず用いられているのが，受益者という考え方である。この受益者については，これまで明確に定義づけられていないが，価値共創の恩恵を受ける者という意味になると考えられる。S-Dロジックでは，価値の創造と利用を分けているわけではない。ただし，どのような役割を担うのかについては，多様な考え方がある中で価値の共創を議論するのである。

　S-Dロジックに関連する分野としてサービス・ロジックがある。これは，北

欧学派といわれるフィンランドやスウェーデンのサービス研究者の研究グループの中で用いられているものであり，サービスを中心とするという視点でS-Dロジックと共通の観点を持つとともにメインストリームとなるマーケティングの視点を批判的に考察し，4Pではなくリレーションシップを強調するなど，概念的な研究を中心に価値共創の基盤としての相互作用性を強調している(Gronroos, 1994)。代表的な論者としてグロンルース(Gronroos)やグメソン(Gummesson)がおり，サービス・マーケティングの領域にとどまらず，マーケティングの本質を追求している (Gronroos, 1997；Gummesson, 2006)。

グロンルースの代表的な論文として，「サービス・ロジック再考：誰が価値を創出し，誰が価値を共創するのか(邦題)」を出版し，価値の創出者について議論している(Gronroos, 2008)。グロンルース他の議論は，顧客を中心とする視点であり，近年，カスタマードミナントロジックといわれる研究も見られることから (Heinonen and Strandvik, 2015)，伝統的なマーケティングにおいて見られる価値の問題を顧客におくという視点が重視されているといえる。

このように，特にサービスというコンテクストにおいては価値の創出者が必ずしも製品やサービスを作り出す企業に限らないという点については議論の一致が見られるが，他方ですべてのアクター(企業や組織，顧客といった利害関係者)が同じ役割を担うわけではない。そのため，役割をどのように捉えるのか，特に価値共創における役割とは別に，それ以外のアプローチから議論されているのである。

サービスイノベーションにおける議論の中で，ラッシュとナンバイザン(Lusch and Nambisan, 2015)は，①観念形成者，②デザイナー，③仲介者という3つの役割の存在を指摘している。本学会でデザインについて重要視されているが，既存の知識の構成や資源をミックスさせたり，適合させたりすることによって価値を生み出す役割を持つのがデザイナーとなる。これらの役割をどのように考えるのかはきわめて難しいものの，エコシステムにおいては役割分担が不十分の場合，負の側面が発生するという指摘もある (Mele et al., 2018)。このような役割の議論については，エコシステムでも限定されていると考える

ことができるとともに，それぞれがデザイナーとして活動することもできるだろう。結局のところ，エコシステムの範囲をどのように捉えるのかに関わってくることになる。

加えて，エコシステムそのものは，固定的なものではないことに注意が必要である。広範囲にわたるエコシステムでは，ある程度固定的になる可能性もあるが，むしろ動態的に変化する存在として捉える必要がある。そこで次節ではエマージェンスの議論を元に，地域のエコシステムの関係を編集することによって変化させることについて検討する。

第3節　エマージェンスとエコシステム

(1)　エマージェンスとは

エマージェンス(emergence)は，物理学や生物学で用いられてきた用語であり，全体を全体として捉えようとするアプローチの1つとなる(Johnson, 2001)。ジョンソン(Johnson, 2001)は生物や都市を取り上げて，その中での自己組織化ネットワークの構造を取り上げている。個別の主体の問題解決が全体と連動するとし，「複数の主体同士が，複数の形で動態的に相互作用して，個別ルールに従う一方で，高次の命令などまったく認識していないシステムのことである。しかし，これが本当に創発的なものとして認められるのは，こうしたローカルな相互作用が，何かはっきり見えるマクロ行動につながった場合だけとなる」(p.16)と述べ，ミクロとマクロの関係が創発的関係になることを示している。

特に地域は，これまで述べてきたように，全体的な視点を持つ必要がある。しかし，地域の住民，企業および訪問客は個別の行動を取る。このため，ミクロとマクロの関係をどうしても検討することが求められる。その中でエマージェンスのアプローチは，生命体だけでなく，都市や経営の分野でも取り上げられているアプローチとなる(村井, 2011)。村井(2011)は，地域デザインにおいて議論されるヨソモノと類似の観点で「はぐれ人材」と呼ぶアクターの重要性を指摘する。エマージェンスのアプローチは，このようなイノベーションと関

連づけることによって，地域の問題解決に何らかの示唆を持つものとして期待される。

エマージェンスは19世紀には提示されていた概念であり，議論そのものは長く行われてきた。その中でもルーズ(Lewes, 1877)は，要素分解型のアプローチとは異なる全体的な視点の必要性を説いている。一般的に多くの学問では，問題解決のために構成要素を分けて考えることが行われている。地域デザイン学でもZTCAアプローチ，ISETアプローチなどといった要素分解型で地域価値の発現を検討してきている(原田，2020；原田他，2020；古賀，2021)。

本章では，エマージェンスの視点が要素分解型とは異なる新しい知見を提供するものであると考えている。エコシステムが動態的に大きく変化するものであり，固定化された特定の空間ではなく，社会的に開かれた空間の中で，アクターを含めてネットワークが存在しているものとして捉えられるためである。東京やニューヨーク市といった大都市も変化することはよく知られた現象である。例えば，東京都渋谷区の「渋谷」はかつて「若者の街」として知られていた。西武百貨店や東急グループがファッション性を強調し，109や渋谷パルコといった渋谷カルチャーの発信とともに若者が多く来る街になり，渋谷センター街や公園通りなど，若者が行き交うシーンはマスコミ等でも取り上げられた。

その後，渋谷はIT企業が多く集まるビッドバレーとして発展するようになる。これは，1990年代にIT企業の多くが集積したことに始まる。米国のシリコンバレーをもじって，ビット(PCの記憶量の単位)と渋谷の谷(バレー)による造語ともいわれているが，これにより渋谷の街が変化することになる。

(2) エマージェンスと地域

本書のテーマである関係編集は，アクターの組み合わせや役割を見直すことである。これまでの議論で示してきたように，エコシステムは変化するものであるが，このエコシステムとして取り上げられる地域がどのように変化するのかについては，一部を除き(庄司，2015)，十分に議論されてこなかった。これは，地域デザインを議論する概念モデルの1つであるZTCAデザインモデル，

特にその1つの要素であるコンステレーションの特徴としてあげられる。

コンステレーションは，星座や布置とよばれるものであり，様々なアクターやトポスを結びつけるという要素がある一方で，静態的な特徴を持つ限界もある。この結びつきを動態的に捉えることが地域の変化において重要であり，そのためにエマージェンスの視点をここで議論する。

S-Dロジックでは，市場の動態を分析するために，エコシステムの変化を捉える枠組みとしてエマージェンスの視点を取り入れている（Mele et al., 2023；Polese et al., 2021；Vargo et al., 2022）。エマージェンスは，上向きの因果関係と下向きの因果関係に分けられる。つまり，ミクロのレベルでの要素がメゾやマクロに影響を与えるのが上向きの因果関係であり，その逆が下向きの因果関係となる。

そこで，バーゴ他（Vargo et al., 2022）は4つのエマージェンス（一次エマージェンス，二次エマージェンス，三次エマージェンス，四次エマージェンス）に分けられるとしている（図表3-4）。この次元で変化を説明することによって，エコシステムの変化の要因を追求するものとなっている。

(3) 関係編集のパターン

ここでは，関係編集のつながりをどのように取っていくのかについて検討する。原田らは，世界遺産による地域価値発現について検討している中で，ZCTモデルもしくはドラマツルギーの必要性を強調した（原田他編著，2014）。世界遺産が交流人口や関係人口を増加させることによって注目されるようになり，地域活性化に貢献している。このようなプロセスを明らかにするために，どの

図表3-4　エマージェンスのプロセス

新しい結果	パターン	サービス・エコシステム特性	想定されるエコシステム特性
一次エマージェンス	二次エマージェンス	三次エマージェンス	四次エマージェンス
アドホック	再帰的	反応的	反射的に再生

出所）Vargo et al.（2022）をもとに著者作成

ように捉えるのかが十分に検討されていなかった中で，原田他編著(2014)のアプローチは，その過程を明確にしたことになっている。例えば，富士山は文化遺産として広域にわたる地域資産(構成要素)をコンステレーションとして価値の発現を図ったケースである。特にこの広域に分布する資産は，「富士山を信仰する」という文化的な資産としての特徴を示しているものとなっている。

しかし，近年，世界遺産とオーバーツーリズムとの関係が指摘されている。白川郷の場合，定住人口の何倍もの観光客が訪問することによって，保護の問題が後回しになってしまう状況にあり，自家用車で来る観光客の場合，予約制を導入したといわれている。同じように歴史的資源の多いヨーロッパでは，オーバーツーリズム対策が多様な形式で行われている。

同様の傾向は富士山でも発生しており，富士山訪問へのオーバーツーリズムが問題となっている。これは，そもそも文化遺産としての富士山ではあるものの，この世界遺産認定が条件付であったということと，その条件の中に，訪問客が多いために発生する問題(ゴミ屋環境保全)があったためである。富士山信仰という長らく多くの日本人が持っている気持ちと世界的な観光コンテンツとして富士山へ多くの人々が訪れることによって，特に夏の季節は山頂までのルートで行列ができるようになっており，これへの危機意識が強くなる。このようになると，何らかの制度が生み出されることになる。

先に述べたように構成要素は認定されているもの，この問題で発生しているのは富士山そのものとなる。このような視点から，ZTCAデザインモデルもしくはZCTモデルの動態性を説明するためには，このような制度的な視点からアプローチすることが必要であるとともに，エコシステムの範囲も変化することが求められる。関係編集の中で，富士山だけの問題に集中してしまうことになり，アクターが絞られるプロセスを経ていることになる。

これは著者が以前指摘したものである(庄司, 2015)。世界遺産として認定される構成要素とそもそもアイコンとしての構成資産に相違があるのであるため，需要と供給との関係によって，オーバーツーリズムが発生しやすくなる。

このようになるとエコシステム特性における下向きの因果関係が必要となる。

これは，制度(訪問客の制限)を行うことによってエコシステムの健全性を確保するということになる。サービス・エコシステムの動態性については様々な視点があるが，エコシステムの有効性を高めるためには，アクターの役割が明確になっていることが必要となる (Mele et al., 2018)。つまり，アクターの役割を明確にするために，アクターの関係編集の見直しが強調されるようになる。

アクターの関係編集を考える際には，エコシステムにおける「共有の目的」を共有することが必要となろう。これはエコシステムの定義・特徴に関わるが，エコシステムの形成にあたっては，目的の共有化が必要となる。この目的の共有化は，エコシステムにおいて重要となる制度や制度配列に関わってくる。制度や制度配列は目的との関連性によって推進されることになる。オーバーツーリズムも結局のところ，「消費」することによって生み出されるものであり，このような目的の共有化が図られずに発生しているコンフリクトとして捉える必要がある (Mele et al., 2018)。

このようなコンフリクトは，アクター間およびエコシステム間において発生するものとなる。個々の利害の追求とエコシステムの全体との調和が地域においては求められるものの，この問題解決についてはきわめて難しいということができる。古くは環境問題がそうであり，地域全体の環境を破壊することと経済的な発展に議論にまでさかのぼることが可能となる。これは，個別のアクターが個々の利益を追求する存在であるために発生することであろう。

そのため，サービス・エコシステムではナラティブの視点とエマージェンスの観点から動態的な動きについて検討することになる。ここでは規範的というよりは実証的な側面が重視される。エコシステムを制御する制度は規範的な面が強調されるが，このような場合，地域はどのようにあるべきかという価値観との連動性が問われる。先述したオーバーツーリズムも同様であり，地域住民としての定住アクターと交流アクターとの関係，あるいは地域が受け入れ可能なキャパシティを超えて交流アクターが訪問することでの問題を規制によって制限するというアプローチである。

このアプローチでは伝統的なサービス・マネジメントの視点が強調されてい

る。サービス・マネジメントでは，需要の変動性および非貯蔵性を克服するための手法について検討されている。これは時間的・空間的にキャパシティが発生することによって生まれる問題であるといえる。ここでは時間的に移行させることによって需要を吸収するということが強調されることになる。

さらに，地域デザインおよびエコシステムの視点からは，実証的に移行のプロセスを検討することが求められる。つまり，制度，資源統合，エコシステム形成という3つの視点によってこれらを明らかにすることが必要となるのである。

おわりに

本章では，エコシステムの視点から地域デザインの動態性に関わる関係編集について述べてきた。これまで地域デザインに関する先行研究においても，ZCTモデルあるいはZTCAデザインモデルにおいて，アクターと地域との関係について検討されてきた。ここでは，アクターが地域において価値創造をする主体となるものであり，その主体としてどのような役割を担うのかが強調されている。しかし，その具体的な解明方法について明らかではなかったといえる。これは，個々のアクターの間には利害関係が存在するためであり，エコシステムはその関係を調整できるとは限らないことにある。このようなことからエコシステムには「ダークサイド」な側面が存在することは否定できない(Mele et al., 2018)。

他方で，S-Dロジックで強調されているように，アクターが単独では価値を創造できない。価値は常に共創されているのであり(Lusch and Vargo, 2014)，サービス交換を通じた価値共創の枠組みが必要となってくる。同様の議論はイノベーション・エコシステムにおいても見られるものであり，アクターの多様性が価値共創にもたらす影響は大きい (Mars et al., 2012)。地域デザイン学においても地域の価値発現において価値共創の枠組みの重要性を強調しており，第三者の視点をとることが必要となる。

これらはデザイン思考でも強調される（Dunne, 2018）。価値創造を行う場合は，外部の視点を取り込みながら進展していく必要があり，このような視点からするとエマージェンスの枠組みによる動態的な分析の重要性が強調されることになる。つまり，静態的・固定的な議論を進めるのではなく，エコシステムにいるアクターがどのように変化するのかによって，地域のイノベーションにどのように貢献するのかを追求することが必要となるのである。

　このように見ていくと，連携戦略の重要性が特に増していると主張できる。アクターとアクターの関係をどのようにデザインしていくのか，それがどのような役割を持たせることができるのかを地域というステージで強調することによって地域に与える影響が大きくなる。伝統的な生産者と消費者という価値の生産と消費という視点ではなく，それぞれのアクターが価値創造という視点でもたらされる役割を果たすことによって地域のもたらす意義は大きい。

参考文献

Adner, R.（2012）*The wide lens: a new strategy for innovation*, Penguin（清水勝彦監訳（2013）『ワイドレンズ：イノベーションを成功に導くエコシステム戦略』東洋経済新報社）

Chandler, J. D. and S. L. Vargo（2011）"Contextualization and value-in-context: How context frames exchange," *Marketing Theory*, 11(1), pp. 35-49.

Coase, R. H.（1988）*The firm, the market, and the law*, University of Chicago Press.

Dunne, D.（2018）*Design thinking at work: how innovative organizations are embracing design*, University of Toronto Press.（成田景堯・菊池一夫・町田一兵・庄司真人・大下剛・酒井理訳（2019）『デザイン思考の実践：イノベーションのトリガーそれを阻む3つの緊張感』同友館）

Giddens, A.（1984）*The Constitution of Society*, Polity Press.（門田健一訳（2015）『社会の構成』勁草書房）

Gronroos, C.（1994）"From marketing mix to relationship marketing: Towards a paradigm shift in marketing," *Management Decision*, 32(2), pp. 4-20.

Gronroos, C.（1997）"Value-driven Relational Marketing: from Products to Resources and Competencies," *Journal of Marketing Management*, 13(5), pp. 407-419.

Gronroos, C.（2008）"Service Logic revisited: who creates value? and who co-creates?," *European Business Review*, 20(4), pp. 298-314.

Gummesson, E.（2006）"Many-to-many marketing as grand theory," in *The service-dominant logic of marketing: Dialog, debate, and directions*, R. F. Lusch and S. L. Var-

go, eds., *The Service-Dominant Logic of Marketing: Dialog, Debate, and Directions*, ME Sharpe, pp. 339-353.
Heinonen, K. and T. Strandvik (2015) "Customer-dominant logic: foundations and implications," *Journal of Services Marketing* 29(6/7), pp. 472-484.
Johnson, S. (2001) *Emergence: the connected lives of ants, brains, cities, and software*, Scribner.（山形浩生訳（2004）『創発：蟻・脳・都市・ソフトウェアの自己組織化ネットワーク』ソフトバンクパブリッシング）
Lewes, G. H. (1877) *Problems of life and mind*, Trübner & Company.
Lovelock, C. H. (1996) *Services marketing, 3rd ed.*, Prentice Hall.
Lusch, R. F. and S. Nambisan (2015) "Service Innovation: A Service-Dominant Logic Perspective," *MIS Quarterly*, 39(1), pp. 155-175.
Lusch, R. F. and S. L. Vargo (2014) *Service-Dominant Logic: Premises, Perspectives, Possibilities*, Cambridge University Press.（井上崇通監訳, 庄司真人・田口尚史訳（2016）『サービス・ドミナント・ロジックの発想と応用』同文舘出版）
Mars, M. M., J. L. Bronstein and R. F. Lusch (2012) "The value of a metaphor: Organizations and ecosystems," *Organizational Dynamics*, 41(4), pp. 271-280.
Mele, C., S. Nenonen, J. Pels, K. Storbacka, A. Nariswari and V. Kaartemo (2018) "Shaping service ecosystems: exploring the dark side of agency," *Journal of Service Management*, 29(4), 521-45.
Mele, C., J. Pels, M. Spano and I. D. Bernardo (2023) "Emergent understandings of the market," *Italian Journal of Marketing*, 2023, pp. 1-25.
Polese, F., A. Payne, P. Frow, D. Sarno and S. Nenonen (2021) "Emergence and phase transitions in service ecosystems," *Journal of Business Research*, 127, pp. 25-34.
Porter, M. (1998), *On Competition*, Harvard Business Review Book, Harvard Business School Publishing.
Scott, W. R. (1995) *Institutions and organizations*, Sage Publications.
Shostack, G. L. (1977) "Breaking Free From Product Marketing," *Journal of Marketing*, 41(2), pp. 73-80.
Toffler, A. (1980) *The third wave*, Morrow.（鈴木健次訳（1980）『第三の波』日本放送出版協会）
Vargo, Stephen L. and Robert F. Lusch (2011) "It's all B2B...and beyond: Toward a systems perspective of the market," *Industrial Marketing Management*, 40(2), pp. 181-187.
Vargo, S. L. and R. F. Lusch (2016) "Institutions and axioms: an extension and update of service-dominant logic," *Journal of the Academy of Marketing Science*, 44(1), pp. 5-23.
Vargo, S. L., L. Peters, H. Kjellberg, K. Koskela-Huotari, S. Nenonen, F. Polese, D. Sarno, and C. Vaughan (2022) "Emergence in marketing: an institutional and ecosystem framework," *Journal of the Academy of Marketing Science*, pp. 1-21.

Vink, J., K. Koskela-Huotari, B. Tronvoll, B. Edvardsson and K. Wetter-Edman (2021) "Service ecosystem design: Propositions, process model, and future research agenda," *Journal of Service Research*, 24(2), pp. 168-186.

Wieland, H., N. N. Hartmann and S. L. Vargo (2017) "Business models as service strategy," *Journal of the Academy of Marketing Science*, 45(6), pp. 925-943.

Williamson, O. E. (1991) "Strategizing, Economizing, and Economic Organization," *Strategic Management Journal*, 12 (Special Issue), pp. 75-94.

Zeithaml, V. A., A. Parasuraman and L. L. Berry (1985) "Problems and Strategies in Services Marketing," *Journal of Marketing*, 49(2), pp. 33-46.

井上崇通編著（2021）『サービス・ドミナント・ロジックの核心』同文舘出版。

古賀広志（2021）「地域デザイン学の確立を目指して：ZTCAモデルへの解釈主義的アプローチ」地域デザイン学会『地域デザイン』第17号，pp. 67-84。

庄司真人（2015）「地域価値創造戦略としての地域デザイン（第3回）『世界遺産』による地域デザイン　富岡と石見の研究」『企業診断』62(2)，pp. 44-47。

庄司真人（2017）「地域の価値共創：サービス・エコシステムの観点から」『サービソロジー』4(3)，pp. 18-23。

庄司真人（2018）「消費概念の検討：S-Dロジックの視点から」『消費経済研究』(7)，pp. 49-59。

庄司真人（2021）「マーケティングにおける市場と交換およびサービス・エコシステム概念の検討」『明大商学論叢』103(4)，pp. 47-61。

庄司真人（2023）「価値創造とサービス・イノベーション：エコシステムにおけるアクターの役割を中心に」『明大商学論叢』105(4)，pp. 57-70。

西澤昭夫・忽那憲治・樋原伸彦・佐分利応貴・若林直樹・金井一頼（2012）『ハイテク産業を創る地域エコシステム』有斐閣。

日本民営鉄道協会，https://www.mintetsu.or.jp/knowledge/term/16445.html（2023.12.28アクセス）。

原田保（2020）「地域デザイン理論のコンテクスト転換：ZTCAデザインモデルの提言」地域デザイ学会誌『地域デザイン』第4号改訂版，pp. 11-27。

原田保・浅野清彦・庄司真人編著（2014）『世界遺産の地域価値創造戦略：地域デザインのコンテクスト転換』芙蓉書房出版。

原田保・西田小百合・宮本文宏（2020）「もう1つの地域デザインモデルとしての『ISETデザインモデル』の提言：従来の『ZTCAデザインモデル』に加えて」地域デザイ学会誌『地域デザイン』第15号，pp. 11-37。

村井啓一（2011）『創発（はぐれ）人材をさがせ：イノベーションを興す』日本経済新聞出版社。

第4章

外部人材による地域デザインの新視角

―離島における関係編集によるスモールワールドの価値発現―

石川　和男

はじめに

　我が国政府による「都市」と比較した「地方」を対象とした政策は，第二次世界大戦が終わり，高度経済成長期を迎えた時期から行われている。当時の地方は，都市において不足した労働力の拠出拠点であり，「金の卵」といわれた人々は地方を離れ，都市での生活を送るようになった。しかし，地方では都市部への若年人口流出が目立つようになると，「過疎化」「高齢化」による問題がみられはじめた。経済が成長していた時代であったため，地方における多くの問題は覆い隠されていた。現在では，我が国全体として少子高齢化の波が押し寄せ，平均年齢は48歳を超え，2008年からは人口減少が始まり，最近はその減少割合が増大している。

　政府は，こうした状況から地方の経済力低下を食い止め，人口減少カーブを緩和させるため「地方創生政策」を展開するようになった。他方，地方が「ふるさと」として概念化され，保守すべき対象となったのは，1980年代終わりのバブル経済期に遡ることができる。そこで本章では，1980年代終わりからの政府による地方活性化策を概観する。そして，2009年以降，経済的支援だけではなく，人材支援を本格化させた事業である「地域おこし協力隊」を取り

上げ，事例を通してその光と影を考察する。そのうえで行政区ではなく，「地域」を中心とした枠組みにおいて，関係編集による新たな地域デザインの可能性を展望したい。

第1節　行政区中心による地方創生政策展開の陥穽

(1)　集落機能の低下

　「集落」の機能低下がしばしば指摘されている。総務省が2019年に実施した調査(総務省, 2020)では，過疎地域において①機能が良好に維持されている集落は，全体の78.4％(49,603集落)であり，前回調査(2015年実施)よりもその割合が減少した。②機能低下している集落の割合は17.2％(10,893集落)あり，前回調査よりもやや増加した。また機能維持が困難な集落は4.1％(2,618集落)あり，これは前回調査とほぼ同じ割合であった(総務省, 2020, p.6)。こうした数字を眺め，2019年の調査結果を前回調査の結果と比較すると，良好に維持されている集落は全ブロックで減少していることが明らかになっている。

　集落機能が低下し，機能維持が困難な集落特性は，人口・世帯数ともに小規模集落や高齢化率の高い集落割合がより高い傾向を示している。また集落特性を比較すると，集落機能が低下または機能維持が困難な集落は，「基礎集落」「山間地」「本庁までの距離が遠い(20km以上)」「地形的に末端にある」集落の割合が高くなっている(総務省, 2020, pp.7-8)。地方でも，中心部から距離的に離れるとその困難がより増していることがわかる。

　機能低下が目立つ集落では，サポート人材の支援を仰ぐ状況がみられる。それは何かしらの支援がなければ，その機能を維持できないためである。そこでは，「集落支援員(支援員)」や「地域おこし協力隊(協力隊)」などサポート人材の活動がある。それら集落の状況は，過疎地域の集落では20.3％(12,851集落)において支援員が活動し，21.7％(13,740集落)において協力隊なども活動している。また，サポート人材が活動する集落の割合は年々増加している。この活動は，北陸圏と四国圏において，支援員の活動割合が大きく増加している。さらに，

集落におけるサポート人材は，全体的にサポート人材の活用が増加し，特に消滅（無人化）する可能性が予測される集落において活動するサポート人材が増加傾向にある（総務省，2020，pp.17-19）。ここではサポート人材の投入時期が問題となろう。こうした人材投入が早期であれば，消滅（無人化）を遅らせることができるのか，それともその可能性が高まらなければ，補助金や助成金などを出す行政府から認められないのかである。

　消滅（無人化）が危惧される集落での生活は，消滅が危惧される（10年以内に消滅と予測されている地域といずれ消滅（無人化））と予測される過疎地域の集落では，行政窓口や病院に行くために自動車などを利用しても21分以上かかる割合が2割を超えている。また当該集落から市町村中心部に行く際は，「デマンドバス・乗合タクシー」の利用割合がこれまでで最高（28.9％）となっている（総務省，2020，p.20）。ここでは生活の基本的ニーズを満たす場所へのアクセスが次第に困難になっている状況がわかる。他方，目的地へのアクセスの困難さをデマンドバスなどにより，緩和させようという取り組みも明確になっている。

　消滅（無人化）が危惧される集落における住民生活の指標として，空き家の管理状況がある。その状況のうち，「一部は管理不十分」が50.9％（1,627集落）あり，「大部分は管理不十分」が12.6％（402集落）もある。また，道路・用排水路・河川などの管理状態は，44.0％の集落では「管理不十分」または「（管理が行き届かず）荒廃」（総務省，2020，p.21）状態にある。そのため自然災害などが発生した際には，その影響により住民生活が立ち行かなくなる状況が懸念される。社会課題といえば，すぐに「空き家」が取り上げられるが，所有者が空き家と認識していない面もある。それは常時居住していないだけで，「盆暮正月には戻ってくる家」「いずれは戻ってくるかもしれない家」と捉えていることがあろう。

　さらに生活サービス機能の立地状況は，消滅（無人化）が危惧される過疎地域の集落では，当面存続するとみられる集落と比べて，全生活サービス機能の立地状況の割合が低い。特に「商店・スーパー」の立地状況割合は，20ポイント以上低い（総務省，2020，p.22）。こうした状況を客観的にみると，人口減少が進んでいる集落や地域では，当該地域に居住する住民は，以前と同様の生活

をしようとしてもそれが不可能な状態になっていることがわかる。また，以前の生活が維持されていればよいが，悪化していることも容易に想像できる。こうした客観データが示す状況だけでなく，客観データだけでは表現できない住民生活の不便さも「国民の生きる権利」として取り上げる必要があろう。

(2) 平成の大合併により市町村中心部の距離拡大

　前項であげたように，過疎地域の集落では，行政窓口や病院に行くために自動車などを利用してもかなりの時間がかかる割合が増えている。こうした市町村の中心部への物理的距離は，いわゆる「平成の大合併」で浮上した面がある。合併以前の市町村では，現在よりも地理的範囲が狭く，中心部とされる場所は，現在よりも近隣にあった市町村が多かった。しかし，合併によりその距離は拡大した。平成の大合併の開始から，すでに四半世紀以上が経過した。これによりかつての自治体数は半減した。府県によっては，かつて存在した自治体としての「村」が消失したところもある。ただ「村」がなくなっても，集落や地域の過疎化が解消されたわけではない。これまでの経緯からわかるように，「市」や「町」に村が編入され，地名として残存しているところがほとんどである。こうした地域からは，新しい市や町の中心部へは距離があり，村時代には「村役場」あるいは町時代には町役場であった機関が，「○○センター」と名称が変更され，配置される人員が減少し，かつてのような住民サービスが受けられない地域もみられるようになった。

　かつての村が市町，町が市に編入され，あるいは新しい市町へと名称が変化していく中，新たな市町はその市町域に過疎地域を抱えるようになった。自治体によって事情は異なるが，市町自身が過疎化により，住民サービスの充実どころではなく，維持さえも難しくなっている状況もある。国は，かつてこのような地域に対しては，経済的支援が中心であった。また地域創生政策により，多様な経済的支援が行われている自治体も多い。ただ，経済的支援だけでは何ら課題や問題解決になっていない。そこで，市町村以外の地域，特に都市部をターゲットとした地域から人材を調達，つまりこれまでの市町村に居住してい

た人ではなく，外部人材を活用し，地域維持や地域活性化に取り組もうとする地域がみられるようになった。

第2節　外部人材活用による関係編集の変化

(1) 地方移住促進政策

　国による地方移住政策が展開され始めてかなり時間が経つ。特に「地域おこし協力隊制度」は，その制度開始から徐々に注目されるようになり，これまで多くの隊員が各地で任務に当たってきた。

　我が国のいわゆる都市から地方への移住促進は，1970年の過疎地域対策緊急措置法から政策的に開始された。国は，1987年に第4次全国総合開発計画を発表し，東京一極集中による弊害排除のため，国土の均等発展を図る「多極分散型国土」形成を目標とした。1990年代半ばには，国や都道府県が地方移住促進政策に本格的に着手した。同時期に若年層の地方移住政策にも着手し，若者と農山漁村をつなぐ「緑のふるさと協力隊(1994年開始)」「地域づくりインターン事業(1996年開始)」など，地方において地域外の人材を積極的に活用する政策を開始した。そして2009年には，国が過疎地域に若年層を移住させる「地域おこし協力隊」を発足させた(朴，2021，p.25)。我が国では，人口減少傾向が明確になり，同時に少子高齢化，地方の過疎化が進行したため，都市から地方への移住政策に注力するようになった。

　都市から地方への移住・定住促進について，国が実施している支援政策は2つに区分される。それは①都市と地方をつなぐ交流支援，②移住・定住に関する情報提供，である。総務省による政策は，「地域おこし協力隊」と「地域おこし企業人」である。前者は，過疎地域に地域外の人材を送り，地域協力活動を行い，任期後も当該地域での定住を図る政策である。後者は，3大都市圏に所在する企業などの社員が，一定期間，地域価値の向上，安心・安全につながる業務に従事し，自治体と企業が協力し，地方への人の流れを創出する政策である。内閣府の政策では「地方創生インターンシップ事業」もある。また移

住・定住の情報提供支援では「地域力創造アドバイザー」「移住・交流情報ガーデン」「地方人材還流促進事業」などもある。このように国は，都市から地方への移住・定住促進のため，企画や広報，財政措置をとり自治体と移住希望者を支援する政策を展開している（朴，2021, p.25）。ただ国が主体となる都市から地方への移住政策は，総務省や内閣府だけでなく，農林水産省も過疎化の進む地方を対象とし，政策を展開している。こうした複数省庁が移住政策を各々が展開することには，政策重複の問題もある。

　過疎地域を抱える都道府県や市区町村では，移住希望者に情報提供する「ふるさと回帰支援センター（東京・有楽町）」に「相談員」を常駐させている自治体もある。ここでの相談がきっかけとなり，小規模自治体でも移住により人口が増加している地域もある。

(2) 地域おこし協力隊制度と移住・定住

　都市から地方への移住は，いわゆる団塊世代を対象としたものから，その子女，それ以下の若年層を視野に入れるようになった。先にあげたように，我が国では，2009年以降，総務省が主導して自治体が都市住民を受け入れ，協力隊員として委嘱する動きが起こった。この制度は，一定期間以上，農林漁業支援，水源保全・監視活動，住民生活支援などに従事し，当該地域への定住・定着を図る取り組みを支援するため制度化された（総務省，2009；総務省，2019）。また制度の内容を示す「地域おこし協力隊推進要綱」では，協力隊員は「概ね1年以上3年以下の期間，地方自治体の委嘱を受け地域で生活し，農林漁業の応援，水源保全・監視活動，住民生活支援など各種地域協力活動の従事する者（総務省，2019, p.1）と規定している。

　他方，協力隊員募集にあたって，各自治体が設置要綱などを策定し，広報・募集等を行う。そこで各自治体が，協力隊員の任用を決定し，当該者を協力隊員に委嘱し，地域協力活動に従事させるものとしている。この制度実施では，全国的地域づくり推進組織，NPO法人や大学などとの連携が推奨されている（石川，2020, p.3）。したがって，協力隊制度の枠組みは，国（総務省）が規定して

いるものの，各自治体における裁量が大きい制度ともいえる。

　協力隊制度により，自治体や協力隊員，自治体担当者が関係する事業は，従来の補助金行政にはなかったとされる。それはこれら3機関を時系列で整理し，その要点を導くことが評価視点において必要なためである(図司，2013，p.351)。総務省では，協力隊員を任用する自治体に必要な財政支援を行っている。また都市住民の受入先進事例や優良事例を調査し，これらを他自治体に情報提供している。つまり協力隊事業は，国が自治体に働きかけ，制度化しているため，当時の政権が取り組み始めた「地方創生」政策とも合致している面が多い(石川，2020，p.3)。制度発足から15年目にあたる2023年度には，国の財政支援では2.1億円が予算化され，協力隊員1人当たり480万円を上限とするところまで制度の拡張が図られている(総務省地域力創造グループ地域自立応援課，2023，p.2)。したがって，徐々にではあるが，現場で実際に活動する人材への経済的な支援制度の充実も確認できる。

(3) 地域おこし協力隊制度をきっかけとした移住

　2020年初頭から新型コロナウイルス感染症(COVID-19)による影響(コロナ禍)により，都市から地方への移住や「多拠点居住(複数拠点居住)」がより注目されるようになった。その意味では，コロナ禍がもたらした新しい生活の1つとして地方への移住が選択肢に入れられるようになったともいえる。これら状況の深堀りが期待されるが，どのような視角から移住や多拠点居住にアプローチすればよいか，その視点は不明確である。したがって，これらにアプローチする視角の決定が，その効果を高め，成果が期待できるかもしれない。

　移住については，農山村移住の研究では複数に区分されているが，これら研究の不足点や別分野もある。協力隊任期後の移住は，①協力隊任期終了後の状況調査，特に収入に関する調査，②「定住」の定義，特に定住期間の定義，③「定住」に対する協力隊員・自治体の認識や価値観の把握，④「失敗」事例の蓄積とその分析，があげられている(中尾・平野，2016，p.6)。①は協力隊制度発足から15年が経過し，現在従事している協力隊員数や元協力隊員数の増

加があり，多くのサンプルがある。そのため今後の研究進捗が期待される。③は「定住」という②の期間の定義課題がある。そこではそれを明確化したうえでの研究成果が期待される（石川，2020，p.4）。④は新聞などの報道で取り上げられる任期途中での離任や任地でのトラブルは，分散的に取り上げられるのみである。総務省は，協力隊員数や退任直後の状況を提示している。プライバシー問題がつきまとうが，長期的に元協力隊員の動向を追い，それらを示すことで制度修正や新たに必要な追加施策も展望できよう。

　協力隊制度は，2023年に15年目を迎えたが，協力隊員数が前年度より減少したのは，これまで2019年度のみである。コロナ禍となった2020年度以降は，毎年500人ペースで増加し，それ以前とは異なる増加率を示している。また協力隊員の受入自治体数は，2020年度にわずかに減少したが，増加の一途をたどっている。これは全国の受入可能自治体数1,461団体のうち，1,118団体がすでに受け入れ，全体の約77％を占めていることからもわかる（総務省地域力創造グループ地域自立応援課，2023，p.2）。さらに，都道府県別の受入協力隊員数では，北海道が全体の14.6％と突出し，長野県（6.5％），福島県（4.4％），高知県（4.2％），新潟県（3.9％）が続いている。これら5道県で受入隊員数の3分の1を占めている。そして，2022年度の特別交付金ベースでは，協力隊員の男女比は男性（59.4％），女性（40.6％）であり，年齢構成では，20〜29歳が全体の34.3％，30〜39歳が34.1％とほぼ同じ割合を占める（総務省地域力創造グループ地域自立応援課，2023，p.8）。したがって，20〜39歳の協力隊員が全協力隊員の約7割を占めていることから，過疎化と高齢化が進む地域にとっては，こうした年齢層の協力隊員が活動し，任期終了後も活動地域やその周辺に定住することが期待される。

第3節　任期終了後定住した協力隊員の生活

(1)　地域おこし協力隊任期終了後の選択肢

　協力隊に限らず，任期がある業務に就（く）いている者は，当該任期後の経済

的な糧をどう得るか，またその後の生活について悩むことが多い。それは任期終了後ではなく，任期中に考えなければならないことでもある。

総務省地域力創造グループ地域自立応援課(2023)では，これまで協力隊員を経験した者のうち，同一自治体内に定住した5,130名のうち，約4割が起業し，約4割が就業，約1割が就農・就林などしたとしている。したがって，同一自治体内に定住する場合，起業と就業がほぼ同じ割合であり，就農と就林も1割強あるため，協力隊の任務がその後の生活に影響しているといえる。

ごくわずかではあるが，事業承継(1.1%)もある。これまで起業が経済活性化の方策として，国や民間団体，企業においても推奨されてきた。しかし，単に新しい事業を創造するだけでなく，すでに基盤がある事業を承継し，それを継続させることはより評価され，重視されてもよいかもしれない。目立つことはないが，地域における住民の生活を支え，役に立ってきた企業や事業は数多くある。それが後継者不在を理由として廃業に至るのは残念である。また，当該企業(事業者)がなくなり，その事業が途絶してはじめて必要な企業や事業であったことに気付かされる。他方，地域住民に向けた企業や事業だけではなく，我が国には「伝統工芸」「伝統産業」が存在する。これらの事業所や産業は，地産地消型商品の生産よりも地産他商(ある地域で生産，当該地域から外へ販売)が中心である。これら商品の中には途絶えたものもある。最近は，観光などで我が国を訪問した外国人により評価される商品もある。こうした伝統工芸品生産でも後継者不在で廃業を余儀なくされている企業や事業者は多い。

(2) 協力隊終了後の動向

協力隊員は，募集する自治体が任務として提示した農業に魅力があれば，その任期終了後，農業か自営業につながる可能性がある。これは就農や起業が謳われる業務で募集が行われる場合，そうした仕事につながる可能性が高い。協力隊員を募集する自治体には，協力隊の任務内容を応募者にとって魅力あるものとするために，協力隊員への応募を促進させるだけでなく，明確な出口を提示する必要もある。また協力隊員のこれまでのキャリアを生かし，地域とのつ

ながりを強めるということもある。定住したい協力隊員の動機により，それを生かす受入体制の整備が望まれる(平井・曽我，2019，p.167)。元協力隊員では，活動地域に定住した約1割が就農している。これは一般の就農割合よりもかなり高い。そう考えると，協力隊の経験が農業への入口につながっているといえる。

　他方，協力隊員として活動した自治体内への定住直後と，定住後3年以上における現職を比較した研究もある。そこでは非正規職と自営業が減少するが，正規職と農・漁業では増加がみられる。つまり，協力隊として活動した同自治体内に定住し続ける場合，非正規や自営から正規や農・漁業に転職している。その背景には，所得の安定化が望まれるためである。特に，農・漁業は所得源として維持されている。そのうえで正規職への転職も一定数あるが，正規職が得られず所得の安定化が図られにくいことが時間経過により定住率が下がる一因とされる(平井・曽我，2019，p.169)。自治体，あるいは同一自治体内に所在する企業や団体は，元協力隊員が定住後長く継続できる仕事を同地域で発見できるかが重要である。単に用意する提供側の視点だけでなく，需要側である元協力隊員の定住者が，同地域で新たな仕事を得，創造できる土壌を整備する必要もある。

　協力隊員の退任直後だけでなく，現在の居住地や職業，家族についても言及されている研究もある(平井・曽我，2019)。そこでは協力隊員退任後，活動した自治体に定住し，年数が経過すると，定住率は減少する。並行して非正規職や自営業が減少し，正規職が増加している。単身者が減り，夫婦や夫婦と子どもの数が増加する。したがって，所得の安定化と結婚・出産とが相互に関連し，希望しながらもその実現の難しさが定住率の漸減につながっている。そのためあらためて所得の安定化や医療・子育て・教育インフラ維持を行うための工夫が必要である。所得の安定化について，プロセス支援での「多業」の観点が必要となる。多業と呼ばれることはほとんどなかったが，かつて我が国では仕事を複数持つことが収入源の複数化につながっていた。現在も地域によっては，多業で収入を得ている者が一定数存在する。農村地域では，時期により繁忙期

と閑散期がある。そうした地域では，閑散期には別の仕事をする。例えば，富山では春から秋にかけて農業に勤しみ，田畑が雪に覆われる時期には漢方薬や医薬品を製造したり，それを他地域に販売したりしていた。こうした例は，富山だけでなく，他地域でも一般に見られた。したがって，多業を視野に入れた定住を試み，経済的基盤を形成することも必要である。

多業における収入源の1つに，国や自治体，その外郭団体など公共部門からの委嘱や事業委託がある。協力隊員退任後も移住コーディネーターなどを委嘱・委託される場合が多い。しかし，委託事業は通常，単年度契約であり，事業に新規性が求められがちである。また委託が更新されても委託金が減額されがちであり，「行政の下請け化」（平井・曽我，2019）の問題がある。こうした問題解決はさておき，「集落支援員」制度を活用するなどの業務を担当し，収入源の安定化を図る工夫も要求される。地域との関係は，単年度では到底区切ることができない中長期性があり，新規の取り組み以上に継続的取り組みが必要である。もう1つは，2020年4月から運用が開始された特定地域づくり事業協同組合の活用を視野に入れることができよう。現在の制度は，すでに地域にある事業の存続やシニア人材の活用が念頭にあるため，新たな価値を創造する取り組みや，関わりながらスキルを高めたい元協力隊員は関わりにくい。こうした問題があるため，制度を運用しながらの改善が求められる（平井・曽我，2019, p.173）。世間では，自ら仕事を探せない場合，起業が奨励されるが，これが可能なのはごく一部の者である。したがって，ある程度生活基盤を形成できる業務を提示し，その後の生活が展望できるような土壌づくりが必要となる。

(3) 任期終了後定住した隊員の就業・就農

本節の最初にあげたこれまで同一自治体内に定住した5,130名のうち，就業での最多は行政関係である。そこでは，自治体職員や議員，支援員が中心である。議員も報酬を得るため就業といえるが，その人数はごくわずかである[1]。そのため圧倒的に多いのが，自治体職員，支援員である。同一自治体内の定住者のうち，約1割を占めていることからもその多さがわかる。次いで，観光業

(旅行業・宿泊業)，農林漁業(農業法人，森林組合等)，地域づくり・まちづくり支援，医療，福祉業が続いている(総務省地域力創造グループ地域自立応援課，2023，p.17)。これらのうち，観光業以外はこれまで自治体や非営利団体が運営してきた「職場」であった。こうした民間企業が手がけていない職場では，協力隊員の活躍が顕著である。小売業や製造業などに就業する人数は少ないが，これらに就業する元協力隊員もいるため，地域経済が継続しているとも解釈できる。

　他方，かつては地域で非営利組織(団体)が担ってきた業務であったが，これらを民間に委託することが一般的になりつつある。これまで協力隊員時代に担ってきた業務を集落支援員として，年度更新によって担うことには課題もある。先にふれたように，現在の社会では任期付きの業務は数多くある。しかし，協力隊員時代と同じ業務を協力隊員時代よりも少ない報酬で行い，契約が更新されてもその報酬が減少することが当然のようにある。こうした状況では，元協力隊員が活動した自治体に定住しても，その基盤となる経済的安堵感を得られず，当該地域を離れる動機となることもある。

　総務省地域力創造グループ地域自立応援課(2023)によると，これまで就農・就林は，農業が488名，林業が56名となり，両方をあわせると，協力隊任期終了後，約1割が就農・就林した。これまで農業や林業に縁がなかった者も，協力隊での任務を契機とし，これら第一次産業を視野に入れ，就農・就林に結びついたといえる[2]。今後は，時間経過の中で観察し続けなければならないが，農地や山林を取得し，本格的にこれらの仕事を継続するのか，農地や山林を取得しないまま任された状態を継続するかという課題もある。こうした元協力隊員の就業や就農・就林については，協力隊の政策主体である総務省や，実際に協力隊員を選考・採用し，任期終了後に当該地域への定住を図ろうとする自治体が，どのような立場で関わるかを考えなければならない。もちろん協力隊制度自体が長期的施策であるため，一朝一夕に成果は出ず，評価も難しい。ただ移住政策と捉えた際，単に住民票の移動だけでなく，元協力隊員が移住した自治体に長くとどまり，そこで生活の糧を得る必要がある。他方，自治体も定住

者となった元協力隊員に住民税を納付してもらい，長く同地域に居住する人々の生活維持にも貢献する意味では移住者の存在は大きい。つまり，地域の持続可能性に直接関わる問題としていかに関わるかという明確な考え方を持つ必要がある。

(4) 協力隊員から元協力隊員となる過程でのコンテクスト転換

　協力隊員の多くは，これまで縁もゆかりもなかった地域に入り，1年以上3年以内の期間を協力隊員として過ごすことが一般的である。単に住民票を当該活動地域に移し，転居をするだけではなく，地域住民とかかわりの深い仕事につき，当然地域住民とのコミュニケーションの機会が増える。ただ任期が終了し，終了後も当該自治体や近隣の自治体で生活する元協力隊員という立場になると，多くの場合はこれまでの地域住民との関係も変化する。協力隊員の時代には，地域のサポート人材であったが，元協力隊員となるとサポートを継続しながらも別の仕事を始めたり，サポートからは距離をおき，新たに自分自身が生活の糧を得るための仕事を始めたりする。

　それまで協力隊員として行ってきた業務は，公共性が高く，住民サポートにつながる業務であったかもしれない。元協力隊員として手がける仕事（業務）は，相変わらず公共性が高く住民サポートにつながる仕事もあれば，生活の糧を得るための仕事だけの場合もある。その場合，協力隊員と元協力隊員というかたちに身分が変化すると，地域住民との関係変化もある。したがって，地域住民は，元協力隊員の行う新たな仕事について，コンテクスト転換が求められる場合もある。一方，協力隊員が元協力隊員として当該地域やその近隣自治体に居住する場合，これまでの「準公務員」的な思考を転換することも必要であろう。

　地方創生政策では，「まち・ひと・しごと」が強調されている。協力隊員の身分である際には，「しごと」は主に行政から与えられていた。それに対する報酬も十分ではないかもしれないが，生活に困窮しない程度に住居とともに与えられていた。しかし，元協力隊員となると，自ら「しごと」を探し，それにより自ら生計を立てなければならない。協力隊員が期限のある業務であるため，

協力隊員の身分にある時から，自ら生計が立てられることを念頭において活動しなければならない。ここでは，協力隊員が元協力隊員となることにより，「まち」「ひと」「しごと」のそれぞれの面でのコンテクスト転換を行っていかなければならない。

第4節　粟島浦村というスモールワールドにおける変化

(1)　新潟県岩船郡粟島浦村の概要

　本節では，地域において外部人材が活躍し，それまでの自治体の状況とは大きく変化したスモールワールドとしての新潟県岩船郡粟島浦村を取り上げる。そこで，同村の地理的条件，インフラの整備状況，産業構造，人口分布の状況などを概観する(新潟県，2017, pp.1-2)。

① 地理的条件

　粟島浦村は，新潟市の北約63km，村上市岩船港の北西約35kmの日本海に浮かぶ総面積9.78km²の孤立小型離島であり，一島一村である。島のほとんどは山地と丘陵であり，島の中央に標高265.6mの小柴山などの尾根が南北に連なる。気候は周囲が海であり，対馬暖流の影響を受け，海洋性で日較差が少ない。年間平均気温は13.5℃であり，降水量1,737mmで冬期間の降雪量は少ないが，季節風は厳しい。

② インフラ，交通アクセスの状況

　粟島浦村内には小中学校が1校あるが，医師常駐の診療所，常駐の駐在所，消防署はない。そのため，看護師が常駐する僻地診療所と夏季限定の駐在所，自衛消防団が設置されている。海上交通は，フェリーと高速船が各々1隻就航している。粟島汽船が運航する航路で村上市の岩船港と結ばれている。同港からはフェリーで1時間30分，高速船55分である。

③ 産業構造

　かなり古いデータしかないが，2014年度の村内総生産は，19億2,500万円(市町村民経済計算：新潟県)であり，サービス産業が6億5,800万円(構成比34.2%)，

政府サービス生産者4億6,300万円（同24.1％）などであった。主な業種では，漁業が以前は5億円／年以上の売上があったが，2014年度は2億円弱となった。近い将来には，比較的大型の漁船の減少も懸念される。民宿は，以前は約70軒あったが約30軒にまで減少した。ここでは2億円弱の売上があるが，同村では最も付加価値額（粗利）の大きな産業であり，雇用貢献も大きい。観光については，ピーク時からは半減したが，年間2万人を受け入れている。（主に初訪問者の）島内消費は1万円／人・回（交通・宿泊費除く）であり，最大約2億円の消費が見込まれた。水運は，年間2億円（旅客1.2億円，貨物0.6億円）である。

④ 人口分布

我が国の人口が減少する中，粟島浦村は全国的に見ても特異な人口動態である。2015年度の国勢調査では，同村の総人口は370人（男184人・女186人，世帯数173）であった。これは国（国立社会保障・人口問題研究所，2013）が推計した2015年の人口予測を44人上回った。増加要因には協力隊などの移住者と後段で取り上げる「しおかぜ留学」の影響が大きい。2010年代以降では，転入超過となっている。

以上，粟島浦村の地理的条件から人口分布をみた。人口動態には注目すべき状況があるが，同村は典型的な離島であり，多くの地方が経験している経済的環境の悪化，かつての産業の衰退が観察できる地域である。

(2) 粟島浦村における産業振興

我が国では，1970年代に「離島ブーム」が起こった。粟島浦村では，観光需要を受け入れるため，民宿など宿泊業が1つの産業となった。「島の歩みは，航路の歩み」といわれ，定期航路が1953年に就航し，当初は岩船港と新潟港の2航路あった。観光客が増え始めた1974年に大型船「こしじ丸」が就航すると，観光客を効率的に輸送するため，玄関口を岩船港に一本化にした。1979年に高速船「いわゆり」が就航すると，乗客で混雑した。当時は約70軒の民宿が営業していた。ただ観光客は1992年の約5万7千人をピークに減少し，近年では2万人前後で推移し，宿は約30軒まで減少した。さらに2020年以降

は，コロナ禍となり観光産業への影響が深刻化した[3]。同村の産業課題は，居住環境の基盤整備とそれらに携わる人材確保である。特に，主産業の漁業や観光業での後継者不足が深刻である。こうした人材不足を補うため，「ふるさとワーキングホリデー」「地域おこし協力隊」「特定地域づくり事業協同組合」などの仕組みを活用し，次世代の島の担い手を呼び込む施策を講じてきた(本保，2022，p.38)。

また，粟島浦村では，後継者確保のために若者の移住定住が重要と認識し，情報格差解消のため，総務省の「高度無線環境整備推進事業」を活用し，海底光ファイバーの敷設工事を実施し，2021年度末に完了した。さらに行政のデジタル化や島内のキャッシュレス化を進め，ICTを活用したスマート漁業や廃業した民宿の利活用に取り組むなど，産業の活性化を図っている(本保，2022，pp. 38-39)。これらは若者が漁業に就く場合や生活の中で情報の重要性が高まっていることへの対応である。

さらに，粟島浦村では，観光産業を入口とし，島内の農業・漁業への経済波及効果を高めるため，「あわしま自然体験学校」を設立した。同校は，地域の生産者や高齢者が，生業や生活の知恵を活用し，提供する漁業体験や農業体験などがある。また指導を受けて島の自然・暮らし・歴史・文化などを活かした体験プログラムを作成する「自然体験リーダー」を育成してきた。当初は，協力隊を活用し，若者中心に人材の確保・育成した。そのリーダー支援のため「自然体験コーディネーター」も配置した。これは島の教員や村役場のOB・OGや民宿経営者など，島内の歴史・文化・自然などに知識があり，島民とのコミュニケーションがとれる人材であった。こうしたリーダーやコーディネーターの協力により，島で生活する人々が体験を提供した。同校の設立では，地方創生加速化交付金を活用し，必要な備品などを購入した。将来的に外部人材なしで自立的運営を念頭におき，島民を対象に自然体験活動指導者の育成講習会を開催，同村内に13名のリーダー候補を育成した。そして，2016年には試験的に受け入れを始め「シーカヤック」「穴釣り体験」「オオミズナギドリ観察＆星空観賞」「あわしま名物ワッパ煮作り体験」の4プログラムを実施した(上田，

2019, pp. 131-132)。

　他方，粟島浦村では多様な専門家，団体と連携している。島内に不足するノウハウ，人脈を補う外部コンサルタントの役割も大きい。ただ行政に予算があり，コンサルタントに業務を発注できる期間はよいが，業務の終了で元に戻る地域もある。離島振興に関わる外部人材は，関与後に地域に何を残せるかが重要であり，それは「人材」「仕組み」とされる。離島の産業振興は，その戦略の重要性，地域コミュニティやステークホルダーの感情の問題，不足する人材，ノウハウ，資金の問題などをクリアしなければならない(上田，2019, pp. 138-139)。また，国が主導している政策に応じ，各自治体は地方創生の戦略を練ることになる。その戦略は，各自治体がこれまで取り組んできた地域づくり政策の延長上にある。同村の場合，「粟島版総合戦略」で重点とされた観光と教育，教育体験のプログラム化は，村の地域づくり政策の延長上にあった。観光資源は① 温泉，② 自然，③ 農山漁村，④ 歴史文化，⑤ 都市に類型化できるが，同村で豊富なのは自然や農山漁村[4]としての観光資源である。これら資源は，島の従来の観光政策でも認知されていたもの，観光政策が資源化したものもあり，一部はプログラム化もされていた(大脇，2017, pp. 83-84)。

(3) 医療インフラの整備と教育のコンテクスト転換

　粟島浦村に限らず，過疎化の進む地域では，医療・介護と教育分野の人材確保が課題である。同村では，60年以上常駐の医師が不在である。内浦地区に僻地出張診療所があり，看護師3名が常駐している。所長は村上市にある厚生連村上総合病院の医師に依頼している。2001年から村上総合病院とテレビ電話での遠隔診療を週3回行い，来島者が多い7月，8月は毎週日曜日に医師が来島している。通常，看護師が携帯電話を肌身離さず持ち，24時間交代で対応している。緊急時はテレビ診療で医師が診断し，本土の医療機関への搬送有無を決定する。緊急搬送では天候により，フェリー・高速船→ドクター・ヘリ→県警ヘリ→防災ヘリ→自衛隊ヘリの順で要請する。傭船での搬送は，費用はフェリーが20万円，高速船が12万円で，全額が移送費として健康保険の適用

がある。本土側の家族が急病で島から駆け付ける必要がある場合は保険適用外だが，村では要請者に費用の半額を補助している(本保，2022，p.40)。こうした状況をみると，やはり離島での医療・看護に高額の費用がかかり，医療財政への影響も少ないものではないことが感じられる。

　また，粟島浦村で受けられる介護サービスは限定的である。介護人材確保も難しく，被介護者数が少ないことから介護事業者の参入はなく，現在は社会福祉協議会がデイサービスのみを提供している。生まれ育った島で長く住み続けられるように医療や介護サービスを充実させるには，国による離島医療従事者確保対策や介護事業者が参入しやすい補助制度の創設が不可欠である(本保，2022，p.40)。医療・看護，介護人材の不足・不在の問題は，同村だけでなく，人口減少が深刻化している地域ではほぼ同様である。多くは，人口の少なさから事業が成立しないため，同様の問題を抱えている。ここでは，対面の診療や看護だけではなく，その他の手段を探るようなコンテクスト転換が求められる。

　粟島浦村には，高等学校がないため，生徒は15歳の春に島を離れる。そこで村上市には，村営の高校寄宿舎を設置している。最近は地元出身の高校生が少なく，運営のため本土側の他地域の高校生を入居させている。空き部屋は，村民が通院など本土で宿泊する場合に利用できるが，今後の維持管理が課題である。島内には小中学校の併設校が内浦地区にあるが，釜谷地区の児童生徒はコミュニティバスで通学している。このように小中学生の通学，高校生となった際の住居や通学の問題がある。

　ただ，新たな取り組みとして，同村では1932年まで生息していた野生馬のいる原風景復元のため，2013年度から在来場の復活プロジェクトを開始した。同事業で整備した「あわしま牧場」は，動物に触れ，自然や命の大切さを学ぶことを柱とし，これを教育資源として活用している。また，2013年度から小学5年生から中学3年の離島留学生を受け入れる「しおかぜ留学」を開始し，これまで100人以上を受け入れ，送り出してきた。2022年現在20名の子どもが寮もしくは里親のもとで生活している(本保，2022，p.41)。こうした小中学校を継続可能とし，児童・生徒数が多い方が，社会性が身につくため，島外か

ら集めるという発想は1つのコンテクスト転換であろう。

　粟島浦村は，全国で4番目に人口の少ない自治体である。2006年9月に前村長が就任後，平成の大合併の際も粟島浦村は市町村合併を選択せず，自立を選択し，小規模自治体としての生き残りをかけてきた。「しおかぜ留学」や協力隊員の受け入れにより，同村の人口は2010年の366人から2015年には370人となった。ただ移住が定住につながる仕事づくり，コミュニティの再生など粟島創生を軌道に乗せるには新たな戦略が必要となった。そこで，2015年度に全国の市町村で2040年から2060年を目処として「人口ビジョン」を策定し，直近5カ年の施策をまとめた「地方創生戦略」を策定した。同村では，これらの経緯と国の要請を踏まえ，2016年度から「粟島創生の第二段階」とし，2015年7月から2016年3月にかけて戦略策定に取り組んだ。同村は，その地域的特性からも地域と学校が密接に協力している土地柄である。さらにキャリア教育の一環で中学生も商品開発というかたちでまちおこしに関わっている（華井，2017，p.24；pp.35-36）。

(4) 外部人材による関係編集

　粟島浦村は，例に漏れず高齢化が進んでおり，移住者がもたらす「新たな風」への期待の声がある。同村では，2013年に協力隊制度を導入し，これまでに約50人を採用した。ここでは任期後の協力隊員が定住する場合や，しおかぜ留学の卒業生がUターンするなどの成果もあった。2019年から協力隊員として島に居住した者は，「（漁業が）子ども時代からの夢だった。全国的に後継者が不足していると聞いて，チャンスだと思った」と語っている。最近はIターン者も増え，若者たちは移住者を交えたコミュニティを形成しつつある。一度は途絶えた演芸会を復活させるなど，島を盛り上げようとしている[5]。このように島外から来島し，協力隊員として地域活動に従事し，その任期終了後も同島に残り，新たに生活を展望しようとする者もいる。

　また，留学経験者の中には，期間中に漁師と親しくなり，その後に協力隊員としてその漁師と一緒に漁業にかかわった者もいる。他方で，留学制度に対す

る保護者の期待や要求も多く，教育委員会や学校，里親や寮にかかわるスタッフは，その対応に追われている。離島留学の魅力化を進めながら，関係主体を調整する専門人材，コーディネーターが求められる。また慢性的な教員不足のため，教員を目指す人材を臨時教員として派遣できるような制度があれば望ましい（本保，2022，pp.41-42）。

粟島浦村（2016）は，国による「まち・ひと・しごと」という地域創生長期ビジョンを念頭におき，同村の状況を分析し，将来展望を示すことで総合戦略を策定している。「粟島版人口ビジョン」は，国が掲げた地方創生の3軸（まち・ひと・しごと）に加え，「まなび」を4つ目の軸に加えた。教育環境の整備が，村民が安心して定住するとともに，Uターン者，Iターン者を獲得する大きな要素とした（粟島浦村，2016，p.4）。こうした発想により島が取り組む「まなび」の戦略は，2012～2014年度の「地域再生計画」の延長上にある（大脇，2017，p.79）。

他方，人口減少を外部人材だけで補えない問題もある。それは一般事務職の村職員が定数17の半数近くまで不足する事態に陥っていることが明らかになったためである。この背景には，少子高齢化と移住者頼みの採用事情がある。新潟県によると，2023年1月1日時点の村の人口は333人で，65歳以上の高齢化率は41.1％（137人）に達する。30年前に比べて人口は約100人減少し，高齢化率は約17ポイント上昇した。また30年前には村職員の約9割は島内出身者であったが，現在は3名のみである。2013年度以降は毎年10人ほど移住者が増え，現在は人口の約2割を占める。2020年度には，総務省などの「過疎地域自立活性化優良事例表彰」で最高賞の総務大臣賞を受賞した。しかし，移住者を上回るペースで人口減少が進み，移住者を受け入れる住宅や寮が人手不足で整備できない。特に子どもたちが生活する寮の管理人2名が2023年3月末で辞め，後任が見つかっていない[6]。図表4-1にあげているように粟島浦村では2022年から2023年にかけて不足する人材を協力隊により補充させようとしている。ただ，活動内容やその条件などは，なかなか気軽に応募が可能な「活動内容」ではない。こうした外部人材に依存する状況からの脱却もその戦略と

図表 4-1　粟島浦村における地域おこし協力隊の最近の募集内容

募集時	募集内容	活動内容	募集対象
2022.1	ふるさと納税関連業務 7)	・返礼品の充実関連 ・返礼品の発送関連 ・ポータルサイトの説明文・写真の充実化 ・ふるさと納税PRのためのSNS等を用いた情報発信 ・寄附者・事業者との連絡・調整 ・担当部署と調整，事務補助	・ふるさと納税関連業務への関心と意欲 ・3大都市圏または政令指定都市等居住者 ・採用後，粟島浦村に生活拠点を移し，住民票異動可能者 ・心身ともに健康で誠実に職務を行え，地域住民と協力し，地域を活性化するために意欲的な活動が可能 ・活動期間終了後も粟島浦村に定住，起業・就業・継業意欲 ・地方公務員法第16条に規定する欠格条項に該当しない
2022.2	水産振興・漁業支援 8)	有限会社粟島定置及び粟島浦漁業協同組合との業務委託契約	・漁業関連作業に抵抗がない ・3大都市圏または政令指定都市等居住者 ・採用後，粟島浦村に生活拠点を移し，住民票異動可能者 ・心身ともに健康で誠実に職務を行え，地域住民と協力し，地域を活性化するために意欲的な活動が可能 ・活動期間終了後も粟島浦村に定住，起業・就業・継業する意欲
2022.8	観光振興支援業務 9)	・写真，動画，SNS，WEBサイト，ブログ等を活用した断続的な情報発信 ・イベント等の実施支援 ・観光需要に直結した新たな観光コンテンツの開発 ・自然体験プログラムの提供 ・窓口業務を含む，年間事業の効果的な実施のための支援 ・運営強化の自主財源確保策の検討・開発	・3大都市圏または政令指定都市等居住者 ・採用後，粟島浦村に生活拠点を移し，住民票異動可能者 ・心身ともに健康で誠実に職務を行え，地域住民と協力し，地域を活性化するために意欲的な活動が可能 ・活動期間終了後も粟島浦村に定住，起業・就業・継業する意欲
2023.5	あわしま牧場（の厩務員・管理人業務) 10)	・厩務員として，馬の体調管理や給餌などの世話業務 ・しおかぜ留学生への馬との触れあいに関する指導業務 ・観光客への乗馬等の体験提供業務 ・その他牧場運営に関する業務	・動物が好きで，動物の世話に関する実務経験を半年以上有する ・留学生1人ひとりに対する心配りや学校とのよい関係づくりのためのホスピタリティ精神を有する ・採用後，粟島浦村に生活拠点を移し，住民票異動可能者 ・心身ともに健康で誠実に職務を行え，地域住民と協力し，地域を活性化するために意欲的な活動が可能 ・日本国籍を有し，概ね65歳未満 ・普通自動車運転免許（AT限定可）・パソコンの操作（Word，Excel）の操作に抵抗がない

出所) 各Webサイトより著者作成

して考えなければならない。

おわりに

　本章では，協力隊の任期中・任期後における課題とその解決方策について，協力隊員の当該地方自治体やその周辺地域への移住・定住を視野に入れた政策展開を中心に取り上げた。国の目標は，協力隊員数の増加について，その数を追ってきた側面が強い。それは2010年代には，国が地方に対する政策関与を強めたこととも関係している。そのうえで，各自治体では，協力隊を募集し，任務を与え，任期終了後は，同自治体に本格的に移住・定住することを目指してきた。また協力隊員も20～30歳代の若年層が中心であったため，自らの将来を展望できる地域を探し，協力隊に応募し，任地での業務に当たってきた。ただ，任期がある業務のため，その任期後は将来の希望とともに不安が重なっている面もある。

　協力隊の任期後は，当該地方自治体において協力隊員時代の業務とほぼ同様業務を遂行する者，自治体や非営利組織に採用され，新たな業務に勤しむ者，また農・林・漁業を本格的に開始したり，地域資源を生かした開業・起業したりする者らがその大半を占める。一方，任地から完全に離れてしまった協力隊員もいる。こうした状況をどう理解し，政策の有効性，さらに地域における反応を理解すればよいか。協力隊制度を地方への移住・定住政策と捉え，また地方での開業・起業を新たなビジネスの創造と捉えると，経営学の視点も浮上する。単に協力隊を人生の一時期，地方での活動を通して「自分探し」をする個人の問題と捉えると，その隊員数だけ事例が集まる。そうするとそのアプローチは事例研究となり，移住・定住により地域を活性化し，持続可能な社会の実現という大目標からは遠ざかってしまう。ケースとして取り上げた粟島浦村は，行政や産業の中枢業務も協力隊員によって対応しようとしている面がある。やはり現在の人員で関係編集の工夫が求められる。

注
1）長野県南箕輪村長選は 2021 年に 4 月に投開票され，公益財団理事が当選した。同理事は東京都出身で元江戸川区役所職員であったが，2017 年に協力隊員となり同村に移住し，2019 年からは村議を経験した。協力隊員が着任先自治体で首長に当選するのは全国的にも珍しい（朝日新聞，2021 年 4 月 13 日）。また議員のなり手不足や高齢化は山村だけでなく，長野県須坂市（人口約 5 万人）では 2019 年の市議選（定数 20）は，記録が残る 1955 年以降で初めて無投票となった。当選者は 60 歳代以上が中心であった。しかし，2023 年 2 月の市議選は選挙戦となり，若い世代の新人が複数当選した。1 割を超える得票率でトップ当選したのは「よそ者，若者」であった。2018 年に須坂市に移住，協力隊員を経験した。協力隊員として地元の須坂温泉古城荘に移動し，地域の人に農業の手ほどきを受け，耕作放棄地への対策をともに考えた。協力隊の委嘱期間後は温泉の敷地内でキャンプ場を経営した（朝日新聞，2023 年 3 月 26 日）。このように協力隊を経験することで，地域の課題を発見し，それを政治の場から変化させようとするのも，協力隊任期後の 1 つの方向性である。
2）2010 年 1 月に長野県生坂村の協力隊員になった者は，同村が任期満了後も 3 年間，有給で農業研修を受けられるようにした。それは確実に定住支援の必要があったためである。同協力隊員は村内の耕作放棄地再生に取り組み，任期満了後，農業指導員のもとで修業を積み，高齢化で引退を考えている農家から果樹園を引き継ぐ予定とした（読売新聞，2011 年 1 月 26 日）。このように協力隊員就任をきっかけとして，同村へ定住機会があった者に対し，その後の活躍が期待されることから地方自治体独自に支援することは，別の仕事においても必要であろう。
3）新潟日報「粟島浦村　潮風とぬくもり出迎え粟島航路　移住者『新たな風』運ぶ」2020 年 10 月 21 日，https://www.niigata-nippo.co.jp/nf/feature/niigata-areasolution/kenpoku/series1-03.html（2023.11.2 アクセス）。
4）漁業における新たな取り組みとして「粟島鮮魚直送便」がある。これは粟島で定置網漁を営む島内最大の水産会社「粟島定置」と地域おこし協力隊が連携し，粟島周辺の漁場で獲れた鮮魚を取引先の宿泊施設や飲食店，消費者に直送するサービスである。魚の目利き，下処理，梱包，発送は，粟島の地域おこし協力隊が担当し，リテラスが本サービスの運営に加え，取引先の開拓を担当している。水揚げから下処理加工まで迅速に行うことで新鮮な状態の鮮魚を提供できる。地域おこし協力隊で本サービスの現場責任者である川原さんが目利きし，厳選した鮮魚を究極の血抜きと呼ばれる「津本式」で下処理処理加工をする（津本式公認取得済）。津本式は，神経締めした魚体のエラにホースを挿入して送水し，極限まで血を抜く方法で，体内に残っている血を流し出すことで腐敗や鮮度の劣化を防ぎ，長期保存が可能になる。なお，粟島の鮮魚は全て天然ものである。そのため，魚種の指定はできないが，旬の時期に応じた鮮魚を直送する。取引開始となった場合，料金は魚種に応じて変動し，資材代・送料が別途かかる。既に新潟県内の「炉端割烹　炭なじ」や「瀧ざわ〜円居（まろい）〜」では好評を博し，東京の飲食店からも問い合わせが入っている。宮木恵未（2023）「新潟の離島から津本式で締めた天然鮮魚の詰め合わせを直送するサービス開始！【リテラス】」，https://foodfun.jp/ar-

chives/23965（2023.11.2 アクセス）。
5）新潟日報「粟島浦村　潮風とぬくもり出迎え粟島航路　移住者『新たな風』運ぶ」、2020年 10 月 21 日、https://www.niigata-nippo.co.jp/nf/feature/niigata-areasolution/kenpoku/series1-03.html（2023.11.2 アクセス）。
6）読売新聞オンライン「粟島浦村　頼みの移住者定着せず　業務多忙　住環境も整わず」2023 年 3 月 3 日、https://www.yomiuri.co.jp/local/niigata/feature/CO063656/20230302-OYTAT50048/（2023.11.2 アクセス）。
7）粟島浦村総合政策室（2022）「【お知らせ】地域おこし協力隊（ふるさと納税関連業務）を募集します！」、https://www.vill.awashimaura.lg.jp/news/3148/（2023.11.3 アクセス）。
8）粟島浦村総合政策室（2022）「【お知らせ】地域おこし協力隊（水産振興関連業務）を募集します！」、https://www.vill.awashimaura.lg.jp/news/3169/（2023.11.3 アクセス）。
9）粟島浦村総合政策室（2022）「粟島浦村では　提案型地域おこし協力隊を 1 名募集しています」、https://www.vill.awashimaura.lg.jp/wp-content/uploads/2022/08/b220df8f6d62799ffd81e52f5c2bd938.pdf（2023.11.3 アクセス）。
10）粟島浦村教育委員会（2017）「粟島浦村　あわしま牧場スタッフ（厩務員・管理人）を募集します」、https://www.vill.awashimaura.lg.jp/wp-content/uploads/2017/01/4d12a273b9a7780aaecf93a624448d4a.pdf（2023.11.3 アクセス）。

参考文献

粟島浦村（2016）「粟島浦村人口ビジョン　まち・ひと・しごと・まなび創生」http://www.awashimaura.sakura.ne.jp/wp-content/uploads/2017/01/bjon.pd（2023.11.2 アクセス）。
あわしま自然体験学校（2017）「あわしま自然体験学校～体験プログラム～」、http://www.vill.awashimaura.lg.jp/wp-content/uploads/2017/03/taiken.pdf（2023.11.2 アクセス）。
石川和男（2020）「『地域おこし協力隊』は地方創生につながるのか」専修大学学会『商学論集』第 110 号，pp. 1–18。
石川和男（2023）「『地域起こし協力隊』の任期中・任期後における課題と移住・定住政策 ―移住・定住を視野に入れた政策展開を中心として―」専修大学学会『専修商学論集』第 117 号，pp. 1–23。
上田嘉通（2019）「島嶼地域の観光振興に向けた実践報告」『島嶼研究』第 20 巻 2 号，pp. 127–139。
大脇和志（2017）「観光と教育による地域づくり―新潟県粟島を事例に―」筑波大学博士課程人間総合科学研究科『地域と教育』第 16 号，pp. 75–98。
国立社会保障・人口問題研究所（2013）「日本の地域別将来推計人口（平成 25 年 3 月推計）」、http://www.ipss.go.jp/pp-shicyoson/j/shicyoson13/t-page.asp（2023.10.20 アクセス）。
図司直也（2013）「農山村地域に向かう若者移住の拡がりと持続性に関する一考察：地域サポート人材導入策に求められる視点」法政大学現代福祉学部現代福祉研究編集委

員会『現代福祉研究』13，pp. 127-145。
総務省（2009）「地域おこし協力隊推進要綱」2009年3月31日。
総務省（2019）「地域おこし協力隊推進要綱」平成31年3月27日改正版，pp. 1-5。
総務省（2020）「過疎地域における集落の状況に関する現況把握調査最終報告（概要版）」，https://www.soumu.go.jp/main_content/000664505.pdf（2024.9.29アクセス）。
総務省地域力創造グループ地域自立応援課（2023）「令和4年度地域おこし協力隊の隊員数等について」，https://www.soumu.go.jp/main_content/000873869.pdf（2023.10.20アクセス）。
中尾裕幸・平野正樹（2016）「地域サポート人材の定着とその支援のあり方について—地域おこし協力隊制度と地域社会のサステイナビリティ—」『岡山大学経済学会雑誌』47(3)，pp. 1-27。
新潟県（2017）『粟島浦村基本計画』，https://www.pref.niigata.lg.jp/uploaded/attachment/82180.pdf（2023.11.2アクセス）。
華井裕隆（2017）「社会的課題の解決を目指す取り組みの可能性—新潟県粟島を事例に—」筑波大学博士課程人間総合科学研究科『地域と教育』第16号，pp. 23-36。
平井太郎・曽我亨（2019）「曲がり角にきた地域おこし協力隊制度：ポストコロナをにらみ」弘前大学人文社会学部『人文社会学論叢』第9巻，pp. 151-176。
朴銀姫（2021）「日本の移住促進策の韓国への移転可能性の考察—韓国地方都市の若年層移住・定住促進の提案—」社会情報大学院大学『社会情報研究』第3巻第1号，pp. 23-34。
本保建男（2022）「基盤整備と人材確保による活性化を目指して」公益財団法人日本離島センター『季刊しま』第270号，pp. 38-42。

第5章

トポスデザインの新視角

―トポス同士の関係編集による地域の価値発現―

諸上　茂光

はじめに

　地域の外にいる客体が，地域の価値に関心を持ち地域の魅力を理解することは難しく，これは地域デザインにおける重要な課題の1つである。本章は，客体に地域の特徴や魅力に関心を持ってもらい，旅行先の候補として検討してもらうために，トポス（他の空間とは異なる特別なコンテクストを持つ象徴的な空間）同士の関係を編集することを提案する。

　客体が地域に関心を持ち，訪問を検討するためには，地域内にあるトポスをどのようにアピールすればよいだろうか。例えば，好きな芸能人の通った店や感動した映画を撮影した浜辺など，客体が関心のあるコンテクストと関係するトポスが地域にあると知らせれば，地域に関心を持つようになるかもしれない。だが，その地域に魅力的なトポスがいくつか点在するだけでは，客体はトポスにのみ魅力を感じて，地域の価値を評価するわけではないだろう。

　では，いくつかのトポスが協力してネットワークを構築し，客体が魅力を感じるトポスが集積するようになったらどうであろうか。あるいは，近隣地域に関心を持った客体に対して，魅力的な旅行プランというコンテクストで当該地域のトポスをつなぎ合わせるネットワークがあれば，どうであろうか。トポス

が単体ではなく，複数のトポスがネットワークとなることで魅力の足し算を行い，地域全体の価値を高めて客体に訴求することができれば，地域の価値が発現されるようになる。これこそが，本章が提案する，トポス同士の関係編集による地域の魅力を高める方策である。

本章は，第1章で提案した① ローカルネットワーク層(Local Network Layer)，② リージョナルネットワーク層(Regional Network Layer)，③ 意味的関連ネットワーク層(Semantic Connection Network Layer)の3層に分けて，地域の価値を発現するトポスの関係編集のあり方を論じる。これら3つの層におけるトポスのネットワークは，客体に対してどのようなコンテクストで地域の価値やトポスを認識させるのかに関する役割が異なり，構成するノードの性質やネットワークが構築されるまでの関係編集の過程にも特徴がある。そのため，第1節でトポスが客体の地域価値の認識に与える影響を整理したうえで，第2節から第4節にかけてローカルネットワーク，リージョナルネットワーク，意味関連ネットワークの順で，3つのネットワークのそれぞれの特徴を論じる。最後に，3つのネットワークの違いを強調し，3層をまたいでネットワークを連携させる地域デザイン手法を提案し，トポスデザインの新視角を示す。

第1節　地域価値を客体に伝えるトポス

著者らは「客体の地域認識メカニズム」の理論(諸上・木暮，2023)において，トポスやコンテクストの概念を用いて客体[1]が地域の価値を評価するメカニズムを説明した。客体が地域の価値を認識する際に重要な役割を果たすのが「トポス」であり，中村(1993)の定義から換言すれば，他の空間とは異なる特別な意味(コンテクスト)を持つ象徴的な空間として認識される場所が「トポス」であり，特別なコンテクストを持つことを「トポス性」が高いと表現することができる。

ある個人が経営している喫茶店を例に考えると，店主にとってその喫茶店は自分が苦労して開店させ，長い期間苦楽を経験したかけがえのない店舗であり，

その家族や従業員にとっても，同様に他の喫茶店とは異なるトポス性を持つ場として捉えられる。また，長年利用し続けている常連客も喫茶店を自分の生活の一部としてかけがえのない場所と捉えており，有名芸能人が下積み時代に当該店舗をよく利用していたとすれば，その芸能人にとってもトポス性を感じる場であろう。さらに，そのエピソードを聞いた芸能人のファンもその喫茶店を特別な場所として認識し，聖地として巡礼すると予想される。ただし，これらすべての例は，喫茶店に対してトポス性を感じる個人にとって，喫茶店が個人的な思い入れのあるトポスであることを示すにすぎない。地域ブランディングにおいて議論すべきトポスは，個人がトポス性を感じる空間のことではなく，複数の人が共通認識として同一のトポス性を知覚する地域空間である（諸上・木暮，2023）。すなわち，喫茶店の持つトポス性や価値をより多くの人に伝える努力を行い，トポス性を共有することができれば，喫茶店は個人ではなく地域にとって特別なコンテクストを持つトポスとして認識され，客体に地域の価値を伝達するトポスといえるようになる。

多くの人にトポス性が共有されているトポスが「客体の地域認識メカニズム」において果たす役割について，諸上・木暮（2023）はレンズの喩えを用いて説明している。主体はトポスというレンズのようなものを客体に対して掲げており，客体はトポスというレンズを覗くことで，コンテクスト（トポス性）に意味づけられた場所をトポスとして認識する。そのため，客体に好まれるような場所であると認識させたい場合には，客体に提示するレンズを新しくしたり，レンズの傾きやピントを調整したりする，すなわちトポスのコンテクストを刷新したり変容させることで，客体の感じる場所の評価を高めることができる。

例えば，『ラブライブ！サンシャイン!!』というアニメ作品によって地域が活性化した沼津地域では，アニメの放送翌日に，作品内で登場した場所のモデルとなった店舗や旅館に作品のファンが一斉に訪れた。アニメ放送前までは単に地域の一部の人に愛される店舗や旅館であったが，アニメファンにとっては「アニメに登場するキャラクターの住処」というトポス性を持つようになったわけである。この段階では，店舗の主体である店主が感じるトポス性と，店舗を訪

れるアニメファンが感じるトポス性は共通認識ではなく，各個人にとって別の意味合いを持つ場にすぎないため，まだ新しいトポスが生まれたとはいえない。もしも，この段階で主体が個人的に感じているトポス性を優先し，多くのアニメファンが感じているトポス性を拒んだ場合，この店舗が特別な意味を持つことは広く共有されることもなく，また1度は集まったファンからも忘却され，客体が個人で認識していたトポス性はごく短期のうちに消滅してしまう。

　しかし，実際には沼津市のいくつかの店舗は，訪れるファンを受け入れ，積極的に声かけを行ったり，作品で登場するキャラクターを店頭に置いたり，キャラクターの好物をメニューに加えたり，作品のファン同士が交流できるスペースを設けたりと，客体がその場に感じているトポス性を尊重した。店主（主体）がアニメ作品のコンテクストを感じられるようにトポスのレンズの傾きやピントを調整してトポス性を変容させたことで，新しいトポス—新たな像を映す新しいレンズ—が生まれたのである。その結果，これらの店舗は多くの主体・客体が認める「ラブライブ！サンシャイン!!」の聖地となり，アニメの聖地というトポス性をアピールすることで，多くの客体をトポスに呼び込むことができるようになる。また，沼津地域のなかにこうした『「ラブライブ！サンシャイン!!」の聖地』という新しいトポスが1つ付加されると，その地域にその店舗があることが地域価値の向上に部分的に貢献する。このように，トポスの持つコンテクストを調整して多くの人が共通認識するトポス性を持たせることによって，トポスが地域に存在するだけでも，客体が認識する地域価値が部分的に高まるのである。

第2節　ローカルネットワーク

　しかし，このように地域価値の向上に貢献するトポスが1つ2つと地域内に点在しているだけで，本当に地域の価値を有効に高めるといえるだろうか。点在する「点トポス」の魅力が高い場合は，点トポスに客体が誘引されるが，点トポスの空間そのものの魅力が高まるだけで，地域の魅力が客体に伝わってい

るわけではない。

　沼津地域では，沼津駅周辺には上述の喫茶店の他に，ラブライブサンシャインの作品中に登場し，アニメの聖地としてのコンテクストを持った点トポスがいくつか存在する。

　この「ラブライブ！サンシャイン!!」というコンテクストが初めて沼津と関係を持った時，点トポスの主体はまずは自分の経営する店舗に「ラブライブ！サンシャイン!!」の要素を付加したりするなど，点トポスの価値を上げる努力をはじめる。それと同時に，近隣にある「ラブライブ！サンシャイン!!」に関係する別の点トポス群の存在を認識するようになる。

　それだけで終わらずに地域に点在する聖地を一括で紹介するまちあるきマップを作製したり，スタンプラリーなど共同でイベントを企画開催したりするなど，各点トポスの主体が互いに協力活動を通じて，同一のコンテクストを共有できる別の点トポスと連携することができれば，それぞれの点トポスが互いのトポス性を高め合うことができる。

　また，点ではなく面としてその地域にコンテクストの魅力を付加することができることで，客体がその地域を訪問した際に，面としてのトポス性を実際に強く感じやすくすることができ，コンテクストを強く結び付けた形でその地域の価値を認識するようになる。

　沼津地域では，各店舗が「ラブライブ！サンシャイン!!」の聖地であるというトポス性を持つだけでなく，沼津地域自体にラブライブの聖地としてのトポス性を持たすことに成功しており，さらに多くの客体がラブライブというコンテクストを感じるために沼津地域を訪れるようになっている。このような面のトポス性を形成することができる，同じコンテクストに結び付けいた点トポス同士のつながりが，ローカルネットワークである（図表5-1）。

　ローカルネットワークは主体の自主的に構築していく必要があり，そのためには主体同士が同じ地域の住民同士で付き合いがあるなど，地縁関係であった方が一緒になって地域を盛り上げるための協力体制をとるきっかけが作りやすい。そのため，ローカルネットワークは主体同士がある程度物理的に近く存在

図表 5-1　ローカルネットワークによる面トポスの形成

（1）点トポスの主体同士のつながりによりローカルネットワークを形成

（2）主体同士が連携してそれぞれの点トポスを調整することにより面トポスを形成

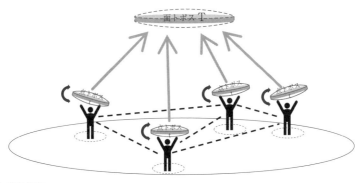

出所）著者作成

し，空間的に限られた範囲で構築される。また，地域のなかにぽつぽつとコンテンツに関係するトポスが散在する状態で「面」としてのトポス性を伝えることは難しく，その空間のなかである程度の密集した点が存在する必要がある。

　また，このローカルネットワークの構築には，主体同士の連携を促す仕組みや人が必要である。点トポスの主体だけでなく，場合によっては客体も巻き込んだ草の根的な活動のなかで地域住民のなかから「ラブライブ！サンシャイン!!」というコンテクストが地域の価値を向上するという考えに共感するキーパーソンが現れると，主体同士や点トポス同士の関係編集がなされ，ローカルネットワーク化が促進される。

ローカルネットワークは客体に対しての効果が期待できるだけでなく，構成している点トポスの主体にとっても地域価値を再確認したり，アイデンティティを確立したりすることに寄与する。また，それまで傍観者であった周辺の関係者がコンテクストや活動に共感し，点トポスの価値向上に関与したり，新たな点トポスをネットワークに加えたりするようになれば，ローカルネットワークは拡大される。沼津地域でも，沼津の駅前商店街のもともと作品とは関係のなかった店舗が「ラブライブ！サンシャイン!!」に関係するポスターやキャラクターを描いた絵，フィギュアなどを掲出するようになり，それが新たな点トポスを形成するようになっている。

　ローカルネットワークが拡大・強化されれば，面トポスもより魅力的なものへと進化することが期待できるが，多くの主体が連携して，面トポスの価値を高めたり保ち続けたりするためには，調整が必要な部分も出てくる。「『ラブライブ！サンシャイン!!』の聖地」という面トポスを通じて，客体にどんな価値を認識させたいのかという共通の目標が必要であるし，場合によってはその共通の目標のためには，面トポスだけでなくそれぞれの点トポスの方向性や独自性に何か制約を設けるなど，ルール化が必要な場合も出てくる。

　また，面トポスは基本的には単一のコンテクストに関係する点トポスのネットワークによって形成される地域の「魅せ方」のレンズである。すなわち，この面トポスは，主にそのコンテクストと関係する点トポスの主体達が中心となって，そのコンテクストを通した地域という像を投影するものである。そのため，当該コンテクストに非常に共感度が高い主体を中心とした地域住民や，当該コンテクストに非常に共感度が高い地域外の客体（「ラブライブ！サンシャイン!!」のファン）にはある程度の訴求力を持つことが予想されるが，そうではない客体にはこれだけで地域の魅力を伝えることは難しいという弱点があることについても認識する必要がある。

第3節　リージョナルネットワーク

　地域や1つのコンテクストに特に強い思い入れがない一般の客体に効果的に地域の魅力を伝えるにはどういう方法があるだろうか。本節では，その代表的な存在といえる観光者の心理に基づいて考えてみることにする。

　地域を訪れる観光者は観光という消費自体に対する事前の期待や動機を抱いている(Gnoth, 1997；Larsen, 2007；Cohen et al., 2014等)。それらが一定の閾値を超えたとき，観光という消費を実行に移す。特に，近年ではSNSを利用して事前に情報収集を行って旅行を計画することが多いため(Buhalis and Law, 2008；Leung and Law, 2012等)，その段階で観光動機を高められるような情報を観光者に伝えられるかが重要である。

　本節で呈示するリージョナルネットワークは，こうした客体の心理を捉え，地域内や周辺地域に存在する複数のトポスを組み合わせて，当該地域への観光訪問を検討する観光者に対し，1つの「満足できる旅行の行先」というパッケージを構成し伝達する仕組みである。

　諸上・木暮(2021)が指摘しているように，地域内には1つだけではなく，複数の魅せ方のコンテクストが複層的に並存する可能性がある。例えば，沼津地域の場合，「ラブライブ！」以外にも，食，歴史など様々な地域の魅力に関係するコンテクストが存在する。これらのコンテクストはそれぞれ，そのコンテクストに関係する点トポスの主体達の連携によって形成した面トポスを形成しているが，リージョナルネットワークはそれらをさらに連携させることで，当該地域の魅力を足し合わせるものである(図表5-2)。

　例えば「ラブライブ！」で誘引されうる客体は，さらに「北条氏」あるいはNHK大河ドラマ『鎌倉殿の13人』など沼津地域内に存在する別の面トポスも存在することで，沼津地域を訪れる理由が増える可能性があるし，また観光中に沼津港の飲食店で，駿河湾の新鮮な海産物や伊豆の地場野菜を使った昼食を楽しむことができることが期待できるとわかれば，同様に沼津地域に対する観光動機が高まるであろう。このように沼津地域に複数のコンテクストからなる

図表 5-2　トポス同士を束ねパッケージ化するリージョナルネットワーク

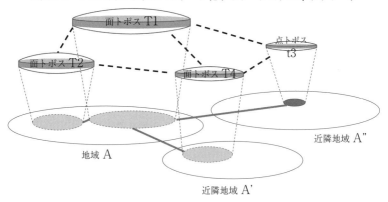

近隣地域にそれぞれ存在する面トポスあるいは点トポス同士を連携させ，補完しあうことで客体が1つの旅行として価値を知覚しやすいネットワークを構成する。

出所）著者作成

多面的な資源が存在する事を上手に伝えることができれば，沼津に実際に行こうかと検討するような客体にとって魅力的なフックとなりうる。

また，沼津の周辺地域の三島や伊豆・熱海などに，それぞれまったく異なるコンテクストに基づいたトポスが存在する。三島は「水の都」「太宰治，若山牧水，井上靖など大文豪たちとのゆかり」に関係する多様な地域資源やトポスがあり，熱海，伊豆はそれぞれ「温泉」「温泉街」や「ジオパーク」などがある。

これらは，電車バスなどの公共交通機関あるいは自家用車を用いて数十分から数時間程度の範囲に存在しており，沼津地域を訪れる客体の観光行動を考えた場合に日帰りや1泊2日程度のひと続きの旅行日程のなかで合理的な移動時間のなかで行き来できるものである。そのため，沼津地域にあるトポスだけでは客体にとっての魅力が十分でなかった場合であっても，これら近隣地域のトポスも含めた旅行日程の呈示によって地域を観光する動機を高めることができる。

「ラブライブ！サンシャイン!!」を目的に沼津を訪れることを検討する客体

を例に考えると，この客体はラブライブに関連する地域資源を消費するだけではなく，近隣の三島地域に移動して「源兵衛川」「楽寿園」「三嶋大社」「白滝公園」など，水辺の道を中心としたまち歩きをする日帰り旅行プランでより満足のいく旅行経験を得られる。あるいは，その間に近隣地区の熱海や伊豆長岡の温泉宿に宿泊することも加えると1泊2日の充実した旅行プランにすることができる。

　このようにリージョナルネットワークを形成することで，「ラブライブ！サンシャイン!!」という1つのトポスだけを動機に沼津地域への訪問を検討するよりも，旅行に対する期待や，地域に抱く魅力も高まり，旅行動機そのものが高まることが予想される。また，客体の心理に叶うように，複数の地域が連携してそのような形での旅行を行うことができることを積極的に売り出すことができれば，充実した旅を経験することができる場所としての地域の価値を評価してもらうことができ，象徴的な意味を持つ特殊な地域として売り出すよりも一般的な観光地として来訪者を増やすことができるだろう。

　リージョナルネットワークによるトポス同士の結び付きでは，客体の心理に着目し，1つのコンテクストに基づいて形成されたトポスだけで足りない魅力を補い合うことで，客体にとって期待できる旅行体験を提案できることが重要である。そのため，地域を訪れると想定される客体，あるいは地域として呼び込みたいと希望する客体のターゲット層を定め，そのターゲットが観光のコンテクストや重視する価値の分析を重ね，それらに合致するようにトポスを組み合わせたリージョナルネットワークを構築することが求められる。

　それでは，こうした連携を促すことができるのは誰だろうか。もともとはコンテクストとしてつながりがないトポス同士を連携させるには，ローカルネットワークの構築のような点トポス主体による草の根的な連携だけでは難しい部分がある。組み合わせるトポス同士が同一地域内にあれば，その地域を含む自治体がその自治体の魅力として併せて紹介することも可能である。実際に多くの自治体あるいはその観光協会が当該地域の「見どころ」や「食」を紹介するWebページを運営していて，内容としても充実度の高いものも見られている。

しかし，地域をまたぐ場合に，自治体がこの役割を果たすことには限界がある。

観光を計画する段階の客体の情報探索行動に着目すると，旅行雑誌のような媒体やソーシャルメディアが，客体の立場から地域資源をつないで完結した旅行のモデルコースを示すという形で関係編集を担うことができる。沼津地域の場合，伊豆，伊豆箱根，静岡など沼津を含む何通りかの地域の括りのなかで，沼津地域のトポスと近隣地域にあるトポスを組み合わせた旅行プランが提案されている。

また，観光サイトでも，例えば楽天トラベル内に『楽天トラベルガイド』という「旅をもっとハッピーにする観光ガイド」があるが，沼津地域を紹介しているページ[2]では，沼津港飲食店街，沼津みなと新鮮館や沼津港深海水族館，伊豆三津シーパラダイスなど，「日本一深い湾である駿河湾に面した沼津港で水揚げされる多様な魚介類」という沼津地域の有力なトポスに関係するスポットとともに，三嶋大社，伊豆フルーツパークなど，近隣地域の有力な点トポスも含めた形で紹介されている。

一方で多くの研究で指摘されている通り (Xiang and Gretzel, 2010；Ayehet et al., 2013；Hays et al., 2013；Leung et al., 2013；Guerreiro et al., 2019；Pop et al., 2022 等)，近年では，観光を計画する際に観光ガイドブックや観光サイトよりも SNS を情報探索で使用することが増えてきている。例えば Instagram では，「グルメ」「写真」「温泉」「美容・コスメ」「女子旅」「カップル・デート」「子育て」など，多様なコンテクストを持った多くのインフルエンサーアカウントが存在する。

これらのアカウントはしばしば旅行プランについて紹介することがあるが，それぞれのアカウントはそのアカウントが持っているコンテクストに沿った観光先や旅行プランが提案されている。そのため，沼津地域の観光について紹介しているアカウントであっても，例えば子育てアカウントであれば函南町の酪農王国オラッチェや伊東市の伊豆ぐらんぱる公園など近隣地域の観光資源が含まれたプランが紹介されている。

以上のように，地域内のトポス同士を関係編集してリージョナルネットワー

クを構築するには，地域の外部にいる旅行社や出版社，インフルエンサー個人などが，それぞれのコンテクストに基づいて実施することが現実的な方策である。そのため，リージョナルネットワークにはその下層にあるローカルネットワークのすべてが必ずしも含まれるわけではない。ターゲットとなる客体にとって，1つの完結した旅行というパッケージを考えたときに最もコストパフォーマンス（あるいは効用）が高まるように，ローカルネットワークを構成する点トポスの一部を取捨選択したうえで結ぶ方が効果的である。そのため，当該地域の自治体などが過度に干渉すると，自治体内の政治的な事情や公平性を担保しようとするあまり，地域内の様々なトポスをただ網羅的に紹介することになりかねず，それを閲覧した客体が地域の魅力を感じられにくくなってしまう。

　リージョナルネットワークは，地域やコンテクストに強い思い入れがないような客体が地域を訪れて消費させることを促進させるための連携であり，ローカルネットワークのように主体の想いが必ずしも強く反映されるわけではない。リージョナルネットワークが効果を持つのは，少なくともその地域を訪れる動機を持つ程度には当該地域に存在するトポス性やコンテクストに対して多少の知識を持ち，訪問が検討されるレベルの関わりを持った客体に対してである。しかし，地域に対しての知識がほとんどなく，イメージや訪問動機を持ち合わせていないような，地域との関わりをほとんど持っていない客体に対しては，また別の方略を検討する必要がある。

第4節　意味関連ネットワーク

　旅行先を検討する際に地域や近隣地域に関心を持った客体に対しては，リージョナルネットワークの方法で旅行の立ち寄り先の1つとして地域内のトポスを組み込み，地域価値を伝えることが可能であった。しかし，客体が旅行先を検討する際に，候補にも浮かばない地域が大半であり，旅行先の選択肢として想起してもらうための工夫も必要である。それが，意味関連ネットワークによって，客体に地域のトポス性を知らせるという方法である。

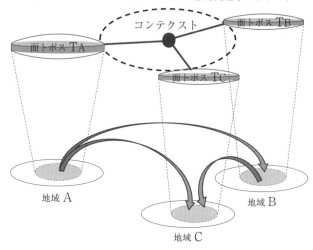

図表 5-3　コンテクストをハブとした意味関連ネットワーク

コンテクストをハブとし，各地域にあるコンテクストと関係のあるトポス同士をノードとした知識ネットワーク構造を客体の中に構築する。これにより，いずれかのノードについて訪問経験を持つ客体は，次に旅行を計画する際に，内部情報探索でコンテクストについて想起すると同時に関係する別ノードのトポスも想起し，そこを目的地として選択する可能性が生まれる。

出所）著者作成

　意味関連ネットワークとは，客体の記憶のなかに知識構造として構築される一種の意味ネットワーク(semantic network)[3]である。長期記憶のなかで，客体にとって価値を感じるコンテクストと各地のトポスを結び付けておき，その客体が観光に関する情報探索行動をする際に，コンテクストと同時にそれぞれの地域のトポス性を想起させ，当該地域が「目的地として選択される」確率を上げるという役割を果たす(図表5-3)。

　観光者の情報探索行動は，消費者の情報探索行動(Bloch et al., 1986；Bettman et al., 1998 等)を参考に議論される部分が多い。そのなかでも，クロッツ(Crotts, 2000)は観光者の外部情報探索(external information search)について，特定の旅行の計画のために行われる購買前探索(prepurchase information search)だけで

なく，継続的探索(ongoing information search)を行うことに注目すべきであると主張している。これは，観光者は日頃から，それぞれの興味関心に基づき，いつか旅行に行くときのために，日頃から楽しみの一環としてインターネット検索やソーシャルメディア，旅行関連のウェブサイトや旅行雑誌・書籍など様々な媒体から旅行に関する情報を継続的に収集し続けているという考え方である。

収集された情報は長期記憶に保存され，いざ旅行を計画する場面が来ると，購買前探索として，それらの情報や過去の旅行経験などの情報を内的情報探索(internal information search)によって参照し，必要性があるときにはさらに外部情報探索を行って，目的地や立ち寄り地を決定し，旅行実施の意思決定を行う[4]。

このメカニズムに着目すると，日常的に行われている継続的探索の段階で，客体の長期記憶のなかに，客体が興味をもつコンテクストと，そのコンテクストに関係するトポス性を持つ，特別な場が存在するいくつかの地域の情報を結び付けて記銘することができれば，まだ目的地も決まっていない次の旅行を計画する際にはコンテクストと同時にそれらのトポスの情報が想起され，目的地，あるいは立ち寄り地の1つとして選択されるきっかけを作ることができる。

例えば，「ラブライブ！サンシャイン!!」のファンは同作品に関係する情報を継続的に収集し続ける。この情報収集の間に，例えば主人公たちが作品内で訪れる函館や秋葉原，あるいは劇場版のなかでのみ登場するイタリアについての情報，特に作品と実在するランドマークや店舗，風景のつながりについて情報を得ていく。そして，その都度，当該地域は「ラブライブ！サンシャイン!!」と関係のある特別な場所(聖地)として，「ラブライブ！サンシャイン!!」をハブとした意味関連ネットワークのノードに加えられる。さらには，同アニメのシリーズである「ラブライブ！」や「ラブライブ！スーパースター!!」等に関係する神田，晴海，渋谷，神津島などの聖地についても関連する情報として意味関連ネットワークに加わっていく。

もし，客体が実際に意味関連ネットワークのなかのトポスを訪れた経験に満足すれば，意味関連ネットワークに組み込まれた他のトポスも，将来の旅行に

おける訪問先の候補として想起される可能性が高まる。例えば,「ラブライブ！サンシャイン‼」の意味関連ネットワークにおいては,同作品の主な舞台が沼津地域となるため,この作品の熱心なファンは聖地巡礼としてまず沼津地域を観光に訪れることが予想される。その訪問がその客体にとって満足のできる観光経験であれば,その良い経験も記憶され,次の旅行を計画する段階で同じコンテクストの意味関連ネットワークにある別の聖地を想起しやすくなる。

このように,客体の記憶のなかで,同じコンテクストから生じたトポスを掲げる地域同士が緩やかにネットワークを構成し,そのネットワークによってそのうちの1つのノードに相当する地域に関わりをもった客体に対し,別のノードに相当する地域への関わりのきっかけが相互に提供される。

この現象を俯瞰すると,地理的に近接しておらず,場合によっては主体同士が関連を認識していない沼津と函館,秋葉原,神田,神津島,イタリアという地域が「ラブライブ！サンシャイン‼」というコンテクストによって,少なくとも「ラブライブ！サンシャイン‼」のファン層という客体の心理のなかではリンクされたネットワークを形成しており,またこのネットワークは,ノードであるそれぞれの地域が「目的地として選択される」確率を上げるという役割を果たしているといえよう。

「ラブライブ！サンシャイン‼」のようなアニメだけでなく,ドラマ,映画あるいは小説,漫画などいわゆる物語作品が意味関連ネットワークのハブとなるコンテクストとなりうる。同様に,「ドラクエウォーク」「ポケモンGO」「イングレス」など,地域をまたいだ位置情報ゲームも同様の効果を持つコンテクストとしてハブとなりうる。

一方で,物語以外に目を向けると,日本では昔から様々な名所百選(「山」「城」「滝」「桜」「温泉」「朝日」「夜景」など)が指定されているが,これらも意味の関連(つながり)で別の地域への関わりのきっかけを作るコンテクストとしての働きをもつといえよう。最近では,日本ジオパークネットワークや「日本で最も美しい村」連合,アニメツーリズム協議会のように,コンテクストに関係のある個人や企業と地域が連携してNPO法人や一般社団法人を立ち上げたり,

一緒に活動を行ったりすることで，コンテクスト自体の意味や価値を作り上げ，あるいは継続的にコンテクストの価値を保ち続けることができるように活動している例も多く見られる。

また，第1章で紹介した「ブラタモリ」「出川哲朗の充電させてもらえませんか」「モヤモヤさまぁ〜ず」のように，シリーズ化されているバラエティ番組や情報番組も，意味関連ネットワークのコンテクストとなりうる。さらには旅行系YouTuberであるスーツ氏の（スーツ交通チャンネル／スーツ旅行チャンネル），や鉄道系YouTuberである西園寺氏の西園寺チャンネル，車中泊系YouTuberであるらんたいむ氏のらんたいむチャンネルなど，YouTuberが開設しているYouTubeチャンネルも，意味関連ネットワークのコンテクストとなりうる。

このように列挙すると，様々なものが「コンテクスト」となりうるようにも見えるが，意味関連ネットワークは客体が客体自身の日々の楽しみの一環として継続的な情報探索を続けることで客体の長期記憶のなかに知識構造として構成されていくものであるため，ハブとなるコンテクストの情報価値が客体にとって高いものである必要がある。

そのため，地域の宣伝のために地域側でコンテクストを用意してしまおうと，自治体やトポスの主体などが苦心して地域に関係する史実や伝承，人物などを用いた物語を制作したとしても，客体の価値観と合わずに効果を上げられないような失敗例もしばしば観察される。また，個人の興味関心が多様化している社会においては，1つのコンテクストで地域に多くの客体を引き込むことも容易ではない。

こうした限界点も理解しつつ，地域としてはできるだけ多くのコンテクストに乗ることができるように，幅広い製作者がコンテクストを作成することに積極的に協力していくことが重要である。すでにいくつかの自治体では試みられているが，テレビ番組や映画，アニメなどの製作者に対して，地域の魅力を知ってもらえるように情報や利便性を提供したり窓口を一本化したり，場合によっては一緒にコンテクストを育成するなど，製作者の環境を整えてあげるよう

な努力を行うことが，多くの意味関連ネットワークに当該地域を加えることにつながり，多様な客体を地域に呼び込めることが期待できよう。

おわりに

本章ではコンテクストによって形成されたトポス同士を束ねる3つのネットワークによって客体に地域のトポスの存在を知らせ，地域に関わる動機を高め，地域の価値を認識させることができることを示した（図表5-4）。

ローカルネットワークは，地域のなかで同じコンテクストに関係する点トポス主体同士による協力関係である。ローカルネットワークを通じて点トポスのトポス性を束ねることで，トポスの価値を相互に高め，客体に対して，その地域がコンテクストと関連したかけがえのない場であるということを認識させる面トポスが形成される。面トポスを客体に掲げ，地域の魅力を伝え続けるためには各点トポスがバラバラのコンテクストを提示しないように協力し合う草の

図表5-4　3層のトポスネットワークの連携

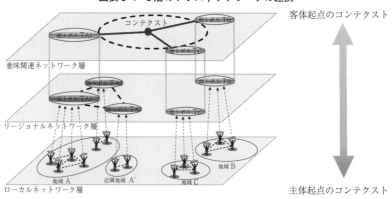

本章で提案した3つのネットワークが相互に連携しているという構造に着目した施策により，トポスを中心とした地域価値を生み出し，育み，それを客体へ効果的に伝達・訴求できるようになる。

出所）著者作成

根的な活動が必要なため，どのように自分たちの地域を客体に見せたいかという意識が類似した地縁でつながっている主体の間でローカルネットワークができやすい。

これに対し，リージョナルネットワークは，地域内や周辺地域に存在する複数の面トポスを組み合わせ，客体に当該地域を含む1つの「満足できる旅行」というパッケージを提示するものである。客体の訪問動機を高めるためには，当該地域の魅力を足し合わせ，このパッケージで客体が期待できるコストパフォーマンスを高める必要がある。そのため，リージョナルネットワークの構成はローカルネットワークよりも訪問する客体の満足度や利便性が優先され，主体同士の強いつながりや想いの優先度が下がる。

一方，意味関連ネットワークは，客体の長期記憶のなかに形成される知識構造である。長期記憶のなかで客体が価値を感じるコンテクストと各地域のトポスを結び付けることができれば，その客体が観光に関する情報探索行動をする際に，コンテクストと同時にそれぞれの地域のトポス性を想起しやすくなり地域が「目的地として選択される」確率が上がる。客体に好まれるコンテクストを主体が判断することは難しいなかで，多くの客体に地域が選択される確率を上げるためには，地域に多様なコンテクストを持つトポスが存在する方が有利である。そのため，インフルエンサーや物語の作者などコンテクストを生み出す多様な人を積極的に受け入れ，多くの意味関連ネットワークと地域をつなげるように努力する必要がある。

この3つのネットワークは同一地域空間の上に層として重なって連携していると理解することによって，地域ブランディングに実務的な示唆を与える。すなわち，同一地域資源が各ネットワークに位置づけられていることを理解することによって，地域の価値を発現するために適切な戦略を練ることができる。

例えば，この地域のトポスがどんな客体のどんな意味関連ネットワークに含まれているかを把握することで，どのようなコンテクストに関心のある客体が地域に関心を持つのかを予測することができる。もしその地域がアニメ作品の聖地の1つとしてアニメファンである客体に認識されているということがわか

れば，彼らが地域を訪れる可能性を予測でき，アニメ作品の他の聖地との連携をすることで次回以降の旅行先の選択肢になりうる。

しかし，実際に客体が訪れる際にはこの聖地は近隣地域の観光地などと同一のリージョナルネットワークに組み込まれるため，宿泊先となる温泉地やご当地グルメを提供する飲食店など，客体が関心のあるコンテクストと関係のないトポスも含まれるネットワークを考慮する必要がある。その方が旅行プランとして魅力的なトポスを連携させることによって客体が満足する旅行先として成功することができるためである。そして，客体が旅行するなかで地域の価値を深く理解するためには，コンテクストの価値をともに認識し，地縁のある主体同士のローカルネットワークが協力して地域の面トポスを担うことが欠かせない。

このように，地域が3層のネットワークのなかでそれぞれどのような主体と関係しているのかを把握することによって，客体のコンテクスト，旅行プランを構成する近接地域の他のトポス，そして地域の価値の発現を担う主体の関係性を考慮した地域ブランディングが可能となるであろう。

地域の魅せ方のためにトポスの結び付け方を検討するという本章の議論は観光客の周遊行動に関する議論とも関連している。ルー他(Lue et al., 1993)は観光客の周遊行動を単一目的地型(single destination pattern)，途中経由型(en route pattern)，拠点型(base camp pattern)，地域内回遊型(regional tour pattern)，複数目的地連鎖型(trip chaining pattern)の5つに分類している。このうちの単一目的地型の客体を誘因するための面トポスは，第2節で紹介したローカルネットワークによって形成することができる。また，途中経由型や拠点型，地域内回遊型の客体に対しては第3節で示したようにリージョナルネットワークによって連携させた面トポスによって当該地域をデスティネーションとして認識されることが期待できる。

一方，特に日本では欧米に比べ長期休暇を取得してバカンスを楽しむという生活習慣が普及していないため，特に日本人にとってこの複数目的地連鎖型の周遊行動を1つの旅行で行うということは，まだ一般的であるとはいえない。その代わり，長期のスパンで見たときには，1つのテーマあるいはコンテクス

トに沿って複数の目的地をデスティネーションとして複数回の旅行を計画する，すなわち連鎖的に訪問することは珍しいことではない。このことから，第4節で提示した意味関連ネットワークを通じ，過去の観光経験と未来の観光計画とを連携させることによってある地域への観光の動機づけにつなげることができる。

本章で提示した3つのネットワークはどれも，地域の見せ方を誰の視点でどのように決めていくのかという議論に関わるものである。地域は同じ空間に対して様々な立場の人間が関わるため，それぞれにとって見せたい面や価値を感じる面は異なる。特に，長らく地域で営みを続けている主体と，観光などで訪問する客体では，認識しているトポス性が一致しないことも珍しくない。3つのネットワークのなかで，ローカルネットワークは主体の想いや価値観を反映したコンテクストがネットワーク構築の起点となるが，一方で意味関連ネットワークは客体が興味や価値を認識するコンテクストが起点となる。本モデルでは主体起点と客体起点，2つのコンテクストのすり合わせを「主体のトポスを組み合わせて客体が満足できる旅行パッケージを提示する」ことができるリージョナルネットワークが担っているが，主体・客体両方が持つコンテクストをどのようにすり合わせるのが良いのかという議論は別稿に譲りたい。

謝辞

本章はJSPS科研費 JP 23K11636 による助成を受けた研究の成果を基にしています。

注

1）主体（政府・自治体，住民など）や客体（観光客や住民など）とは，「誰が」（主体）「誰に対して」（客体）行う地域ブランディングであるかの関係を説明する（矢吹，2013, pp. 12-13）。
2）Rakuten Travel（2022）「沼津おすすめ観光スポット〜現地スタッフ厳選 BEST17〜」https://travel.rakuten.co.jp/mytrip/ranking/spot-numazu（2024.1.31 アクセス）。
3）意味ネットワーク（semantic network）とは，各概念をノード，概念間の意味関係をリンクとして表現し，概念間の関係性を表すネットワークモデルである。リチェンス（R. H. Richens）によって提唱され，認知科学者であるコリンズらの論文（Collins and Quillian, 1969）等で広く知られるようになったこのモデルは，人間の意味記憶の構造を表す

ためのモデルとして広く使用されている。
4）ただし、観光者にとっての継続的探索と購買前探索は明確に分けることが難しいという主張もある（Crotts, 2000, p. 153）。

参考文献

Ayeh, J. K., N. Au and R. Law (2013) "Predicting the Intention to Use Consumer-Generated Media for Travel Planning," *Tourism Management*, Vol. 35, pp. 132-143.

Bettman, J. R., M. F. Luce and J. W. Payne (1998) "Constructive Consumer Choice Processes," *Journal of Consumer Research*, Vol. 25, No. 3, pp. 187-217.

Bloch, P. H., D. L. Sherrell and N. M. Ridghway (1986) "Consumer Search: An Extended Framework," *Journal of Consumer Research*, Vol. 13, No. 1, pp. 119-126.

Buhalis, D. and R. Law (2008) "Progress in information communication technology and its impact on tourism research," *International Journal of Tourism Research*, 10(4), pp. 303-323.

Cohen, S. A., G. Prayag and M. Moital (2014) "Consumer behaviour in tourism: Concepts, influences and opportunities," *Current issues in Tourism*, Vol. 17, No. 10, pp. 872-909.

Collins, A. M. and M. R. Quillian (1969) "Retrieval time from semantic memory," *Journal of verbal learning and verbal behavior*, Vol. 8, No. 2, pp. 240-247.

Crotts, J. C. (2000) "Consumer Decision Making and Prepurchase Information Search," Pizam. A. and Y. Mansfeld eds., *Consumer Behavior in Travel and Tourism*, New York: The Haworth Hospitality Press, pp. 149-168.

Hays, S., S. J. Page and D. Buhalis (2013) "Social media as a destination marketing tool: its use by national tourism organisations," *Current Issues in Tourism*, Vol. 16 No. 3, pp. 211-239.

Gnoth, J. (1997) "Tourism motivation and expectation formation," *Annals of Tourism research*, Vol. 24, No. 2, pp. 283-304.

Guerreiro, C., M. Viegas and M. Guerreiro (2019) "Social networks and digital influencers: Their role in customer decision journey in tourism.," *Journal of Spatial and Organizational Dynamics*, Vol. 7, No. 3, pp. 240-260.

Larsen, S. (2007) "Aspects of a psychology of the tourist experience," *Scandinavian Journal of Hospitality and Tourism*, Vol. 7, No. 1, pp. 7-18.

Leung, D. and R. Law (2012) The impact of social media on tourist information search and destination choice: A case study of Hong Kong. Tourism Management, Vol. 33, No. 1, pp. 125-134.

Leung, D., R. Law, H. Van Hoof and D. Buhalis (2013) "Social media in tourism and hospitality: A literature review," *Journal of travel & tourism marketing*, Vol. 30, pp. 3-22.

Lue, C., J. L. Crompton and D. R. Fesenmaier (1993) "Conceptualization of Multidestina-

tion Pleasure Trips," *Annals of Tourism Research*, Vol. 33, No. 2, pp. 403-423.
Pop, R. A., Z. Săplăcan, D. C. Dabija and M. A. Alt (2022) "The impact of social media influencers on travel decisions: The role of trust in consumer decision journey," *Current Issues in Tourism*, Vol. 25, No. 5, pp. 823-843.
Xiang, Z. and U. Gretzel (2010) "Role of social media in online travel information search," *Tourism Management*, Vol. 31, No. 2, pp. 179-188.
中村雄二郎（1993）『中村雄二郎著作集Ⅹ　トポス論』岩波書店。
諸上茂光・木暮美菜（2021）「コンテクストによるゾーンの可変的定義モデル」地域デザイン学会誌『地域デザイン』第18号，pp. 169-186。
諸上茂光・木暮美菜（2023）「外部リソースの投入による主体の変容とトポスの生起」原田保・西田小百合編著『地域デザイン研究のイノベーション戦略』学文社，pp. 60-80。
矢吹雄平（2013）『地域マーケティング論―地域経営の新地平』有斐閣。

第6章

公共空間デザインの新視角

―移動販売車の関係編集による公共空間の価値発現―

佐藤　正弘

はじめに

　近年，日本の地域を活性化させる手法の1つとして注目を集めているものに，公共空間を活用したマーケットやマルシェと呼ばれる仮設の市場がある。

　マーケットの歴史を紐解くと，「日本では奈良時代から平安時代には官製の市が平城京，平安京，地方の国府に設けられていた。現存する最古の歴史書といわれている古事記に収録されている歌謡にも市が記載され，その後も万葉集などさまざまな書物に登場している。鎌倉時代になると，市が開かれていた場所に常設する店舗が現れ，町が形成されたとされる。戦国時代には誰でも自由に市で商売ができる経済政策として『楽市・楽座』が行われた。江戸時代には都市の消費需要を満たすために振り売りや露天商が拡大した。第二次世界大戦後の物資不足の際には闇市が生まれるなど，マーケットは各時代の都市の状況に応じて変化してきた」(鈴木，2018，pp.22-24)ようである。

　このように，太古の昔からマーケットは日本に存在しており，マーケットが街や都市を創ったり，活性化させてきたりしたことがわかる。したがって，地域をデザインするうえで，マーケットの存在は非常に重要なものであるといえる。

　現代の日本のマーケットを調べてみると，東京だけでも青山ファーマーズマ

ーケット，小石川マルシェ，ヒルズマルシェ，そして青井兵和通り商店街の朝市など，それぞれ多様な目的や背景を持つマーケットが数多く存在している。そして，このような多様なマーケットが日々日本中の公共空間で催されているのが現状である。

このような公共空間を活用したマーケットに欠かせない存在として，近年注目されているものが移動販売車である。通常の仮設店舗では，マーケットの開催前に店舗の設営を行い，終了後に撤去作業を行う必要がある。しかし，移動販売車の場合は，これらの作業が不要になる。また，移動型店舗としての機能を有しているので，彼らは毎日異なる場所に出向いて営業を行うことも可能である。

さらに，移動販売車はマーケットだけではなく，スポーツや音楽などのイベント会場の周辺，オフィス街や大学の空きスペースなどの公共空間に集まることで，その空間の賑わいを演出することも可能となる。したがって，近年ではマーケットという仮設の市場などを活用して公共空間のデザインを行う際，移動販売車は欠かすことのできない存在となっている。

本章では，第1節にて公共空間デザインの先行研究についてその概観を整理し，第2節ではカテゴリーに関する先行研究について考察する。第3節では，近年の公共空間デザインで注目を集めているマーケットに欠かすことのできない存在となっている移動販売車による地域の価値発現について，カテゴリー研究の理論を援用しながら理論的考察を行っていく。

本章の目的は，移動販売車を活用した地域の公共空間デザインに関する理論的考察を行うことによって，公共空間デザイン研究，移動販売研究，そして地域デザイン研究の3つの研究分野に対する新たな研究の視角を導き出すことである。

第1節　マーケットと公共空間に関する先行研究

公共空間デザインの先行研究について触れる前に，マーケットとは何かについ

いて説明する。鈴木(2018)によると，「マーケット(market)は『人が集まって商売をする場所』の意味を持っており，以下の4つの条件を満たすもののとされている。それは，①屋外空間で売買が行われていること，②入場に制限がないこと，③仮設であること，そして④伝統的な祭り・フリーマーケットを除く」(p.25)ものである。

次に，マーケットの形態について説明すると，鈴木(2018)は，「小さな要素の集合であることと仮設であることという2つの大きな特徴がある」(p.28)と述べている。1つ目の特徴について彼女は，「どんなに大きなマーケットであっても，それを構成しているのは1軒1軒の店舗であり，1人1人の出店者である。マーケットはそうした個店と個人の集合でできている」(p.29)と説明している。また彼女は2つ目の特徴について，「マーケットは仮設であり，規模はニーズに対応して変化し，レイアウトや開催場所を変えることも可能である。つまり，マーケットは育てることが可能だ。これは一度つくってしまうと，構成や規模を変えることが不可能な建築物とは大きく異なる」(p.31)といっている。

2つ目の特徴について，佐藤(2023)も「オフィス街に店舗を構えていた従来の飲食店にお客さんが集まらないで苦戦する中，移動販売車は，人流に合わせて出店ゾーンを自由に変更することが可能であり，コロナ禍でも順調に成長を続けることが出来た。この人流に合わせて柔軟に出店ゾーンを変更できる点が，移動販売車の最大の利点である」(p.206)と，移動販売の可変性に言及している。

それでは次に，公共空間に関する先行研究についてまとめていく。鈴木(2018)は，「公共空間は，所有形態，土地利用，空間形態といった観点により，さまざまな定義がされている」(p.130)と述べている。たしかに，公有地と私有地を比べた場合，私有地を公共空間と呼ぶことに違和感を覚える人もいるかもしれない。しかし，日本で行われている一般的なマーケットを見てみると，公有地だけではなく私有地で行われているものがたくさん存在している。

そこで，鈴木(2018)は，「公有地や私有地といった所有形態を問わず，広く一般に開放され，人々が自由に行き来できるオープンスペースを公共空間として扱う」(p.130)と公共空間を定義している。

図表6-1　公共空間における活動の種類

	必要活動	任意活動（良い環境のみで生じる）
必要性	外的な必要性	内的な必要性
具体的な行動	買い物，挨拶，会話，休息など	散策，ウインドウショッピング，飲食，読書など

出所）ゲール（2010）を参考に筆者作成

　ゲール（Gehl, 2010）は，「公共空間では必要活動と任意活動の二種類の滞留行動が見られる」（邦訳 p.142）と述べている。また，ゲール（2010）は，「必要活動はどんな時でも起こる活動（買い物に行く，挨拶，会話，休息など）のことで，多かれ少なかれ必要に迫られて行う活動のことである。一方の任意活動は良い環境でのみ起こる行動（散策，ウインドウショッピング，飲食，読むなど）のことで，余暇的な性格の強い活動のことである。そして，任意活動が起こるための必要条件は街の質が高いこと」であり，「必要活動は外的な必要性が高く，反対に任意活動は内的な必要性が高い」と述べている（邦訳 p.28）。

　つまり，必要活動は外部からの影響（必要性）に迫られて行う活動であるのに対して，任意活動は自分自身の内側から沸き立つ欲望に駆り立てられて行う活動のことである。したがって，おそらくマーケット（良い環境・街の質が高い）には，人々の任意活動を活発化させる働きがあるだろう。また，移動販売車が主にマーケットに提供している機能（活動）は，公共空間の任意活動に該当する。マーケットという賑わいのある良い環境（街の質が高い）において，移動販売車は人々の内的な必要性を高めることに貢献しているといえよう。

第2節　カテゴリーに関する先行研究[1]

　本節では，カテゴリーに関する先行研究を整理する。地域デザイン研究においてカテゴリーという概念は非常に重要視されているが，カテゴリーそのものに関する議論は少ないのが現状である。また，次節で移動販売車の関係編集による公共空間デザインの価値発現について考察する際，カテゴリー概念につい

て十分に理解しておく必要がある。

　カテゴリー研究の歴史を遡ると，アリストテレスの時代からウィトゲンシュタイン（Wittgenstein）の後期の研究に至るまで，カテゴリーは十分理解されており，いまさら問題になるものではないと考えられていた。この時期におけるカテゴリーは，「事物がその中にあるか外にあるかといったような抽象的な容器と想定されていた。事物は，何らかの共通の属性を共有するとき，そして，そのときにのみ同一のカテゴリーに属すると想定され，そして，事物に共通の属性がカテゴリーを決定すると見なされていた」。また，「カテゴリーは対象物の共通属性によって定義される集合である」と定義されていたのである。つまり，この時期のカテゴリー研究は，カテゴリーを単なる分類する枠組みとして捉えていた（佐藤，2009，pp. 353-374）。

　その後，分類としてのカテゴリーという考え方に対して，プロトタイプ理論と呼ばれるカテゴリーの新しい概念が登場した。それによって人間のカテゴリー化は，古典理論において描かれていたものよりもはるかに広範な原理に基づいている点が明らかになった。

　例えば，レイコフ（Lakoff, 1987）は，オーストラリアの原住民の言語であるジルバル語にはバラン（balan）というカテゴリーがあり，そこには女性，火，危険物が含まれている。また，そのカテゴリーには，例えば，カモノハシ，フクロアナグマ，ハリモグラなどの珍しい動物に混じって，危険ではない鳥も含まれているのである（邦訳 p. 5）。このカテゴリーは，共通の属性によるカテゴリー化の問題では解明できないものである。

　このような問題に対して，新倉（2005）は「カテゴリー化とは，既成の範疇や分類枠に対象を出し入れする行為だけでなく，消費者が自由に創造的にカテゴリーを設け，それに意味を付けて自らの世界を解釈する情報処理行為」（p. 87）と定義している。さらに，レイコフ（1987）は「プロトタイプ理論は，カテゴリー化は人間の経験と想像力の双方に関係する問題である」（邦訳 p. 9）ことを提示している。

　つまり，カテゴリーには分類という側面だけではなく，個々人の過去の経験

と想像力に基づく情報創造という側面もあり，カテゴリーについてより深く理解するためには，この情報創造の側面を理解する必要がある。

カテゴリーの情報創造の側面について，新倉(2005)は「これまでのカテゴリー化研究は，消費者がどのようにカテゴリーを創造していくのかを見落としてきた」(p.97)と述べている。したがって，これからのカテゴリー研究は世の中に存在する既存の自然対象カテゴリーを受動的に処理するという受動的消費者などではなく，自ら進んで独自のカテゴリーを創出し処理していくという能動的な消費者を研究対象にしていく必要があるということである。

そのようななか，バーサロウ(Barsalou, 1985)は，アドホック・カテゴリーという新たなカテゴリーに対する研究の必要性を主張している。アドホック・カテゴリーとは，コーペイとナカモト(Coupey and Nakamoto, 1988)によれば「ある目的を達成するためにアドホックに創造されるもので，それを構成するメンバーはほとんど特徴を共有しない。そして，互いに代替的であるよりむしろ補完的である」(p.77)と定義されている。

アドホック・カテゴリーについて，佐藤(2009)の事例を用いて説明すると，彼女の誕生日の祝い方として，例えば「昼間は遊園地に行って思いっきり楽しんで，夜はレストランで食事して，良い雰囲気を作ってから指輪をプレゼントしよう」といった一連のストーリー(文脈)を消費者が頭の中に描き出したとする。この一連のストーリー(文脈)が，アドホック・カテゴリーである。

アドホック・カテゴリーの定義で述べたように，アドホック・カテゴリーの中に含まれている遊園地，レストラン，指輪といった製品カテゴリーは，代替的ではなく相互に補完的な関係にある。この例で消費者がストーリー(文脈)として描き出したアドホック・カテゴリーにおいては遊園地，レストラン，指輪のどれが欠けてもいけないのである。これらすべてが揃って，はじめて「彼女の誕生日を祝う」というアドホック・カテゴリーを創造したことになる。

しかし，このときに重要な点は，アドホック・カテゴリーにどの製品カテゴリーを組み込むかという選択が消費者によって行われているということである。遊園地，レストラン，指輪といった製品カテゴリーは，「彼女の誕生日を祝う」

図表6-2 アドホック・カテゴリーの例

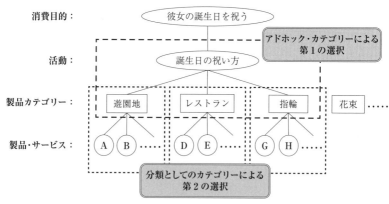

出所) 佐藤(2009)に加筆修正

というアドホック・カテゴリーの中では，それぞれ補完的な関係にあるが，アドホック・カテゴリーに組み込まれなかった他の製品カテゴリーとの間では，代替的な関係を持つものとなる。

例えば，遊園地の代わりに映画館に行っても良いし，レストランの代わりに手料理を振舞っても良いし，指輪の代わりに花束を選んでも良いのである。つまり，人々が何かの選択を行う際には，まず自分の頭の中にアドホック・カテゴリーを創造する(第1の選択)。その後，アドホック・カテゴリーに沿って，個々の製品・サービスのカテゴリー内での選択が行われる(第2の選択)という流れになる。

それでは次に，なぜ移動販売車の関係編集による公共空間デザインの価値発現を解明するためにアドホック・カテゴリーを考慮することが必要かといえば，それは製品・サービスの組み合わせこそが消費の本質を表しているからである。

消費の本質について，上原(1999)は，「即席ラーメンを例にとって考えてみれば，消費者には即席ラーメン単品だけがあっても意味がない。ねぎ，チャーシュー，卵，どんぶり，箸などと一緒に取り揃えられてはじめて意味を持つのであり，このような取り揃え集合が消費者アソートメント(assortment)である。

つまり，消費者は即席ラーメン単品を欲しているのではなく，即席ラーメンを含むアソートメントを欲している」(p.161)と述べている。

また，上原(1999)は，「消費者は，人によって，TPOによって，様々なアソートメントを作り得る」(p.163)とも述べているが，これはまさにアドホック・カテゴリーのことを意味している。人によって，TPO (Time, Place, Occasion)によって，アソートメント(アドホック・カテゴリー)は変化するものである。ラーメンの味や具材を例に考えてみても，人や地域によってその中身は大きく異なるものである。

そして，このようなアソートメントに要求される集合には，2つの集合がある。1つは，同類代替集合である。「同類代替集合とは，同一カテゴリーに属する様々な製品の集合のことである。例えば，色々な即席ラーメンを揃えた集合，多様な紳士用スーツを揃えた集合などである。集合内の各々の製品は，多かれ少なかれ，一方が他方を代替し得る，という意味で，互いに競合関係にある集合のことである」(上原，1999，p.162)。

もう1つは，異種補完集合である。これは，「異なるカテゴリーに属する製品の集合で，消費者は，集合内のいくつかの製品を組み合わせることによって，アソートメントの少なくとも一部を作ることができるというものである。例えば，『すきやき』という目的のもとに，牛肉，ねぎ，しらたき，卵，豆腐，すき焼きのたれなどを揃えた集合のことである」(上原，1999，p.162)。

したがって，マーケットを訪れた人々の任意活動を活発化させるためには，マーケットの主催者側がマーケットに同類代替集合と異種補完集合を組み合わせて，より魅力的なアソートメントを来訪者たちに提供する必要がある。それによって，マーケットを訪れた人たちは各々の頭の中にアドホック・カテゴリーを創造し，よりマーケットを楽しむことができる。

第3節　移動販売車の関係編集による公共空間デザインの価値発現 [2]

　地域デザイン学は，ZTCAデザインモデルを理論の中核として進展している学問である。原田・古賀(2013)，原田・古賀(2016)，原田(2020)によると，ZTCAデザインモデルにおいて地域価値の発現は，以下の4つの要素の掛け合わせによって現出するという。現実的には，4つの要素のいずれかが牽引して地域価値の発現を効果的に実現することになるといわれている。

　第1要素は「ゾーンデザイン」であり，これはデザイン対象になるゾーンの選択に関わるデザインである。通常，ゾーンは大きく2つに分類することができる。1つは地域行政の単位である都道府県や市町村のような法律によって公式に設定された地域をそのまま採用したゾーンであり，もう1つは現在の行政単位ではなく歴史的背景や文化的背景が最大限の地域価値を現出できると想定される独自のゾーンである。

　第2要素の「トポスデザイン」は，ゾーンがトポス(ゾーンにある場所や構築物)の価値に影響を与えるとともに，トポスもゾーンの価値発現に対して影響を与えるというものである。そして，トポスには人に対してイメージや記憶を強く定着させるという特徴がある。

　第3要素の「コンステレーションデザイン」は，「何らかの意味のあるつながり」を意味する言葉であるが，地域デザイン論では長期記憶という概念として捉えてられている。また，コンステレーションをデザインする行為は，ゾーンデザインから読み取れるイメージを創造させる地域ブランディングに関する心理面での営みである。つまり，ゾーンに存在する諸々の資源を磨きあげることによって，既存の資源から新たな価値を導出するためのコンテクストとしての物語(ストーリー)を創造することになる。

　これは，前節で述べたアドホック・カテゴリーに非常に近い概念である。コンステレーションをデザインするという行為は，そのゾーンに存在するトポスを繋ぎ合わせて一連のストーリー(アドホック・カテゴリー)を創造するという

ことと同じである。

　第4要素の「アクターズネットワークデザイン」は，設定されたゾーンにおいてトポスやコンステレーションを駆使して地域価値を発現するアクター自体やアクターズネットワークの組織化に関わる概念である。この構成員には，地域の外部のアクターと内部のアクターの双方が含まれている。そこで，地域が集合的なポジションを確立するためには，地域内部のアクターが主体性を持った地域デザインのプロデューサーになることが求められている。

　それでは，公共空間（マーケット）をZTCAデザインモデルに当てはめて考察してみると，第1要素のゾーンデザインはマーケットが開催される場所をどのようにデザインするかに関わることである。先述したように，マーケットは仮設であり，規模はニーズに対応して変化し，レイアウトや開催場所を変えることも可能であることから，常に可変的なゾーンデザインを行うことが可能となる。

　第2要素のトポスデザインは，マーケットに出店する店舗をどのように決定するかに関わるものである。移動販売業界では，マーケットのトポスを決定する役割を，株式会社ワークストア・トウキョウドゥ（以下ワークストア・トウキョウドゥ）や株式会社Mellow（以下Mellow）といったキッチンカーなどを集めたプラットフォーム・ビジネス企業が主に担っている。

　第3要素のコンステレーションデザインは，そのゾーンに出店可能な移動販売車を組み合わせて，いかにマーケットの価値を高めるかを考えていくことである。マーケットにおいては，主催者やプラットフォーム・ビジネス企業がこの役割を担っている。

　第4要素のアクターズネットワークデザインは，地域内部のマーケット主催者などと地域外部のプラットフォーム・ビジネス企業などをどのように組織化するかを問うものである。一般的には，地域内部のアクターであるマーケット主催者などが，地域デザインのプロデューサーになることが求められている。地域外部のプラットフォーム・ビジネス企業などは，あくまでも地域内部アクターをサポートする役割となることが望ましいと考えられている。

　次に，公共空間（ゾーン）をデザインして価値を発現させるために必要な概念

について論じていく。地域デザイン研究には，関係編集という概念がある。この概念を公共空間(マーケット)に当てはめて考えると，マーケット主催者とプラットフォーム・ビジネス企業がエディター(編集者)となって，その地域の公共空間(ゾーン)の最適解(アクター，トポス，コンステレーション)を導き出すことになる。

しかし，Mellowの「SHOP STOP」が行っている関係編集は，地域のニーズに合わせてトポスの組み合わせの最適解を導き出すだけではない。地域の最適解を曜日毎に変えていくことによって，可変的な価値発現装置となっている。このことを佐藤(2015：2023)は，ローテーションの経済と呼んでいる。ローテーションの経済とは，「商品・サービス・店舗などの組み合わせをローテーションさせることによって，消費者の効用が増大すること」である。

Mellowの行っているプラットフォーム・ビジネスは，「あらゆるサービスをモビリティと組み合わせ，最適配車するプラットフォーム」であり，「移動販売車を使って，個々人の才能をどこに配車すると社会にとって最適なのか」に答えを出そうとしているものである(NIKKEI DESIGN, 2018)。

「SHOP STOP」でMellowが行っているマーケットの関係編集は，異種補完集合を基本としたものである。彼らの命題は，多様な製品カテゴリーの店舗を組み合わせることで，マーケットの価値をいかに高めるかに置かれている。したがって，マーケットで提供される商品・サービスは必然的に広く浅いものになってしまう。その理由は，マーケットを訪れた人々がマーケットでどう1日を過ごそうかと考える際，異種補完集合を基本とした関係編集でないと，アドホック・カテゴリーを創造することが難しいからである。

ある特定のカテゴリーに特化したマーケット(ビールフェスティバル，餃子フェスティバルなど)であれば，同類代替集合を基本とした関係編集となり，製品ラインを深くすることが可能となる。しかし，その代わりに製品カテゴリーが狭くなってしまうというジレンマを抱えてしまう。

移動販売車を活用したマーケットで異種補完集合と同類代替集合を両立して，このジレンマを解消するためには，Mellowが2021年12月に始めたパン屋の

第 6 章　公共空間デザインの新視角　　*161*

取り置きサービスの Marche Bakery（マルシェベーカリー）のようなサービス（仕組み）が必要である。

　このサービスは，販売場所となる都内マンションや公園へ移動する途中で，参加するお店のパンをピックアップして販売場所へと向かう。1 回の販売で，3 店舗からから集めた 30 種類のパンを並べている。利用者は Sacri（サクリ）のアプリから Marche Bakery（マルシェベーカリー）を探して，買いたいパンの取り置きを依頼するか，出店場所に直接行って購入するという仕組みである。これまで，移動販売車の待機所から販売場所までは単なる移動にすぎなかったが，そこに集荷の役割をプラスしたものが Marche Bakery（マルシェベーカリー）である（松元他，2022）[3]。

　従来の移動販売車では，パン屋の配置を検討（関係編集）する際に，どこか 1 店舗に絞り込まなければならなかった。その理由はもちろん，マーケットの規模にもよるが，限られたスペースの中で最適解を導き出すためには，多くの異なる製品カテゴリーの店舗を配置する方が人々の効用が高まるからである。

　しかし，Marche Bakery（マルシェベーカリー）が軌道に乗れば，1 つの店舗で異なるパン屋のパンが楽しめるようになる。さらに，他の製品カテゴリーにもこの仕組みが拡大すれば，異種補完集合と同類代替集合を両立した公共空間のマーケットデザインを行うことが可能になり，公共空間（マーケット）の価値を今まで以上に高めることが可能となるだろう。

おわりに

　本章では，移動販売車を活用した地域の公共空間デザインに関する理論的考察を行うことによって，公共空間デザイン研究，移動販売研究，そして地域デザイン研究の 3 つの研究分野に対する新たな研究の視角を導き出すために，以下の流れで理論的考察を行ってきた。

　まず第 1 節では，マーケットと公共空間デザインに関する先行研究について整理した。その結果，マーケット（market）は① 屋外空間で売買が行われてい

ること，②入場に制限がないこと，③仮設であること，そして④伝統的な祭り・フリーマーケットを除くものであると定義されていることがわかった。また，マーケットの形態には，小さな要素の集合であることと仮設であることという2つの大きな特徴があることも理解した。

第2節では，カテゴリーに関する先行研究について考察した。その結果，古典的な分類としてのカテゴリーという考え方に対して，プロトタイプ理論と呼ばれるカテゴリーの新しい概念が登場した。このような潮流の中，アドホック・カテゴリーという新たなカテゴリーに対する研究の必要性が主張され，人々が何かの選択を行う際には，まず自分の頭の中にアドホック・カテゴリーを創造する(第1の選択)。その後，アドホック・カテゴリーに沿って，個々の製品・サービスのカテゴリー内での選択が行われる(第2の選択)という2段階の選択プロセスがあることを理解した。

さらに，なぜアドホック・カテゴリーの概念を考慮することが重要かといえば，製品・サービスの組み合わせこそが消費の本質を表しているからである。消費の本質は消費者アソートメントにあり，アソートメントに要求される集合には，2つの集合が想定されている。1つは，同類代替集合と呼ばれるものであり，もう1つは，異種補完集合である。

これらの先行研究から，第3節では，近年の公共空間デザインで注目を集めているマーケットに欠かすことのできない存在となっている移動販売車による地域の価値発現について理論的考察を行った。その結果，マーケット主催者とプラットフォーム・ビジネス企業(Mellowなど)がエディター(編集者)となって，その地域の公共空間(ゾーン)の最適解(アクター，トポス，コンステレーション)を導き出すという関係編集が重要であることを解明した。

さらに，異種補完集合を基本としたマーケットの関係編集では製品ラインが浅くなり，一方の同類代替集合を基本としたマーケットの関係編集では製品カテゴリーが狭くなるというジレンマを抱えている。しかし，移動販売車を活用したマーケットで異種補完集合と同類代替集合を両立してこのジレンマを解消するためには，MellowのMarche Bakery(マルシェベーカリー)のようなサー

ビス(仕組み)が必要であることも明らかにした。この仕組みが軌道に乗れば，異種補完集合と同類代替集合を両立した公共空間のマーケットデザインを行うことが可能になり，公共空間(マーケット)の価値をさらに高めることが可能となることも解明した。

　今後の課題の1つ目は，公共空間の価値発現を行う主体であるエディター(編集者)に関する問題である。本章では，マーケットの主催者側とプラットフォーム・ビジネス企業(Mellowなど)側のどちらが関係編集の主導権を握るべきなのかについて触れることができなかった。

　一般的には，地域内部のアクターであるマーケット主催者などが，地域デザインのプロデューサーになることが求められている。そして，地域外部のプラットフォーム・ビジネス企業などは，あくまでも地域内部のアクターをサポートする役割となることが望ましいと考えられている。しかし，Mellowは日本各地で行われているマーケットの膨大な販売データを持っている。マーケットの最適解を導き出すためには，マーケット主催者とプラットフォーム・ビジネス企業の組織的な関係性を整理していく必要がある。

　2つ目の課題は，関係編集に関する問題である。マーケット(公共空間)の関係編集(アソートメント)は，マーケットの主催者側とプラットフォーム・ビジネス企業によって行われる。しかし，マーケットを訪れた人たちも「今日1日，マーケットをどう楽しもうか」というアドホック・カテゴリーを創り出している。このことは，マーケットを訪れた人たち自身も関係編集を行っていることになる。

　本章では，マーケットの主催者側(プラットフォーム・ビジネス企業を含む)とマーケットを訪れた人たち，それぞれの関係編集の関係性については触れることができなかった。今後は，マーケットで行われる関係編集について，さらなる理論的精緻化を行う必要がある。

注

1 ）本節は，主に佐藤（2009）に依拠している。
2 ）本節の前半部分は，佐藤（2023）に依拠している。
3 ）日経 MJ（流通新聞）「『会いたいお店』がやって来る」2021 年 12 月 17 日，14 面。

参考文献

Barsalou, L. W. (1985) "Ideals, Central Tendency, and Frequency of Instantiation as Determinants of Graded Structure in Categories," *Journal of Experimental Psychology: Learning, Memory, and Cognition*, Vol. 11, pp. 629-654.

Coupey, E. and K. Nakamoto (1988) "Learning Context and the Development of Project Category Perceptions," *Advances in Consumer Research*, Vol. 15, pp. 77-82.

Gehl, J. (2010) *Cities for People*, Island Press.（北原理雄訳（2014）『人間の街―公共空間のデザイン』鹿島出版会）

Gehl, J. and B. Svarre (2013) *How to Study Public Life*, Island Press.（鈴木俊治・高松誠治・武田重昭・中島直人訳（2016）『パブリックライフ学入門』鹿島出版会）

Lakoff, G. (1987) *Women, Fire, and Dangerous Thing: What Categories Reveal about the Mind*, The University of Chicago Press.（池上嘉彦・河上誓作・辻幸夫・西村義樹・坪井栄治郎・梅原大輔・大森文子・岡田禎之訳（1993）『認知意味論』紀伊國屋書店）

上原征彦（1999）『マーケティング戦略論』有斐閣。

勝俣哲生（2018）「ランチ難民を救う『フードトラック』社会も変える」『日経デザイン』2018 年 9 月号，pp. 14-15。

佐藤正弘（2009）「消費の目的と文脈を考慮した製品選択」西南学院大学『商学論集』第 55 巻第 4 号，pp. 353-374。

佐藤正弘（2015）「移動フード販売のスタイルデザイン」原田保・庄司真人・青山忠靖編著『食文化のスタイルデザイン』大学教育出版，pp. 151-164。

佐藤正弘（2023）「小売業である移動販売の視点から捉えたメソドロジーの進化」，原田保・西田小百合編著『地域デザイン研究のイノベーション戦略―フィードバック装置としての多様なメソドロジーの開発』学文社，pp. 205-220。

鈴木美央（2018）『マーケットでまちを変える―人が集まる公共空間のつくり方』，学芸出版社。

新倉貴士（2005）『消費者の認知世界―ブランドマーケティング・パースペクティブ』千倉書房。

NIKKEI DESIGN (2018)「特集 押し寄せる『デザイン経営』の波」『NIKKEI DESIGN』2018 年 9 月号，pp. 14-15。

原田保・古賀広志（2013）「『海と島』の地域ブランディングのデザイン理論」原田保・古賀広志・西田小百合編著『海と島のブランドデザイン―海洋国家の地域戦略―』芙蓉書房出版，pp. 49-76。

原田保・古賀広志（2016）「地域デザイン研究の定義とその理論フレームの骨子―地域デ

ザイン学会における地域研究に関する認識の共有─」地域デザイン学会誌『地域デザイン』第7号, pp.9-29。
原田保（2020）「地域デザイン理論のコンテクスト転換─ZTCA デザインモデルの提言」地域デザイン学会誌『地域デザイン』第4号改訂版, pp.11-27。
松元英樹・勝俣哲生・森岡大地・福島哉香・安村さくら・根本佳子（2022）「未来の市場をつくる100社 2022年度版」『日経クロストレンド』2022年3月号, pp.2-14。
Mellow HP, https://www.mellow.jp/about（2024.2.29 アクセス）。
ワークストア・トウキョウドゥ HP「ネオ屋台村」, https://www.w-tokyodo.com/neostall/（2024.2.29 アクセス）。

第7章

プラットフォームデザインの新視角
―境界連結者の関係編集による大学・観光・デジタル・共助の価値創造―

佐藤　茂幸

はじめに

　ビジネスの世界では，プラットフォーマー(platformer)による企業戦略が市場や業界を席捲している。現に，ビジネスプラットフォーム(platform business)が有するネットワーク効果(network effect)や範囲の経済性によって，経済圏を築き独り勝ちしている企業が存在するのは周知のところである。そして，デジタル化(digitalization)によるデータドリブン(data driven)の経営が進むことで，プラットフォーム戦略に基づく競争優位性は，顧客への価値創造の点でさらに高まるだろう。それは例えば，自動車業界であれば，自動車製品そのものの機能的価値よりも，その補完財であるガソリン，駐車場，道路，保険，カーナビ情報などが利用できるサービスの価値の方が高まることを意味する。つまり，補完財の提供者をデジタルでネットワークし，自動車の利用者に駐車場の空き情報など，幅広い顧客サービスを提供するプラットフォームの構築が経営戦略上において重要となるということである(Subramaniam, 2022, 邦訳 p.3)。

　こうしたプラットフォーム化の動きは，様相や規模は異なるものの地域にもみられる。そこで，本章ではプラットフォームによる地域デザインを考察し，そこから発現される価値創造の可能性を探ることになる。ちなみに，プラット

フォームそのものは階層化されたデザイン性を有するものである。地域がプラットフォーム化していくのであれば，逆をいえば，プラットフォームのデザインが新たな形の地域を作ることにもなるのではないか。そもそもプラットフォームの語源は土台や基礎を意味することから，地域の新しい視点の土台作りのヒントを見出せる期待がそこにある。本章はそうした思考にもチャレンジしている。

これらのことを踏まえ本章の構成として，第1節においては，ビジネスプラットフォームの効果性を点検することからはじめ，それをもって地域におけるプラットフォームの概念モデルを仮説として提示する。その仮説に基づいて，第2節では，地域で起こっているプラットフォーム化を現状検証する。具体的には，観光，スマートシティ，共助，大学の4つのカテゴリー（category）のプラットフォームを詳細に解説する。その際，それぞれのプラットフォームで生じる関係編集を伴う価値創造を考察していくことになる。そして，第3節では本書の共通テーマである，カテゴリー連携に論点をシフトする。具体的には，第2節であげた各テーマプラットフォームの連結と，そのための地域デザイン手法を探ることである。その主体的なアクター（actor）として大学の役割と，そこから輩出される境界連結者（boundary spanner：バウンダリースパナー）の関係編集力を提示していく。

第1節　ビジネス分野と地域のプラットフォーム

本節においては，ビジネス分野におけるプラットフォームを，そのレイヤー（layer）構造に着目して概説する。そこから，プラットフォームの効果や戦略性が確認できるだろう。そのうえで地域でも起きているプラットフォーム化の動きを点検し，本章における地域デザイン研究の命題を明示する。

(1)　ビジネス分野におけるプラットフォームとは

まずは，ビジネスプラットフォームの定義からおさえるならば，供給者

(supplier)と需要者(user)を1つにまとめるマーケットプレイス(market place)の仕組みとルールであり，これらアクター間の価値や情報の交換，そしてフィードバック(feedback)を展開する存在とすることができる(松崎，2022，p.144)。その概念を図表7-1で示した。プラットフォームの所有者(owner)は，知的財産とガバナンス(governance)をコントロールし，それとともに供給者と需要者の仲介機能を保有する。つまり，基盤となるプラットフォームはコンテンツ(content)群の塊であって，そのコンテンツを開発・提供・利用する多様なアクターが連携して価値発現する1つの装置であると解釈できよう。

GAFAM[1]に代表されるプラットフォーマーは，まさにこのプラットフォームを主導することで，当該の業界や市場において世界的な覇権を握った。楽天やメルカリも，独自のEC(Electronic Commerce)サイトに基づくプラットフォームにより，国内において1つの経済圏を築いてきた。こうしたビジネスプラットフォームの出現はデジタル産業に限ったことではない。出版，音楽，映画等の業界は，著作物がデジタルコンテンツ化することで，プラットフォーム間の競争がすでにある。また，IoT(Internet of Things)やAI(Artificial Intelligence：人工知能)の普及に伴い，自動車や家電の製造業でもプラットフォームの構築が加速している。このような状況からビジネスの世界では，製品やコンテンツの単一的な差別化戦略から，プラットフォーム戦略の巧拙が競争優位性を左右する時代になってきているといえよう。

さて，こうしたビジネスプラットフォームは，どのようなメカニズムで進展していくのだろうか。これを明示し，後述において地域におけるプラットフォ

図表7-1　プラットフォームの基本概念

出所）著者作成

図表7-2 ビジネスプラットフォームの形成過程

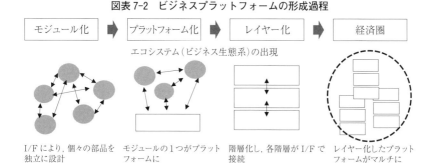

出所）根来(2019, p.33)に著者加筆修正

ーム構築の応用を試みることになる。根来(2019, pp.32-33)によると，ビジネスプラットフォームの出現は，第1にモジュール(module)化，第2にプラットフォーム化，第3にレイヤー構造化の過程を経て顕在化するという。このメカニズムを，図表7-2を参照しながら確認してみたい。

第1のモジュール化の段階では，インターフェイス(interface：I/F)を標準化することで，個々の部品(コンテンツ)を独立に設計可能にする。第2は，モジュールの1つが，補完的なモジュールを融合させながら一体化したプラットフォームになる段階である。このプラットフォームを土台にして，いろいろなアクターが参加して，エコシステムを形成する。第3のレイヤー構造化では，プラットフォーム化がレイヤーとなって重層化するか，あるいはモジュールが1つのサービスグループのなかで階層化していく。各階層は，隣接する上下の階層とインターフェイスをもつことになる。ちなみに，本章で論述していくプラットフォームはこの階層化(レイヤー化)された体系を前提としていくことになる。そして，複数の階層化されたプラットフォームが連結することで，1つの業界や産業を超越した経済圏を形成することもありえるのである。

こうしたプラットフォームにおいて，ユーザーにとっては，各レイヤーやコンテンツの組み合わせが多彩になり，よりパーソナライズ(personalized)された商品やサービスを受け取ることが可能になる。一方，プラットフォーム企業

側にとっては，次に示す4点の戦略性を見出すことができる。

① ネットワーク効果：プラットフォームに並べられる製品やサービスの数が増えれば増えるほど，プラットフォームの価値が上がるといったネットワーク効果が期待できる。すなわち，プラットフォームの価値は，商品等の価格や品質もさることながら，その数そのものが重要となる。
② 価値編集の効果：プラットフォームで提供されるインターフェイスや編集機能によって，個々の資源やレイヤーの組み合わせを可能にする。これによって，価値創造やイノベーションの可能性を高める。いわゆるエコシステム (ecosystem) が形成させる。
③ 信頼性付与の効果：プラットフォームにおける運営ルールや，情報の開示と秘匿の健全性を保つことで，参加するアクターや提供されるコンテンツとサービスに信頼性を付与することができる。
④ 経済圏構築の効果：1つの経済圏を形成し，競争優位性を確保する経営モデルを築くことができる。プラットフォームは企業連携の協創の枠組みでもあるが，裏を返せば競合を市場から排斥する戦略的なシステムでもある。

これらビジネスプラットフォームの価値創造は，地域で展開されるプラットフォームにおいても同様の効果が期待できる。これを念頭におきながら，本章では地域におけるプラットフォームの具体的な姿を見出していくことになる。

(2) 地域におけるプラットフォームの展開とリサーチクエスチョン

前述のビジネスプラットフォームに倣って，地域においても様々なタイプのプラットフォームが展開されている。そして，それらが組み合わさっていくことで，地域イノベーション (innovation) につながるエコシステムを形成するというのが，本章の基本的主張でもある。

そうしたイノベーション・エコシステムを，永田 (2022, pp. 46-47) はイノベーションの創出・伝播を遂行するアクター間の相互依存的な関係からなるコミュニティと，そのイノベーション・プロセスに影響を及ぼすアクターならびに制度的環境要因が形成する関係の総体であると定義づけている。つまりアクタ

ーによるコミュニティのデザインと，それを創発させる制度的枠組みの重要性を説いている。これにより，複数のアクターとの協働を通じて価値共創が生じ，地域社会にインパクト(impact)をもたらす革新を誘発し，アクター自身の進化をもたらすことになる。

そして，永田(2022, pp.46-47)は，このエコシステムを獲得するための構成要件に関わる階層モデルとして，資源・ダイナミクス(dynamics)・制度配置のレイヤーを指摘する(図表7-3参照)。それぞれのレイヤーは相互補完的にあり，各要素(コンテンツ)が階層間で組み合わさることで価値共創が生じる。たとえば，資源レイヤーにある地域人材や資金は，制度配置にある情報共有や合意形成の仕組みを使って，チームでの活動を有効に行うことができるだろう。そして，ダイナミクスの層にアクセスすることで，具体的な活動成果と持続性を手に入れる可能性が高まる。

また，これらプラットフォーム・レイヤーに基づく思考は，当学会の基本理論であるZTCAデザインモデル[2]の枠組みとの親和性も見出せる。それは，ゾーン(zone)においてはプラットフォーム全体，トポス(tops)は資源のレイヤー，コンステレーション(constellation)はダイナミクス，アクターズネットワーク(actors network)は制度に当てはめができるだろう。これらの妥当性については，

図表7-3 エコシステム・プラットフォームの構成要素

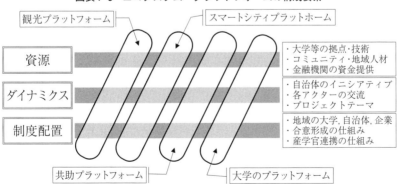

出所) 著者作成

図中に示した4つのタイプ，すなわち「観光」「スマートシティ（smart city）」「共助」「大学」のプラットフォームにおいて，後述をもって確認していくことになる。

さて，こうした地域のプラットフォームは，誰がどのように取り組んでいるのだろうか。また，価値創造性はそこにどのようにあるのか。次のリサーチクエスチョン（research question：研究命題）を立てたうえで，後述において，筆者の主張を展開していきたい。

① 地域に展開されている4タイプのプラットフォームの実情を明らかにしたうえで，そこに発現しうる価値創造はどのようなものなのか。これをプラットフォームの理論に照らして考察していく。

② 地域におけるプラットフォームのレイヤー構造を実装させるためには，どのようなデザイン手法を用いていけばよいのか。ZTCAデザインモデルのフレームワークを使ってこれを明らかにしていく。

③ 仮説として複数のプラットフォームを統合させることで，マルチカテゴリーの「圏」としてゾーンデザインを思考できないか。そのために，Cas＋ZTCAデザイン理論の援用を試みる。

④ プラットフォームを統合し，地域デザインを戦略的に推進する主体は誰なのか。その候補として大学の存在を指摘し，そこから創発される「境界連結者」の役割を明示する。

(3) プラットフォームとレイヤーの用語確認

次の第2節以降の説明に入る前に，本章記述に限ったプラットフォームに関わるいくつかの用語の点検しておこう（図表7-4参照）。紛らわしい同類用語があるので，これによる混乱をさけるのが狙いである。そして，本章で使用するレイヤー・コンテンツ・プラットフォーム・テーマプラットフォーム・統合プラットフォームの用語について，以降簡単に付しておく。

まず，レイヤーという用語は，階層構造や階層そのものを意味する。各レイヤーはプラットフォームになっている場合もあるし，コンテンツ群としての様

図表7-4 プラットフォームに関わる用語

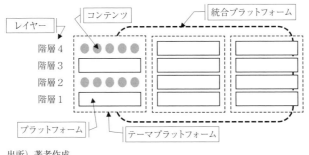

出所）著者作成

相もありえる。また，コンテンツは地域資源である拠点やアクター，商品・サービスの単体である。これが，デジタル財や製造物の場合であって，インターフェイスを介して接続可能な場合は，「モジュール」という言い方もある。プラットフォームの用語は，プラットフォーム機能を有した単体のレイヤーを示す。ただし，文脈によっては，いくつかのレイヤー化された束のプラットフォームを意味する場合もあるので留意されたい。一方，テーマプラットフォームといった場合は，後述の観光・スマートシティ・共助・大学，それぞれ1つのカテゴリーにおける括りのプラットフォームを指す。地域にあるプラットフォームということで「地域プラットフォーム」といういい方もしている。

そして，最後の統合プラットフォームは，テーマプラットフォームが複数連携したものを指し，本章におけるCas＋ZTCAデザインを具現化したモデルとなる。ちなみに，「Cas＋ZTCA」の「Cas」は，カテゴリーズ(Categories)を表記したものである(第1章参照)。地域デザイン学会においては，地域をエリア(area)ではなくゾーン(zone)であるとしており，またこれに加えてカテゴリー(category)は分野を表す域概念としている(原田他，2022，p.50)。本章では，この域概念であるカテゴリーとテーマを同義として扱い，これが複数を連結することで統合プラットフォームを築き，域概念の1つである大きな活動圏を形成することを前提におき，最終節でこれを論述することになる。

第2節　プラットフォームと地域デザイン

　事業や組織のプラットフォーム化は，地域においてもビジネスとはやや異なる様相をもって，大きな期待が寄せられている。それは，観光まちづくりによるプラットフォームや，大学が中心となり形成する地域連携プラットフォームの動きをもって確認できよう。また，行政が主導するスマートシティもプラットフォームの構造を擁している。さらには，地域コミュニティが小さいながらも共有空間としての「場」を持つことも，プラットフォームの流れを汲んでいる。そこで本節では，こうしたテーマ毎のプラットフォームをつぶさに確認し，レイヤー構造による体系化を試みる。これによって，地域の価値創造を検証する。

(1) 観光プラットフォーム

　地域が経済的に成熟・衰退するなかで，その産業構造は大きく変化する。例えば，担い手不足により農業等の第一次産業が衰退し，空洞化によって製造業等の第二次産業が細っていく近年の潮流がある。その一方で，地域経済の主力はサービス産業等の第三次産業に移り，その生産性の向上と新たな事業創造が課題となっている。こうしたサービス産業は，地域住民が消費者でもあり提供者でもあることが少なくない。それゆえにサービス産業のあり方が，「まちづくり」そのものにつながることがある。そこで，本項では，地域サービス産業の代表格である観光にスポットを当て，これにおける「観光まちづくりプラットフォーム」（以降「観光プラットフォーム」とよぶ）」の現状とその意義を考察する。

　まずは，観光プラットフォームが地域にもたらす機能や効果を点検することからはじめる。図表7-5は，観光プラットフォームがない地域（図中の左）と，これがある地域（図中の右）を単純モデルにして比較したものである。説明するまでもないが，プラットフォームのある地域の方が，価値発現力が高いのは明らかである。つまり，従来発地側の観光客は，着地側の観光スポットにピンポイントに訪れるのみの構図であったのに対し，観光プラットフォームがあるこ

図表 7-5　観光プラットフォームの機能

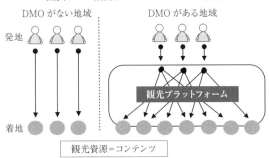

出所）著者作成

とによって，その地域がゾーンとして力を発揮することになる。

　それを，前述したビジネスプラットフォームの効果性に照らしながら説明すると，次の3点のことがいえる。それは第1にネットワーク効果によるものであり，すなわちプラットフォームに観光コンテンツが増えれば増えるほど価値は増大するということである。したがって，地域の眠れる資源をプラットフォーム上で数多く表出させることが重要になる。第2として，エコシステムによる価値創造も見逃せない。それは例えば，多様な地域アクターがプラットフォーム上で連携し，魅力的な地域内周遊型ツアーを造成する，新たな体験ツアーや商品開発を行うといったことの期待である。そして第3は，観光プラットフォームそのものが，地域経済圏にまで質量ともに充実できる可能性であり，これがあればゾーンデザインに基づく地域ブランド価値の創出にもつながるのである。

　こうした観光プラットフォームを進める有力な組織として，DMO (Destination Management/Marketing Organization) がある。観光庁 (2018, p.3) は，この DMO の定義を「地域の"稼ぐ力"を引き出すとともに地域への誇りと愛着を醸成する『観光地経営』の視点に立った観光地域づくりの舵取り役として，多様な関係者と協同しながら，明確なコンセプトに基づいた観光地域づくりを実現するための戦略を策定するとともに，戦略を着実に実施するための調整機能を備え

た法人」としている。さらに，観光庁は，各地においてDMOの設立と運営を支援する形で，日本版DMOとして，2024年4月現在，全国で301件の団体を登録させている(観光庁日本版DMO HP)。

　こうしたDMOの拡がりから，その役割を価値創造の観点で捉え，かつZTCAデザインモデルに対応させると，次のような整理ができる(佐藤，2019)。

① 観光でないものも含めて地域資源を観光資源として磨き上げる。(＝T：トポス)
② 地域の観光資源のみならず顧客をも連環させて観光サービスの価値を高める。(＝C：コンステレーション)
③ 観光の担い手を発掘・育成し，稼げる人財を創出する。(＝A：アクター)
④ 以上①～③の要素を実現するために地域共同体としての観光プラットフォームを形成し，これが結果として地域ブランドの確立や観光まちづくりにつなげる。(＝Z：ゾーンデザイン)

　例えば，日本版DMOの雪国観光圏は，「桜の花言葉，"精神の美"を具現化するサービス理念」というブランドコンセプトを置き，「SAKURA QUALITY(サクラクオリティ)」なる宿泊施設の品質保証制度を実施している(雪国観光圏HP)。このことは，観光資源を磨き上げ，サービスの価値を高める活動に他ならない。

(2) スマートシティプラットフォーム

　各都市や各地方で括られる地域全体のデジタル化，すなわちスマートシティが注目され，その実装が進んでいる。このスマートシティもプラットフォームのレイヤー構造を擁していることから，その実態をここで点検しておきたい。

　スマートシティとは，まちのデジタル化，ならびに分野横断的なデータ連携によるものである。そして，これは地域課題の解決や新たな価値の創出によって，経済循環の促進や市民にとってより良い状態であるウェルビーイング(Well-Bing)の向上を目的としている(内閣府，2023a, p.2)。例えば，スマート

シティ政策の代表格である，「デジタル田園都市国家構想」では，デジタル技術を活用し，地域の個性を活かしながら，地方の社会課題の解決，魅力向上のブレイクスルーを実現し，地方活性化を加速しようとしている(内閣府，2023b)。そして，データのオープン化や AI 等の情報技術，デジタル人材の育成といったデジタル実装の基礎条件整備を地方に展開する。さらには，2023 年度からの 5 か年計画のなかで，いくつかのモデルとなる地域ビジョンを示しながら，地方にデジタル化を伴うエコシステムを形成することを目標に掲げる。

　さて，こうしたスマートシティを構築するためのガイドとして，内閣府は「リファレンスアーキテクチャ(reference architecture)」を提示している。このリファレンスアーキテクチャでは，地域課題を解決するためにスマートシティを活用する際に考慮すべき要素が体系的に整理されている(内閣府，2023a)。したがって，これを手本としながら各地域は，スマートシティの検討や構築を効率的に実施できるとしている。スマートシティによる地域デザインを進めるならば，リファレンスアーキテクチャが，まさにその設計思想となり，デザイン手法がここに謳われているといってよいだろう。

　じつは，このリファレンスアーキテクチャには，本章のテーマであるプラットフォームによるレイヤー構築が示されている。それを概念化したものが，図表 7-6 による 3 階層・8 分類のアーキテクチャである。これを上層から順に説明していこう。上層には，組織運営に関わるレイヤーがある。スマートシティにおいても，運営者と利用者の相互交流型のプラットフォームが必要になる。そのために，大学や自治体が中心となる産学官連携のコンソーシアム(consortium)や，市民の参加を促すリビングラボ(後述)などが有効となる。そのうえで，スマートシティで何をなしうるかのビジョンを明確にして，システム開発と組織運営に関わるルール作りを行うことになる。

　中層には，先端サービスが位置づけられる。このレイヤーは，地域課題を解決するソリューションシステム(solution system)やアプリケーション(application)が展開される。福祉・健康，教育，観光等様々なテーマがリンクすることで，エコシステムとしての価値創造が期待できよう。それは例えば，ヘルスツーリ

図表7-6 スマートシティのレイヤー構造

出所）日本電気(2022, p.14)より著者加筆修正

ズムといった，健康と観光，そこに交通を結び付けたデジタルサービスの実装といったことである。

そして，下層にあるデータ連携基盤は，データ駆動型社会を実装するスマートシティの肝となるものであり，データに基づいた意思決定や設備のコントロールを行う，いわばデータインフラを担うレイヤーである。スマートシティアーキテクチャでは，これはさらにデータ，データ連携，アセットに機能区分している(図表7-6参照)。その1つのデータでは，データアクセスのための認証を行い，API（Application Programming Interface）[3]等を使ってデータとサービスを連携する機能を有する。また，データ連携はデータ仲介等流通の機能と，データそのものの収集・蓄積・削除を行う。最後のアセットは，地域拠点（トポス）にあるIoTのディバイスや，オープンデータ等の外部にある固有データ群との連携を担う。

(3) 共助プラットフォーム

スマートシティのようなデジタルプラットフォームに限らず，アナログベースのプラットフォームも地域には存在する。その代表格として地域コミュニテ

ィ (community) に根付く共助プラットフォームがある。

　地方における人口減少と高齢化に伴い，多くの地域コミュニティが崩壊の危機に瀕している。そこには，「取り残される人」が一定数存在してしまう。その一方で関係人口や移住・定住者の増加により，地元民も含めた新たな関係性で作る，コミュニティの再構築も叫ばれている。その過程において逆に「排除されてしまう人」も出てきてしまうかもしれない。そうした背景を念頭におき，ここではこれから求められる共助性や包摂性を実装する地域コミュニティの再生を，プラットフォームの原理を当てはめて，その実情を探っていく。

　図表7-7で整理したように，マクロ (macro) 的な観点でみると，私達の社会構造は「私」「公」「共」の三要素で成り立っている。このうちの共を担うコミュニティには，仲間同士の助け合いなど，見返りを期待しない互酬性が基本的な行動原理として作用している (松永, 2023, p.184)。そして，この共がある種のセーフティネット (safety net) となって，市場原理の私と公を支えている。この関係性においても階層構造を想起させ，共に基づくプラットフォーム構築の必要性を示唆している。

　さらに，図表7-8は，ミクロ (micro) な視点から地域コミュニティにおける関係組織の様相を概念化したものである。地域のアクターを公・共・私の区分け (レイヤー化) と関係性を体系化することで，ある種のプラットフォームが浮き上がってくる。國領 (2023, p.203) は，行政，NPO (nonprofit organization)，企業など，目標も行動原理も異なる多様なプレイヤーが協働する必要性を指摘し，その仕組みとして共助のプラットフォームを明示した。そこには，開かれた議論の場，合意形成のルール，少数者のイニシアティブでもインキュベー

図表7-7　「私」「公」「共」による社会構造（マクロ的視点）

	地域	主体	原理	性質
「私」	都市	企業・民間	交換	市場，競争，民営化
「公」	↑↓	行政・国家	分配	有効需要，補助金，社会保障
「共」	地方	NPO・地方大学	互酬性	コミュニティ，共有化，共同管理

出所）松永 (2023, p.183) に著者加筆修正

図表 7-8 地域における「私」「公」「共」の社会組織構造

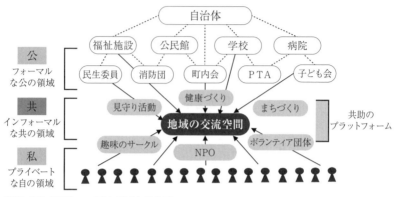

出所）坂倉(2020b, p.57)に著者加筆修正

できる基盤的なサービスなどを実装することで，異質な主体の協働による創発的な価値創造を実現できるとしている。したがって，図表7-8で示すような公と私をつなぐ，共助のプラットフォームの再構築が求められるのである。

こうしたコミュニティによるプラットフォームについて，坂倉(2020a, p.25)はコミュニティの生態系と称して，地域の新しい関係性のなかから様々な動きが起き，必要なものが資源の組み換えのなかで生まれ，地域に新しい価値をもたらすとしている。そして，このための地域デザインとして，次の3つの構成要件，すなわち，人と地域がつながる「場」，活動の主体を育む「プロセス(process)」，つながりを支える「組織」の必要性を指摘している(坂倉，2020a, p.26)(図表7-9及び図表7-8参照)。これら3つの要素を具体的に説明しておこう。

第1の人と地域がつながる場とは物理的な活動拠点のことである。坂倉(2020b, pp.47-49)は，こうした場のタイプとしては，交流やつながり形成を目的とする空間として「コミュニティカフェ」，地域資源とビジネスを結び付ける「コワーキングスペース」，健康・医療・福祉の機能を担う「コミュニティケア施設」をあげている。第2の活動の主体を育むプロセスとは，ワークショップや企画会議等によってアクターの主体性を高める仕掛けのことである(醍醐，2020,

p. 92)。あるいは,これは地域の課題を解決するようなコミュニティビジネス(community business)としてもよいだろう。そして,第3のつながりを支える組織とは,法人格を有するような組織づくりを指す。ただし,ここでは地域ガバナンスを担うような大掛かりな組織体ではなく,上記の場やプロセスを安定的に運営するためのチームやルールを意味する。

図表7-9は,これら3つの成立要件を,そのまま共助プラットフォームのレイヤーに見立て概念化したものである。そして,これにZTCAデザインモデルと,事例として「子ども食堂」を当てはめて(認定NPO法人全国こども食堂支援センター・むすびえHP),この3つの成立要件の妥当性を点検もしている。図表7-9から「子ども食堂」というアナログプラットフォームを介して地域資源の活用と共有が促進され,地域の問題解決を実現していくイメージが摑めるだろう。そして,人口減少化の地域においても,コミュニティを再構築し,人間関係資本の醸成や社会的包摂の実現する姿を確認してもらいたい。

(4) 大学プラットフォーム

地方の大学が中心となり,産学官が連携するプラットフォームの構築も近年,目立ってきている。例えば,文部科学省(2020, p. 2)は,「地域連携プラットフォーム」と称し,「大学等の高等教育機関を中核組織にした,地方公共団体,産業界が恒常的に対話し,連携を行うための体制」を推奨している。その目的

図表7-9 共助プラットフォームのレイヤー構造と子ども食堂

ZTCA	コミュニティ型プラットフォームの内容	「子どもの食堂」の場合	「子ども食堂」のネットワーク	プラットフォームの効果
T	場	・コミュニティカフェ ・コワーキングスペース ・コミュニティケア施設	福祉施設,学校,カフェなど併設拠点	・各拠点のネットワーク ・交流の場の形成	・地域資源の活用と共有 ・社会的包摂の実現 ・人間関係資本の醸成 ・経済活動の維持
C	プロセス	・ワークショップ ・交流イベント ・コミュニティケア施設	・食事の提供と対話 ・フードロスの削減	・開業のサポート ・支援組織とのマッチング	
A	組織	・NPO,市民団体 ・社会的企業 ・地域運営組織	運営組織(飲食店,NPO,自治会)	全国子ども食堂支援センター(中間支援組織)	

出所)著者作成

は，地域の利害関係者らが，お互いの現状と課題について把握・理解し，埋もれていたニーズを掘り起こすことにあるという。そして，産官学それぞれの役割を明確にし，おのおのの立場から個別に取り組んでいた地域課題に対して，協働的・イノベーティブにこれを解決するとしている。実際に，文部科学省が主導する形で，全国で23のプラットフォームが形成されている。

その1つ，「めぶく。プラットフォーム前橋」は，市内にある群馬大学等5つの大学と，前橋市，前橋市商工会議所が連携する協議会組織である。その目的は，「① 前橋で学ぶ，② 前橋で働く，③ 前橋で生きる」の3つをビジョンとし，「地域人材の育成・定着」を主軸とした事業を行っている(めぶく。プラットフォーム前橋)。

こうした地域連携プラットフォームによる，期待される価値創造の内容を，図表7-10をもって整理した。各関係組織がプラットフォームに参画することで，本来保有する組織機能を強化するばかりではなく，とくに大学は地域における新たな役割を見出す可能性が確認できるだろう。

こうした実情からここでのまとめとして，大学を中心としたプラットフォームの構造化を，中塚(2022, p.257)が示す人材育成エコシステムの応用から概念化を試みたい。これをイメージしたものが，図表7-11である。図表7-11から，地域内外にある多様な人材が，大学等が提供する教育プログラムや協働プロジェクトを利用して，地域資源とつながっていき，地域づくりや人材のキャリア創造の価値が確認できる。これにより，地域の魅力や活力が高まると，地域外から大学へ入学する人材も増えていくだろうし，そのアクセスポイント(access point)を下層のレイヤーに実装させておく必要もでてくる。こうした過程によって地域内外の人材の発掘と育成の循環がなされ，アクター自身が進化をとげていく。

したがって，大学がキャンパス内に学生や研究者等のアクターを囲い込むのは有効ではない。つまり，大学が地域全体で人材を確保し，育成するという地域レベルの視点が求められてくる。地域に関わる多様なアクターが自律的につながり，相互に連携しながら人を育てることが望ましいのである。そのために

第7章 プラットフォームデザインの新視角　183

図表7-10　地域連携プラットフォームの価値創造

組織	価値創造テーマ	具体的な地域価値の内容
大学	教育力・研究力の強化	地域社会が大学等に対して何を期待しているのかなどを把握することで，教育，研究，社会貢献の取組に新たなニーズを取り入れ，大学等の活性化を図ることが可能となる。
	地域との信頼と支援受入の拡大	大学の取組を発信することで，地域社会に対する説明責任を果たす。こうして，信頼関係を強化し，大学が社会からの評価と支援を得るという好循環を形成する。
	地域の課題解決力の強化	協働して取り組むプロジェクトで大学の特徴を強く打ち出し，地域課題を解決する。これを通じて，大学の存在意義を示す。
自治体	総合計画など政策立案力の強化	人口動態，地域社会や経済状況において変化の動向を予測し，地域未来のあるべき姿を見据える。そして，そこから課題を抽出し，そのための施策を講ずる。このことの実効性と有効性を確保するため，プラットフォームを活用し，関係者の議論の場とする。
	若年層を中心にした人口の増加	大学の魅力の向上や地域活動を社会全体で取り組んでいくことは，若い学生が地域にとどまることにつながる。また，生涯学習は，若年層だけでない人材定着にもなる。
産業界	人材の地域定着（確保と育成）	企業と大学が共同に進めるキャリア教育やリカレント教育により，産業界において必要な人材の確保と，継続的な能力開発を実現する。これにより，地域人材の発掘・育成・定着の好循環を生む。
	共同研究	地元企業・大学等がそれぞれの強みを把握することで，共同研究・受託研究につながり，地域産業の活性化に寄与する。地域シンクタンク機能として大学等を活用することも考えられる。

出所）文部科学省（2020, pp. 5-7）に基づき著者作表

図表7-11　大学を中心にした人材育成プラットフォーム

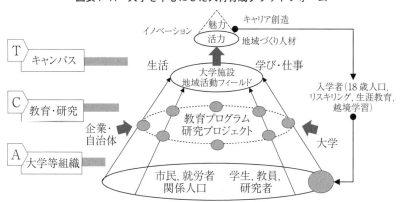

出所）中塚（2022, p. 257）より著者加筆修正

は，人材育成に対する理念を地域全体で共有することも大切である。その地域理念の啓発に，地方大学は絶好のポジションにいるといっても過言ではない。

第3節　統合プラットフォームと価値創造

前節では4つのテーマプラットフォームを丹念に解説し，その価値創造性に触れてきた。こうして地域で発現するテーマプラットフォームが進化していくと，これらが連結する可能性を想起させる。そして，その先には新しい地域デザインの展望が見えてくるのではないか。こうした期待から，本節では統合プラットフォームを構想し，価値創造の内容を探る。これと並行して，その連結のデザインを担う大学のプラットフォームのモデルと，そこから輩出される境界連結者の資質を明示し，本章考察の着地を目指す。

(1) テーマプラットフォームの総括とZTCAデザインモデル

図表7-12は，これまで述べてきた，地域で生じている4つのプラットフォームのレイヤー構造を，ZTCAデザインモデルをもって整理したものである。図表7-12で示している通り，T・C・A（Aはさらに2つに分類）の各デザインは，

図表7-12　テーマプラットフォームとZTCAデザインモデル

ZTCAデザイン		大学プラットフォーム	観光プラットフォーム	スマートシティプラットフォーム	コミュティ型プラットフォーム
T	シェアのデザイン	大学キャンパス，学外フィールド	観光コンテンツ，観光スポット	データ，都市OSアセット	小さな拠点等の「場」
C	編集のデザイン	教育プログラム	ツアープログラム，アクティビティ	アプリ，API，サービス	ファシリテーション，ソーシャルビジネス
A①	組織管理のデザイン	大学を中心とする連携組織	DMO	スマートシティ推進組織	NPO等のマネジメント組織
A②	人材変容のデザイン	教職員（研究者），学生，ハブ人材	観光ガイド関係人口	デジタル人材アーキテクト	市民，風の人社会的弱者

境界連結者 →

出所）著者作成

各レイヤーを形成する行為とみなすことができる。これはすでに第2節におけるテーマプラットフォームの各概念化をもって，すでに試みている。これらを改めて整理と総括を兼ねて簡単に説明していこう。

トポス(topos)であるTは，地域資源としての場や施設，フィールド，アセットがあげられるだろう。こうした単体コンテンツにある種のインターフェイスを実装させモジュール化し，プラットフォームにラインナップすることで，地域の多くのアクターがこれにアクセスしシェア(share：共有)できる状態にする。

コンステレーション(constellation)であるCは，地域資源やコンテンツが複数，組み合わさった地域のサービスとすることができよう。観光であればツアープログラム，大学であれば教育プログラムがこれに該当する。この階層の機能としては，編集や利活用のデザインが重要となる。そしてこれが，地域課題の解決にフィットするサービスとして，この層で展開される。

アクターズネットワーク(actors network)であるAは，A①の組織とA②の人材に区分した。A①の組織では，地域の利害関係者で構成される連携組織の組成とその管理を示す。組織文化や価値観の異なる複数の地域組織を束ね合意形成を図る，協議会といった組織をデザインすることになるだろう。そのためには，連携体のガバナンス構造や管理制度を作ることが求められる。これにより，産官学の多様な組織が，このレイヤーに接続することを可能にし，地域アクターとして，TのシェアやCの編集におけるデザインの主体者になりうるようにする。

A①が組織やネットワークのデザインを意図する一方で，A②の人材変容のデザインは，個々の地域人材の発掘・育成・交流・活動に関わるレイヤーとして，別に位置づけた。テーマプラットフォームの特性に応じたターゲット人材が，このレイヤーに参画することによって，各レイヤー内において交流やマッチングが起こる。また，TやC，A①へのレイヤーへのアクセスも可能にするだろう。さらに，後述する境界連結者となって，プラットフォーム間を往来しコーディネートすることができれば，統合的プラットフォームを構築するキープレイヤーへの変容も期待できる。

(2) 統合プラットフォームと Cas + ZTCA デザインモデル

図表 7-12 で一覧した複数のテーマプラットフォームが連結すれば、当該地域の価値創出力が高まることは想像に難くない。すなわち、プラットフォームの連結化・統合化である。つまりこれは、プラットフォーム単体を 1 つのカテゴリーとするならば、マルチカテゴリー (multi-category) 化を予見することとなり、テーマ性に基づくゾーンデザインが可能になることを意味する。そして、序章・第 3 節において、提示した Cas + ZTCA デザインモデルへの展望を開くことにもなる。そのイメージを概念化したのが図表 7-13 であり、これをもってテーマプラットフォームのいくつかの課題と、それを解決する Cas + ZTCA デザインモデルの有効性を論じていく。

テーマプラットフォームの第 1 の課題は、規模の確保である。各テーマの活動範囲は、中核となる組織や拠点のテリトリーにおける規定サイズに収まりがちである。したがって、プラットフォームに乗ってくる、アクターやコンテンツの数が多くなく、十分なネットワーク効果が期待できないこともあろう。これに対処するため、別テーマのプラットフォームを連結させることで、共有できる地域資源を増やすことが考えられる。

図表 7-13 Cas + ZTCA デザインモデルと統合プラットフォーム

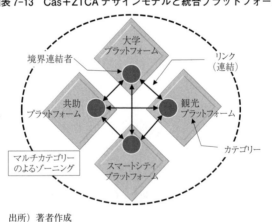

出所) 著者作成

第2の課題は,「マルチホーミング」によるプラットフォーム間の地域競争に関わることである。マルチホーミングとは,一般的に1人のユーザーがいくつかのプラットフォームを並行して使用することである(根来,2019, p.218)。例えば,観光客はいろいろな地域における観光プラットフォームのサービスを利用している実態があり,そこにDMO間での競争がある。こうした観光客を,同地域にある連結した共助や大学のプラットフォームに誘導し,関係人口にすることで,地域間における競争優位性を高めることができよう。

　第3の課題は,単体テーマによるプラットフォームの価値編集力の限界である。例えば,スマートシティにおいては,デジタル空間での価値創造に限定されてしまうかも知れない。共助や大学のプラットフォームと,リアルな連動性が高まると異質なアクターやコンテンツの交わりによって,イノベーションの発生確率が高まるに違いない。

　こうした課題克服において,プラットフォームの連結化・統合化の有効性が確認できる。したがって,地域にプラットフォームが顕在していくなか,将来の地域戦略があるとするならば,プラットフォームの連結をあげて然るべきである。つまり,物理的なエリア(区域)の制約に縛られないCas＋ZTCAデザインモデルの戦略が見出せる。筆者の主張として,それを実行できるポジションにいるのが地方の大学であり,そこに各プラットフォームを連結するハブ的な人材,すなわち境界連結者(boundary spanner:バウンダリースパナ―)なるアクターを提示していくことになる。

(3) 境界連結者と関係編集力

　これまで述べてきたように,地域には濃淡はあるもののテーマ毎にプラットフォームが形成されてきている。しかしながら,個々のプラットフォームは,大企業が形成するようなビジネスプラットフォームになり得ず,価値創造性も限定的なことは前述したとおりである。したがって,各プラットフォームを連結するデザインが求められ,その役割の1つとして著者は境界連結者の存在を予見している。

森(2016)によれば，境界連結者とは，自組織と外部環境(他組織等)の境界(接点)に位置し，自組織と外部環境を結び付ける役割や資質を持つ人材のことである。さしずめビジネスの現場でいえば，組織の縁や際にいる営業やプロデューサー，コーディネータといわれる職種になるだろう。本章では，地域にあって異質のプラットフォームをつなぐアクターとして定義するが，ただしその存在や実像は定かではない。

　それでも，境界連結者の萌芽が，各プラットフォームから実際に起こり得ているのではないだろうか。例えば，観光プラットフォームであれば，ワーケーションや二拠点居住をする関係人口が，地域への関わりを深めるなかで，共助プラットフォームへ関与し地域コミュニティで価値創造を演出する。また，スマートシティであれば，その全体を構想するアーキテクト(architect)が，大学プラットフォームと連携して地域社会のデジタル化を進める姿も伺える(日立東大ラボ，2023, pp.177-178)。そこで，残された紙面のなかで，その境界連結者の実像と可能性を探っていきたい。

　改めて境界連結者とは，1つのカテゴリーにとどまらずプラットフォームを越境することで，リンク(link)とノード(node)の機能を帯びる人材と言い換えることができる。そこから，連結機能を有するレイヤーはA②の層(図表7-12参照)であって，そのレイヤーにハブの機能を持たせるデザインが有効となる。その機能とアクターに関わる資質は，どのようなものか。

　これに関わることとして，菅野(2022, p.104)はハブ人材と称して，次の4つの資質をあげている。それは，第1に組織文化の異なる人材間のコミュニケーションを仲立ちする文化翻訳の資質，第2に価値観の異なる人材らに共通認識を持たせるフレーミングの資質，第3にネットワークに新たなつながりをつくり，知識や資源の組み合わせを容易化するネットワーキングの資質，④チームを作りそこに知識や資源を蓄積し活用する組織化の資質である。さらに，山﨑・永田(2022, p.150)は，こうしたハブとなるアクターが複数の地域や組織を渡り歩く流動性と，深い実践知に裏打ちされた高い専門性を持ち合わせた人材として「風の人」と称している。これらハブ人材や風の人と，境界連携者のイメー

ジを重ね合わせることに無理はないだろう。つまり，境界連結者に求められる関係編集力として，① 文化翻訳，② フレーミング，③ ネットワーキング，④ 組織化，⑤ 流動性，⑥ 専門性をあげておきたい。

　そうすると次の疑問として，境界連結者はどこにいて，どのようにプラットフォームを連結するデザインを行使するのかという問いが生じる。その1つのモデルを，大学のプラットフォームを応用する形で仮説的に提示し（図表7-14），本章の結びに到達したい。このモデルの肝は，図表7-14中央にある大学教員や学生が主催する協働プロジェクトにある。図表7-14は，同図中右半分に示した，大学教員としての教育・研究者として専門性や学際性を，図中左半分の社会実験を通じて，地域の複雑な問題解決につなげていく構図である。その一方で，プロジェクトを通じて大学教員らはその研究等成果をしっかりアウトプットしていく。

　この協働プロジェクトは，例えば，大学が主催するフューチャーセンター(future center)やリビングラボ(living lab)と称した組織体があげられ，そのプラットフォームやコミュティを結節する動きで確認できる。フューチャーセン

図表7-14　大学における境界連結者を輩出するプラットフォーム

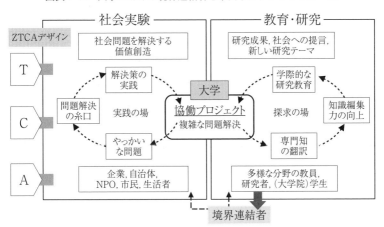

出所）山﨑・大谷ら(2022, p.50)より著者加筆修正

ターとは，大学や企業，行政が主体となり，地域の住民らを巻き込みながら，目的やビジョンを共有してイノベーションを目指す場である(経済産業省，2019, p.5)。一方リビングラボは，フューチャーセンターの活動を踏まえたうえで，大学等が中心になり，社会の課題を解決する新しいサービスや商品を生活の場から生み出す社会的実験をする場である(経済産業省，2019, p.5)。こうした一連の活動において，大学組織やその教員らは，元来保持している⑤流動性，⑥専門性に加え，①文化翻訳，②フレーミング，③ネットワーキング，④組織力による関係編集力を得ながら境界連結者になっていくのである。そして，境界連結者を輩出する大学プラットフォームを核にして，観光・スマートシティ・共助のテーマプラットフォームを連結するCas＋ZTCAデザインモデルの地域戦略が展望できるのではないだろうか。

　こうしたことをさらに裏付けることとして，國領(2023, p.217)は，プラットフォームの担い手としての大学が中核になるメリットや期待を次の4点でまとめている。その第1は，大学が中立的かつ信頼のおける存在として社会に認知されていることである。利害が複雑に絡み合ったアクターらの調整として，大学はフラットな立場で調整役が担える。第2として，大学に存在する知的な資源(コンテンツ)をあげている。研究成果や教育プログラム，あるいはプラットフォームを運営する能力など行政や企業にない知的資源が豊富である。第3は，学生や教員などの人的資源である。特にこうした大学の人材は，ある種の失敗を是とする文化や社会的認識があり，試行錯誤のチャレンジができる。そして第4は，地域を超えた広域的なつながりを持てるということである。研究や教育，大学発の事業などテーマ性をもって，大学は地域に縛られずに様々な機関と連携をすることが可能である。

　こうした絶好のポジションにいる大学組織やその教員や研究者は，複数のプラットフォームを連結しながら新たな地域デザインの実践者になる可能性を秘めている。

おわりに

　本章においては，第2節第2項で明示した ①〜④ のリサーチクエスチョン（研究命題）を念頭に，ここまで論述をしてきた。最後にこれらの評価を再確認しながら，本章を総括しておく。まず ① については，地域に顕在化する4つのテーマプラットフォームのそれぞれにおける実情と，その価値創造の内容を明らかにすることを命題とした。本章を通じ，4テーマすべてに図表をもって階層化のイメージを適用し，いずれかの層でプラットフォームが内在する戦略性を考察してきた。その結果，あくまでも机上の定性的な評価ではあったが，ネットワーク効果や関係編集による価値創造の可能性を確認することができた。

　また，② については，プラットフォーム構築に対して，ZTCAデザインモデルを適応することの妥当性を検証していった。その結果，T・C・Aの要素において，プラットフォームに基づくレイヤーとの親和性は高く，当デザイン手法を活用すれば有効なプラットフォームが構築できる手応えを得た。そして，③ では複数のテーマプラットフォームを統合する「圏」としてのゾーンデザインを考察するものであった。これについては，前掲の図表7-13をもってある種のイメージを作ることができたが，実体性や現実性，そこから見えてくる価値創造の内容までは踏み込むことはできなかったかも知れない。ただし，プラットフォームを連結する主体としての大学組織のあり方や，そこから輩出される境界連結者の価値編集を提示でき，本学会で検討が進むCas＋ZTCAデザインモデルの理論構築の一助になったと筆者は自負の念を抱くに至った。この成果は，命題 ④ に関わる検証結果でもある。

　それでも，地域に発現するテーマプラットフォームが，エリア思考ではない新たな地域「圏」を形成するという仮説が立証できたかというと十分とはいえない。とくに社会のデジタル化に伴う，データ連携や都市OS (Operating System) の接続の論考には踏み込めていない。スマートシティが普及していけば，周辺にあるプラットフォームを抱合していくことが想像できるが，その具体性は定かではない。また，DAO (Decentralized Autonomous Organization)[4]のような

新たな組織形態と，プラットフォームが対抗する論点も，次なる研究課題として見逃せない。これらのことから，今後進化していく地域プラットフォームの変容に注視しながら，新たな地域デザイン理論の深化に期待を寄せたい。

注
1) GAFAM（ガーファム）とは，米国のGoogle，Apple，Facebook，Amazon，Microsoftの5大ネット企業の頭文字をとった呼称のことである。それぞれ検索エンジン，スマートフォンのデジタルコンテンツ，SNS，eコマース，PCシステムなどの領域で，新しいビジネスモデルをもって市場の覇権を握っている。
2) ZTCAデザインモデルとは，「Z（zone）」「T（tops）」「C（constellation）」「A（Actor）」の4つの頭文字からとったもので，地域デザインを思考する基本的フレームワークとしている（原田，2014）。「Z」はゾーンデザインであり，地域の範囲を示す概念としてエリアの括り方を意味する。「T」のトポスデザインは，1つひとつの地域資源を他の資源との比較において個性的な，かつ意味ある場所にすることを意図している。「C」はコンストレーションデザインを指し，その語源として星座と訳されるが，ここでは，地域の各場所を何らかのコンテクストによって各トポスを意味ある塊になるように結び付けることである。最後の「A」のアクターズネットワーク（actors network）デザインは，Z・T・Cのいわば実行部隊として地域の価値を発現する主体者（個人と組織）を指している。
3) API（Application Programming Interface）とは，あるサービスやアプリケーションにおいて，その機能や管理するデータ等を他のサービスやアプリケーションから呼び出して利用するための接続仕様等のこと（日本電気・アクセンチュア，2023）。
4) DAO（Decentralized Autonomous Organization）とは，日本語で分散型自律組織と訳され，ブロックチェーン技術などを活用し，中央集権的な管理機構を持たずに，参加者による自律的な運営を目指す組織形態のことである。組織のビジョンに賛同する人が，意思決定に関与できる機能を有したガバナンストークンを保有し，組織運営に参画しながら，事業が成功・成長すれば保有するトークンに応じてインセンティブが付与される（大植，2022：22）。

参考文献
大植択真（2022）『Web3時代のAI戦略』日経BP社。
観光庁（2021）『「日本版DMO」形成・確立に係る手引き』https://www.mlit.go.jp/common/001229602.pdf（2024.2.20アクセス）。
観光庁 日本版DMO HP，http://www.mlit.go.jp/kankocho/page04_000054.html（2024.2.21アクセス）。
坂倉杏介（2020a）「なぜいまコミュニティマネジメントか」坂倉杏介・石井大一朗・醍醐孝典『コミュニティマネジメント』中央経済社，pp. 25-26。
坂倉杏介（2020b）「人と地域がつながる『場』」坂倉杏介・石井大一朗・醍醐孝典『コミュニティマネジメント』中央経済社，pp. 47-59。

菅野拓（2022）「ネットワークをつむぐ」堂目卓生・山崎吾郎編著『やっかいな問題はみんなで解く』世界思想社，pp. 101-106．

國領二郎（2023）「社会イノベーションのプラットフォーム」琴坂将広・宮垣元著『社会イノベーションの方法と実践』慶應義塾大学総合政策学部，pp. 148-150。

経済産業省（2019）『リビングラボ　導入ガイドブック』https://www.meti.go.jp/policy/servicepolicy/living_lab_tebiki_a4.pdf（2024.2.21 アクセス）．

醍醐孝典（2020）「活動の主体を育む『プロセス』」坂倉杏介・石井大一朗・醍醐孝典『コミュニティマネジメント』中央経済社，pp. 92-93．

内閣府（2023a）『スマートシティリファレンスアーキテクチャの使い方　導入ガイドブック』https://www8.cao.go.jp/cstp/society5_0/smartcity/sc-wp-gb-1-35.pdf（2024.2.21 アクセス）．

内閣府（2023b）『デジタル田園都市構想』https://www.cas.go.jp/jp/seisaku/digitaldenen/index.html（2023.7.9 アクセス）．

永田晃也（2022）「イノベーション・エコシステムの概念」『イノベーション・エコシステムの誕生』中央経済社，pp. 46-47．

永田宏和（2022）「＋クリエイティブ」堂目卓生・山崎吾郎編著『やっかいな問題はみんなで解く』世界思想社，pp. 148-150

中塚雅也（2022）「地域再生と人材育成のエコシステム」中塚雅也・山浦陽一編著『地域人材を育てる手法』農山漁村文化協会，pp. 256-257．

日本電気（2022）「生活用データ連携に関する機能等に係る調査研究調査報告書」https://www.digital.go.jp/assets/contents/node/basic_page/field_ref_resources/82a1ea56-128f-4cf6-bbd5-9ef6d4b7bafc/40d603f5/20220812_policies_budget_subsidies_02.pdf（2024.2.21 アクセス）．

日本電気・アクセンチュア（2023）「スマートシティリファレンスアーキテクチャ　ホワイトペーパー」https://sbircao02-my.sharepoint.com/:b:/g/personal/kagisoukatsu1_sbircao02_onmicrosoft_com/EWetOIFrC0FMo1SQ-WXc_pgBkiqf0-bdM8785FsOmh75PA?e=JnPnFl（2024.2.21 アクセス）．

認定 NPO 法人全国こども食堂支援センター・むすびえ HP，https://musubie.org/about/（2024.2.21 アクセス）．

根来龍之（2019）『集中講義デジタル戦略 テクノロジーバトルのフレームワーク』日経 BP．

原田保（2014）「地域デザイン理論のコンテクスト転換」地域デザイン学会誌『地域デザイン』第 4 号改定版　pp. 11-27．

原田保・西田小百合・吉田賢一（2022）「地域デザインモデルの進化に向けた圏概念の戦略的活用」地域デザイン学会誌『地域デザイン』第 20 号，pp. 49-91．

日立東大ラボ（2023）『Society5.0 のアーキテクチャ』日経 BP．

松崎和久（2022）『デジタル時代のエコシステム経営』同文舘出版，pp. 202-203．

松永桂子（2023）『地域経済のリデザイン　生活者視点から捉えなおす』学芸出版社．

めぶく。プラットフォーム前橋 HP，https://www.mebuku-pfm.jp/（2024.2.21 アクセス）

森裕亮（2016）「官民関係研究と『境界連結』概念―新しい分析枠組みに向けて」同志社

大学政策学会『同志社政策科学研究』特集号, pp. 83-89。
文部科学省（2020）『地域連携プラットフォーム構築に関するガイドライン〜地域に貢献し, 地域に支持される高等教育へ〜』, https://www.mext.go.jp/content/20201029-mext-koutou-000010662_01.pdf（2024.2.21 アクセス）。
山﨑吾郎・大谷洋介・戸谷洋志（2022）「問題を問い直す」堂目卓生・山﨑吾郎編著『やっかいな問題はみんなで解く』世界思想社, pp. 47-51。
雪国観光圏 HP, http://snow-country.jp/（2024.2.21 アクセス）。
Subramaniam, M.（2022）*The Future of Competitive Strategy*, The MIT Press.（NTT データグループコンサルティング＆アセットビジネス変革本部（2023）『デジタル競争戦略』ダイヤモンド社）

第8章
寺社における地域デザインの新視角
―空間用途の関係編集によるカーニバルの価値発現―

越川　靖子

はじめに

　多くの日本人は無信仰であると自ら認識している。しかし，私たちの生活および人生の節目には，例えば初詣や節分，七五三のような多くの宗教的儀式が取り入れられている。強い信仰はないけれども，何らかの神的儀礼を風習や伝統として無意識に取り入れてきている。国内に届け出のある寺社は全宗教の約78％，信者数は約94％を占めている。このことからも，日本の文化や伝統において寺院や神社は欠くことのできない存在であるといえよう。

　かつて寺社は地域住民の集合場所であり，大人なら会合や相談，子どもなら遊びや学びの場であり，コミュニケーションの場でもあった。地域の祭りや行事を通して地域の文化や伝統，アイデンティティを自然に学び，培い，継承させてきた。皆に親しまれる地域の中心の場所であった。しかし，現在は冠婚葬祭，特に葬式だけの場所やつながりになりつつある。統計数理研究所(2018)による「日本人の国民性調査」の「宗教を信じるか」への回答では，調査の始まった1958年から直近の結果である2018年の間に，日本全体で9％ポイントも「信じていない」が増えている。個々人にとって，寺社の存在感や生活の中の宗教的儀礼が行われなくなってきている，もしくは世の中が大きく変化してい

ると推測できる。

　地方では，少子高齢化や人口流出による過疎化が急速に進んでいる。これにより，お布施や氏子費といった寺社を支える収益や後継者の問題が生じている。一方，都会では人間関係や宗教意識が薄く，寺社へ行くことが少なくなってきている。つまり，神仏も俗世の問題と無関係ではいられないのである。急速な社会変化のもと，文化・伝統や古くから続く制度が消滅していこうとしている。「困った時の神頼み」さえも失われつつある中で，これらは無意識であっても日本人の生活や心の基盤となっていることは確かであり，個人や地域のアイデンティティを失うことにつながりかねない事態となっている。

　本章では，第1節で寺社の現状と問題点を鑑み，第2節で宗教とコミュニティの関係を捉え，第3節では寺社とアクターの事例から「関係編集」により従来とは異なる価値の創造を考察していく。

第1節　寺社の過去と現在

(1)　寺社と過疎

　江戸時代，幕府の寺請制度により，すべての人はいずれかの寺院の檀家になることが定められた。一定のお布施も入ることから，僧侶の諸国への布教活動が減少した。寺は地域に居住する人たちを把握し，宗教儀式や祭礼行事等を中心にとり行っていた。神社も地域の生業や伝統と融合した地元の神様を祀り，祭礼・儀式を行ってきた。氏子との関係も寺院同様である。このように寺社・住民の祭事・関係性・制度が互いに固定化した。近年地方では，若者の流出や高齢者の増加により，寺社を中心とした文化的宗教行事を支える檀家・氏子・地域住民が減ってきている。

　石井(2015)は，日本創成会議が公表した消滅する可能性のある自治体896市町村の宗教法人を宗教法人名簿から抽出した[1]。その結果，消滅する市町村にある宗教法人数は，全宗教法人数に対して35.6％あり，「2040年までに，宗教法人の3分の1以上は消滅する可能性がある」(石井，2015，p.22)ことを示した。

図表 8-1　都道府県別該当宗教法人一覧(消滅可能性寺院が多い上位10県)[2]

県名	人口1万人以上 法人数	%	人口1万人未満 法人数	%	合計 法人数	%
秋田県	1823	90.3	194	9.6	2017	100
青森県	1071	67.5	442	27.9	1513	95.3
山形県	1623	48	879	26	2502	74.1
北海道	1693	37.5	1592	35.3	3285	72.8
和歌山県	910	37.8	728	30.2	1638	68
岩手県	872	52.3	261	15.6	1133	67.9
島根県	1256	45.8	527	19.2	1783	65
長崎県	1332	56.9	128	5.5	1460	62.3
山梨県	1153	39.7	536	18.5	1689	58.2
高知県	463	16.4	1158	41	1621	57.4

出所）石井(2015, p.26)，図表 8-7 から一部抜粋

　図表 8-1 は，消滅可能性寺院が多い上位 10 県を一覧にしたものだが，これらをみると，もともと人口が少ないもしくは減少している地域である。秋田県においてはほぼ宗教法人がなくなり，人口1万人未満では，北海道・和歌山県・高知県で高い数値を示している。また，人口1万人以上でみると，秋田県や青森県で高くなっている。

　さらに石井(2015)は，系統別全数に占める限界宗教法人の割合も示しており，神道系全体の 40.1％，仏教系 32.7％，キリスト教系 21.4％，諸教 30.7％となっている(p.30)。特に「神社は全国の津々浦々に存在し，地域共同体で祀られてきたもので，大規模で急速な人口移動」(石井, 2015, p32)により，人口1万人未満自治体に所在する「限界宗教法人」の割合が多くなっている。

　同様に，鵜飼(2015)は伝統仏教の教団別および神社本庁での「消滅可能性寺院」の割合を提示している(図表 8-2)。自治体の消滅とともに寺社のなくなる割合が高い順に，高野山真言宗 45.5％，曹洞宗 42.1％，神社本庁 41％となっている。その他宗派でもほぼ 30％を超えており，地域や寺社の存続だけでなく，地域の祭りや行事といった地域固有の精神であるアイデンティティに関しても失われる可能性が高いといえよう。

図表 8-2 「消滅可能寺院」の宗派別割合

	消滅可能都市に存在する宗教法人数	全宗教法人数	「消滅可能性寺院」の割合 %
宗教法人数	62971	176670	35.6
天台宗	1062	2970	35.8
高野山真言宗	1613	3546	45.5
真言宗智山派	1053	2704	38.9
真言宗豊山派	577	2366	24.4
浄土宗	1718	6829	25.2
浄土真宗本願寺派	3273	10231	32
真宗大谷派	2464	8641	28.5
時宗	101	393	25.7
臨済宗妙心寺派	1139	3282	34.7
曹洞宗	5922	14062	42.1
黄檗宗	98	433	22.6
日蓮宗	1681	4903	34.3
日蓮正宗	186	580	32.1
仏教　その他	3889	14771	26.3
神社本庁	31184	76030	41

出所）鵜飼(2015),　p.241 より引用

　さらに，石井(2015)は注において，和歌山県の消滅可能性自治体とその宗教法人の数を別表で示した。その中でも宗派が特定でき，大きな数となっているのが，神社本庁および高野山真言宗，ついで浄土真宗本願寺派となっている（石井，2015, p.35)。消滅可能性寺院は，和歌山県の神社本庁直属の神社 422 社のうち 74.6％を占め，高野山真言宗 327 寺の 95.4％，浄土真宗本願寺派は 47.3％と高い割合で消滅可能性寺院になっている。図表 8-1 にもあるように，和歌山県内では全体的にかなり高い数値となっており，過疎の深刻化および寺社の維持・改廃について真剣に考える時期が迫ってきている。

(2)　個別事例から見る寺院の状況（コロナ前）[3]

　ある宗派を対象としたコロナ前の研究・調査から寺社の状況を把握する。

過疎地という点でみると，相澤(2018)の曹洞宗の調査がある。これは日本で一番寺院数が多く，かつ教義により，山の中つまり過疎地に立地する寺院が多い。2005年の調査では，過疎地にある寺院は全体の24.5％だったものが，2015年では29.9％となっている(相澤，2018，p.142)。過疎地にある寺院の割合が高い順に，「大分県84.5％，岡山県84.3％，秋田県81.1％，高知県76.2％，徳島県73.7％」(相澤，2018，p.143)である。また，檀徒の減少理由は「後継者のいない檀信徒」「転居など遠方への流出」の割合が高い(相澤，2018，p.148)。この傾向は仏教界全体的なものであり，都会へ移住することで大都市圏である非過疎地で檀徒が増加する一方，過疎地では地域に残る独居老人が増えていることによる。

過疎と寺院の深刻な状況により，大きく影響を受けるのは収益・収入である。この点からみてみる。池本(2019)は，高野山真言宗の和歌山宗務支所で，檀家数，信者数，収入等の調査を，「正住職の寺院のみ(兼務なし)」，および，「兼務寺院ももつ正住職」に対して行った。その結果，1つ目に寺院収入は寺院間の差が大きいこと，2つ目に寺院収入と檀家数は比例関係にあることを示した(図

図表8-3 高野山真言宗の寺院収入と檀家数

寺院収入	2千万以上					1	1		2
	1千-2千万円					2	4		6
	500-1千万円				3	5	5	1	14
	300-500万円			1	3	1			5
	250-300万円	1		1	1				3
	200-250万円				1				1
	150-200万円								0
	100-150万円	1	1				1		3
	50-100万円		1	2					3
	0-50万円	2							2
		0-20軒	20-50軒	50-1百軒	1百-2百軒	2百-3百軒	3百-5百軒	5百-7百軒	合計39
		檀家数							

出所) 池本(2019，p.176)より一部修正

表8-3)。

　図表8-3は兼務寺も合わせた収入となっており，1つ目に関しては，1,000万円以上の収入がある寺院は23.8%あるのに対して，150万円未満(19.0%)，200万円から250万円(2.4%)，250万円から300万円(7.1%)，300万円から500万円(11.9%)となっている。収入が500万円未満の寺院は全体の43%である。この収入は寺院収入のことであり，企業でいうなら売上になる。ここから寺院の運営に必要な光熱費や修繕費の積立等を除いたものが，給料として受け取る金額となり，所得に対して税金が源泉徴収される[4]。国税庁(2022)によると，2022年の全国平均年収は457万円であることから，想像以上に経営や生活が難しいことがわかる。また，僧侶が専業のみで寺院の運営および生計を立てるのは，200軒以上の檀家がないと難しいといわれている(鵜飼，2015，p.30)[5]。

　さらに，浄土真宗本願寺派は，第11回宗勢基本調査実施センター(2022)によって2019年から2021年にかけて調査を行った。調査途中でコロナ禍に入り，設問も追加したため調査が長期間になっている。収入では，全体のうち累計で200万円未満31.8%，300万円未満42.2%，500万円未満56.9%を占めている(第11回宗勢基本調査実施センター，2022，p63)[6]。高野山真言宗と同じような結果となっている。さらに，本堂・庫裡の修繕などに関わる修繕積立金(御寄進などの見込みを含む)についての質問では，今後を含めて十分可能である割合は全体の14.1%であり，逆に難しい，もしくは不可能という回答は60.3%となっている(第11回宗勢基本調査実施センター，2022，p.29)。

　寺院の格差は，有名な寺，檀家数，大都市のような立地によっているようだ。有名な寺であれば，お布施のほかに観光客等の拝観料や祈祷等の収益が得られる。例えば，高野山恵光院のような有名な宿坊では，コロナ以前はインバウンドによる外国人の宿坊への宿泊が大きな収入源だった。コロナ禍ではもちろん収入は減ったものの，コロナ後には永代供養料や回向料(お布施)，日本人旅行客の宿坊への宿泊料が増えている。また，「民間の業者が行っている霊園や永代供養はつぶれる心配があるけれども，高野山だったらずーっと続くでしょう」と永代供養を依頼する人が増えているとのことだ[7]。

和歌山県は，第1節第1項でみた石井(2015)の調査の通り限界宗教法人になっている割合が高く，その中でも高野山真言宗は突出している。しかし，有名な高野山金剛峯寺に近い恵光院では，過疎地の寺が抱える金や檀家の問題もあまりないようである。また，大都市寺院でも縮小傾向ではあるが，地方からの人口流入によりお墓を都会へ移す等から管理料が得られるようになっている[8]。

　このような現状から，鵜飼(2015)によると，全国で約2万以上の寺は寺としての活動が不可能となっており，別寺の住職が他寺の住職を兼務していることがほとんどである(鵜飼，2015，pp. 241-242)。さらに，少子高齢化，都市への流出，過疎化等から檀家の減少によりお布施等の収入が入らず，寺の運営および住職の生活もままならない状況になっている。

(3)　個別事例から見る神社の状況(コロナ前)

　神社は他教団に比べて実態調査等の実践をあまりしていないと，冬月(2019)は指摘しており，仏教に比べると過疎との関連の調査や資料が少ない。そのような中で，埼玉県神社庁教化委員会(2019)による2017年に行われた『神職実態調査報告書』をみていく。

　仏教同様，後継者問題や生計といった寺院と同様の問題を抱えている。神職専業42.9％，神職専業だが主たる生計が年金29.8％，兼業神職24.4％となっており，農山村の神社では，専業(21)，専業・年金(22)，兼業(17)が同程度となっている[9]。人が多くいる住宅街では専業(28)，専業・年金(12)，兼業(8)，商業地では専業のみ(7)となっている。住宅街や商業地の方が，専業で生計を立てられる程度に収入を得ている(埼玉県神社庁教化委員会，2019，p. 11)。さらに金に関していえば，現時点で社殿の老朽化や境内整備や氏子の減少に関しては，現在および20年後の懸念として挙げられており，経済的安定や神社の立地の問題から後継者への継承をためらう意見も多い(埼玉県神社庁教化委員会，2019，pp. 38-39)。

　冬月(2019)は，高知県の過疎地神社と社会構造変化の関連や影響について調査した。「神社や伝統芸能などの大きな行事を持たない」(冬月，2019，p. 114)と

費用はかからないものの，年金暮らしの高齢者から氏子費[10]の増額をお願いするのは難しい現状であることを宮司のインタビューから引き出している。また，祭りの担い手の問題もあり，続けてはいるものの控え目にせざるをえないようである。また，全国の約9割が兼務神社となっており，単純計算ではあるが，これを宮司数で割ると全国平均1人あたり7.6社を担当すると導いている。「最多は富山県18.9社，最小は大阪府1.7社」(冬月，2019，p.128)である。しかし，有名な神社では兼務の必要がないことを考慮すると，実際に兼務をしている宮司はさらに多く，過疎地であるほど兼務が増える。

　これは神社だけでなく寺院でも同様である。本務の寺社以外にも目配りしなくてはならず，かつ，生計を立てるために兼務寺以外の副業を必要とする場合もある。廃寺・廃社にあたっても，土地の所有権や檀徒・氏子の反対，煩雑な手続き等により，簡単に取りつぶすこともできない。旧制度と現状のジレンマを抱えている。

(4) 寺社の数と信者数の現状[11]

　コロナ以前の調査結果を中心に見てきたが，コロナ以前と直近での全国的な推移を，文部科学省が行った宗教統計調査からみてみる[12](文部科学省，2015；2022)。

　2015年と2022年を比較すると(図表8-4)，全国で仏教法人[13]の数は0.63%の減少となっている[14]。最も減っているのが，富山県8.5%，ついで高知県

図表8-4　仏教団体数の推移(減少率上位5県)

	2022年	2015年	変化率(%)
富山	1,579	1,726	−8.50
高知	464	501	−7.40
広島	1,887	1,938	−2.60
岐阜	2,414	2,471	−2.30
石川	1,402	1,435	−2.30
全国	84,513	85,045	−0.63

出所)　文化庁(2015；2022)をもとに著者作成

図表 8-5　仏教信者数の推移（減少率上位 5 県）

	2022 年	2015 年	変化率（％）
東京	23,698,659	35,756,453	−33.70
京都	1,588,019	2,250,906	−29.40
奈良	878,773	1,207,174	−27.20
和歌山	635,308	857,982	−26.00
大阪	2,466,667	3,146,868	−21.61
全国	70,619,447	88,336,187	−21.10

出所）文化庁（2015；2022）をもとに著者作成

図表 8-6　神社団体数の推移（減少率上位 5 県）

	2022 年	2015 年	変化率（％）
北海道	997	1,068	−6.65
大阪	1,083	1,149	−5.70
広島	2,917	3,036	−3.92
福島	3,099	3,222	−3.82
香川	870	901	−3.44
全国	86,847	88,281	−1.62

出所）文化庁（2015；2022）をもとに著者作成

図表 8-7　神社信者数の推移（減少率上位 5 県）

	2022 年	2015 年	変化率（％）
神奈川	2,192,792	6,041,153	−64.70
岐阜	1,798,905	3,390,543	−46.90
青森	402,940	745,204	−45.90
和歌山	396,273	653,505	−39.40
広島	1,617,241	2,525,944	−36.00
全国	83,964,368	89,526,176	−6.21

出所）文化庁（2015；2022）をもとに著者作成

7.4％，広島県 2.6％，岐阜県と石川県は 2.3％となっている。信者数は，全国で 21.1％，東京 33.7％，京都 29.4％，奈良 27.2％，和歌山 26.0％，大阪 21.6％の減少率となっている（図表 8-5）。仏教団体数が大きく減少している富山県 1.5％程度，高知県 16.3％であった。

　石井（2015）の調査後から，全国的に減少傾向が続いていることは間違いない。高知県は寺院および信者の減少率も大きく，高知県自体の人口減少が進んでいることもわかる。それを裏付けるのが，同期間の人口減少率である。全国では 1.7％の減少率であり，秋田県 9％，青森県 8％，岩手県 7.7％，山形県 7.4％，高知県 7.1％の順に高くなっており，富山県は 4.6％の減少である。富山県も人口・信者数は減少しているものの，高知県に比較すると緩やかである。富山県は，山の中等の立地の悪い寺の統廃合が進んでいると推測できよう。

　神社でも仏教同様 2015 年と 2022 年を比較すると，まず神社は全国的には 1.62％の減少率となっており，減少率が高い順に北海道 6.65％，大阪 5.7％，広島 3.92％，福島 3.82％，香川 3.44％，となっている（図表 8-6）。神道信者は全国では 6.2％の減少であり，神奈川 64.7％，岐阜 46.9％，青森 45.9％，和歌山 39.4％，広島 36.0％の減少率である（図表 8-7）。仏教とは異なる都道府県があがっているが，和歌山県においてはコロナ以前の調査結果や現状からみても寺社ともに深刻な状況であるといえる。

第 2 節　宗教とコミュニティ

(1) 祭りと意識

　地域の伝統や文化には多くの要素があるが，その大半は神事・仏事にまつわるものが多くある。

　1968 年の東京・神田祭に対する 2015 年に行われた追跡調査がある。2000 年頃から一部地域で，住民減少・高齢化により，外部の参加者に頼らないといけない町会もすでに出てきている。全体的に担い手が減少することで祭りの盛り下がりを避けるべく，新たな女神輿や山車の展示等の工夫により活況を得た。

祭り参加者である地元住民の評価は，1968年では伝統，先祖，氏神様といった従来の祭りに対する考えや信仰を含んだ回答が多くあった。一方，2013年神田祭の回答を総括すると「町会のつながりを維持するための最大の行事」(秋野，2015, p.41)となった。

NTT東日本・祭り・イベント総合研究所(2023)の調査によると，「地域コミュニティの継続・発展のために」，アンケート回答者の7割が祭りの開催は必要だとしている。しかし，「ヒト・カネの深刻な不足」「若年層(20歳代・30歳代)と高齢者(70歳代以上)の参加率が相対的に低い」という結果が出ている。また，断念理由としては「行政からの方針による」「地域内での合意形成ができない」が大きな理由となっている[15]。

つまり，本来の古式を熟知している高齢者が参加しない，かつ，これからの祭りや文化の担い手である若者も参加しない状況となっている。さらに金もなく，伝統・文化への意識もない。必要だと認識はしているものの，文化の伝承が難しい状態になっており，努力をしないと地域のつながり・地縁も維持できなくなっている。

地方においては人口の減少により，そして，都会では人がいても参加者が少なく，担い手がいない状態である。生活圏内コミュニティのハブとしての寺社や祭りが，従来のように機能していないのである。

(2) 祭りとコミュニティ

コミュニティは文化・伝統の継承もあるが，地域住民のネットワークや助け合いの機能も保持している。特に祭りは，このコミュニティの一体感を高め，他者や文化を知り，経験でき，かつ近隣の他のコミュニティの人間も来るという点で，地域を活性化させるのに最適のものである。

ZTCAは，ゾーン(zone)，トポス(topos)，コンスタレーション(constellation)，アクターズネットワーク(actors network)のことである。ゾーンはデザインの対象となる区域のことで，コミュニティや地域を指す。トポスは地域の価値発現装置であり，寺社や祭り等のことといえる。コンスタレーションは，アクタ

ーやトポスを結びつけたり，地域に意味を与えたりするもののことで，長期記憶とされる。地域住民にとって地元はたまたまそこで生まれ育っただけではあるが，知らず知らずのうちに身についた文化や伝統，思い出等にあたるであろう。最後にアクターズネットワークは，地域デザインを推進する主体のことであり，ここでは僧侶・神主，檀徒・氏子，地域住民となる。

　コミュニティ自体がゾーンとなっていることが多く，ここには神社・寺院，祭り，冠婚葬祭，石碑等の様々なトポスが存在している。その地域で生まれ育ったアクターからすれば当たり前のものであり，部外者からみればただの石でも住民にとってはトポスとなりうる。自身の体験や思い出，地域文化・伝統，つながりが相まって個々人にとっての意味であるコンステレーションがつくられる。コミュニティの住民にとってこれは地域のアイデンティティといえるだろう。ゾーン内で起こる人との信頼，助け合い，関係性といった生活で生じることは，コンステレーションを強固にし，記憶とともに個々の心の中に根付くものであった。しかし，都会では地方のような，密な関係性を持つコミュニティは存在しないことが多い。

　人生の中に取り込まれてきた宗教儀式は，少子高齢化による担い手不足や簡素化によって省略されることが多くなっている。その中で生活において，居住地域の寺社行事・祭事も減少してきており，従来の日本の伝統や文化，宗教観の継承・存続だけでなくコミュニティの機能やコンステレーションが希薄になっている。

　CAF (Charities Aid Foundation) は，毎年世界の国や人々に「共助」に関する3つの質問のみのアンケート調査を行っている。2023年における日本の結果 (caf report, 2023) は，139位 (142カ国中) となっており，「知らない人を助ける」割合は21%，「寄付」16%，「ボランティアへの参加 (時間)」17%となっており，「知らない人を助ける」では世界で最低の142位となっている。つまり，現代日本人は地縁や人との関わりへの参加に積極的ではないといえよう[16]。

　この傾向は一般市民だけではない。第11回宗勢基本調査実施センター (2022) によると，浄土真宗の住職では，運動会や盆踊り等の地域行事には49.1%が参

加していない。住職が参加している社会活動においても「特に参加していない」が51.7%であり、逆に「過疎対策や町(村)おこしなど、地域貢献活動」に12.7%が参加しているとなっている(第11回宗勢基本調査実施センター、2022、pp.12-13)。

　兼業や複数兼務で忙しく、地域との交流が難しいとはいえ、世の中の動向からしても檀徒や氏子との関係構築・維持は必要不可欠なはずである。住民側も地域貢献活動への参加も少なく、祭り・文化を振興する側も積極的な担い手となりにくく、互いに事縁が薄いのである。このような状況であっても、何らかの有事には寄進等があり、問題は自然と解決されるだろうと考える寺社関係者が多いという指摘もある。これは「誰かが助けてくれるだろう」ということであるが、他者を助けない傾向にあり、かつ信仰もない日本人が動いてくれるとは考えにくい。

　互いに地域との関わりもなく、興味・関心のつながりが地域とは別にある。このような状態で従来のようなコミュニティに基づくつながりや寺社・住民の関係を取り戻すことは難しい。さらに、以前までは顔を突き合わせて話をする場所は、実在する場所でありコミュニティ内で行われるものが中心であった。現在では話をする場がオンラインという別次元の空間に移行している。

　かつては一致していた物質的・精神的つながりがリアルとサイバー空間に分離しており、コミュニティやコンスタレーションを維持するには、この新しい状況に対応していく必要がある。

(3) カーニバル(謝肉祭)

　物質的・精神的分離が良い方向に働いているのが、カーニバルである。リオのカーニバルのような派手なパレードやダンス、祭りのイメージがあろうが、参加者や信仰等の関係という視点からみると単なる祝祭とは言い難い面がある。

　キリスト教イースター(復活祭)前に、かつて信者は、磔刑に処せられ復活するまでのキリストを想い断食を行った。これは3月末から4月初めに行われ、ローマ時代から始まったとされる。キリストが荒野で40日間断食したことや

日曜日には断食しない習慣に由来し，これら日数を合計した全46日間を四旬節と呼ぶ。この始まりの日を「灰の水曜日」と称し，断食や禁欲が始まる。

カーニバルは，民衆が主体となって行ったもので，この前夜に行われた断食前の最後の晩餐のことである。肉やごちそう，様々な欲とお別れをするいわば断食前の宴会であった。現在では，宗派によって時期が少々異なるが，「灰の水曜日」前日の火曜日から前7日の約1週間がカーニバルの期間となっている[17]。

カーニバルは，イタリアのヴェネツィア，ブラジルのリオが有名であるが，そのほかにドイツのファストナハト，アメリカのマルディ・グラ(肥沃な火曜日)がよく知られている。

ファストナハトは，冬から春へ向かうにあたり，神から多くの恩寵を得るためのものである。「共同体の結束を強める役割も果たし」「参加者の行動，仮面と仮装は，伝統を引き継ぎながら演出によって規制されている仮面行事じたいが，町や村を舞台とした共同体の民衆劇」(谷口・遠藤，1998, p.43)である。現在では，四旬節の断食という宗教儀礼はほぼなくなり，華やかな祝祭的な部分が残っている。各地のカーニバルが始まった昔と意味や背景が変わりながら継続されている。つまり，祭りから本来核となる民衆の信仰，および，祭りという行為を分離させ，別個のものとした。これにより，宗派や民族問わず多くの人が参加できるものとなった。

カーニバルは歴史を知る者にとっては，宗教の意識が多かれ少なかれ自身と紐づいた祭りである。一方，知らない者にとっては誰もが楽しめる単なる祭りである。2つの異なる立場のアクターが存在している。例えば，ドイツ・ケルンのファストナハトは，1823年から「祝祭管理委員会」が設立され，軍服風の衣装等の独自スタイルが確立され，現在まで続いている[18]。このようにドイツ各地で地域伝統と独自スタイルを融合し発展している。

地域であるゾーンや提供側のアクターが，受け手となる各アクターとの関係を，個人の宗教性およびカーニバルへの関心によって関係のあり方を編集している。古来のカーニバルでは地域の高い宗教意識が求められていたが，これを

時代の意識・認識にあわせて変化させ，受け手に沿うようにしている。

　古くからある伝統・風習をそのままの形で維持することも大事だが，現在の意識・考えは従来と異なっている。リアルとサイバーの分離そして宗教性の濃淡という現状にあわせた宗教(寺社)・受け手の関係を見直す必要があろう。この点に気づき，新たに関係を構築しているアクターをみていく。

第3節　空間(ゾーン)によるコンテクスト転換

(1)　江戸総鎮守・神田明神

　神田明神は730年に創建された古社であり，1300年目を迎えようとしている。神田，日本橋，秋葉原，大手丸の内，旧神田市場，豊洲魚市場といった108町会の氏神となっている[19]。神社での年間行事，婚礼，祈祷を行う。年間行事の中には，御神殿だけでなく境内で祈祷を行い，参拝客の間近でみせることで神社儀式への理解につなげようとする。この点では，X (旧Twitter)やInstagram等多くのSNSによる情報発信を行っている。AKIBA観光協議会と神田明神公認で「神田明神社殿」をオンライン上で2022年にオープンしており，神田明神の所蔵浮世絵等もみることができる[20]。ここでは，海外に向けて日本文化を広く発信することを目的としている。

　神田明神は多くのアイコン(トポス)をもっており，神田祭，銭形平次の碑，および，平将門命(まさかど様)を祀っている。漫画『こちら葛飾区亀有公園前派出所』[21]や，アニメ「ラブライブ！」では重要な場面での舞台として使われていることもあり，「聖地」となっている。

　2019年第四回神田明神納涼祭りではTRFのDJ KOOと日本舞踊家の孝藤右近による『Tokyo Bon Dance First 2019』を境内で行った。TRFの名曲を盆ダンスバージョンにし，かつ振り付けもある新しい盆踊りを開催した。その後は，アニメの聖地となったこともあり，「アニソン盆踊り」が開催されている。1日目には新旧アニメソングの盆踊りを取り入れ，2日目・3日目は従来の盆

踊りを開催している。

(2) 愛媛県・日照山海禅寺，副住職・薬師寺寛邦

愛媛県今治市にある臨済宗・海禅寺の副住職であり，音楽家でもある(海禅寺公式HP)[22]。仏教を伝えるために寺院ライブや2018年からニコニコ超会議で「超テクノ法要」を行っている。多数のアルバムやシングルをリリースしているが，般若心経をそのまま歌詞として様々な楽曲をつけている。それはテクノやHipHop等の広いジャンルにわたっている。また，日本だけでなく台湾やオーストラリアでワールドツアーを開催している。

YouTubeの公式チャンネルでは，34万人以上の登録者および4,000万再生を超えるほどであり，インスタグラムでは13万人を超えるフォロワーがいる。さらに，メタバース祈祷場として，「The Practice of ZEN」を作成し，国内だけでなく世界そしてサイバー空間へと仏教を軸にして幅広い活動を行っている。

(3) 島根県・石見神楽

日本遺産である石見神楽は里神楽であり，島根県西部石見地方を代表する伝統芸能である[23]。宮内庁で雅楽も含まれて行われる「御神楽」，および，修験者により伝播し，その土地の巫女や神主が受け継ぎ，民間で行われ定着・発展した「里神楽」の2つに分類できる。石見神楽は里神楽である。

「中国地方の神事芸能といえば第一に神楽があげられる。(略)中国地方ではおおむね国別に特色のある神楽ができており，その中でも集落ごとないし神社ごとに伝承団体を構成」(石塚，1983，p.99)しており，近接している四国では神楽はあるもののわずかな団体がある程度である。国土交通省中国運輸局によると，中国地方の神楽の上演団体は500を超えるとしている。

石見神楽は「謡曲を神能化した出雲の佐蛇親王(さだしんのう)が石見地方に伝わり，民衆の娯楽として演劇化」された[24]。明治政府から神職の演舞を禁止する達しが出たことにより，神事は神主が中心になり，神楽の演目は土地の人々の手に受け継がれ，民俗芸能として演舞されるようになる。30以上の豊

富で多彩な演目や創作神楽も加わり，そのほかに里神楽では稀な古典的な詞章がありかつ里におりたことから方言的な表現もあるという特徴をもっている。これに関して，「石見から安芸北部にかけてのもの，つまり広義の石見神楽には，いまなお劇化の進展が見られ，むしろショー化されつつあるともいえる。ということは，そういうものを好む土壌がこの地方にはある」と指摘されている(石塚，1983，p.100)。

　石見神楽は，浜田市三宮神社で2007年頃から毎週末に公演が行われており，かつ，東京等の県外公演も行っている。浜田市には神楽を伝承する11の公式団体が存在する。平成にできた最近のものもあるが，古くは江戸時代から続く団体もあり，これらは浜田市での主な奉納神社をもっている。

　浜田市は，インバウンド観光の取り組みを展開する中で，この石見神楽を中心にすえている。さらに，石見神楽の公式サイトやYouTubeにショート動画を掲載している[25]。前者では，演目についての説明だけでなく口上も掲載し，後者では2021年にYouTubeにおいて，実験的に石見神楽のライブ配信を行った[26]。

　さらに，メタバース上に「石見神楽会館 in メタバース Spatial[27]」を2023年10月からリリースしている。日本語だけでなく英語での解説，石見神楽やそれに関する衣装・道具等そして浜田市等の紹介が盛り込まれている。

(4) 関係編集のパターン

　神田明神は，伝統と強くつながる人たちだけでなく，伝統や風習に対する意識の希薄な人たちともつながりを維持しようとしている。前者は地域住民であり，ゾーンで捉えることができる。後者は特に若者層であり，神田明神というゾーンでありトポスでもあるものを，各種SNSやコラボにより，興味をいかにもたせ，神田明神にまで来てもらえるようにするかというきっかけ作りを考えている。第2節でみたファストナハトと同様である。特に「Bon Dance」や「アニソン盆踊り」として，古くからある「盆踊り」を今にあわせ受け入れられやすくしている。いわば，伝統から現在へとゾーン・トポスの関係編集をリアル空間で行っている。神田明神VRでは，バーチャル空間で神田明神に行け

るだけでなく，隅々まで見ることができる。海外，若者，そして，参拝したいが何らかの理由で難しい人たちにとってつながる場所となりうる。伝統を「興味深い場所」というコンテクストで捉え直すことで，若者や外国人への魅力を高めている。

海禅寺副住職・薬師寺寛邦は，古臭く葬儀だけのものと思われているお経を，型にはまらない新しい形で示している。その根幹には，心の平穏をもたらす仏教，つまり，宗教の本来の目的がある。かつては寺院に行き，説法やお経を聞くことで，心の拠り所を維持していた。一方多くの若者は，寺院に行くことはないが，音楽を聞き，SNSと親しんでいる。ニコニコ超会議に参加し，かつ，それがYouTubeで広まることで，興味をもってもらい，様々な音楽アプリで親しんでもらうことにつながる。さらに興味のある人は，メタバースでの活動もできる。副住職を務める寺院とは関係のないコンサート会場やサイバー，オンラインを主体とした縁のつながりを提示する。「心の平穏」というコンテクストで捉えると，コンスタレーションを重視した現代的な関係を構築している。

石見神楽は，里神楽として民衆のものとなった。その時点でカーニバル同様に地縁とつながりがあり，かつ，強い信仰の現れではなくなっている。これにより，多くの日本人にわかりやすいものとなっている。石見神楽の施策は，インバウンドを目的としており，SNSを用いて現地への誘導を図っている。メタバース上で，石見神楽の説明や映像等を見ることができる，このバーチャル空間において，新たな関係を築こうとしている。しかしながら，一般的な観光施策となっており，コンテクストの転換が必要と考えられる。つながり方や関係性の構築において，今後の動向を注視したい。

おわりに

生計ということだけではなく，現状に適応しようと寺社・僧侶・宮司は模索をしている。お守りや絵馬，御朱印帳のデザイン性を高めたり，僧侶や寺院が地域住民とカフェを開いたりして，互いの関係を復活させようとしている。そ

のほかに，受け手側である信者の都合や要望に可能な限り応える動きもある。例えば，お布施等の金額をあらかじめ一覧にしたり，合同墓への埋葬に対して遺骨をゆうパックで送付したものを受け付けたりもしている。

　少子高齢化に伴う社会構造の変化に伴うアクターの行動と，従来コミュニティのもつ機能の間で，考えや意識に齟齬が起こっている。これは，以前からある年配者と若者といった対立図式ではあるが，従来よりも大きくそして劇的と呼べるほどの変化であり，今後も続くと考えられる。

　多くの人の活動の場がオンライン空間へと移行しており，地域に縛られるのではなく，自身が自由に縁を結びたい場所(サイト・ゾーン)を選べるようになっている。SNSを用いてリアル空間に招き，サイバー空間へと移行させたり，もしくは直接オンライン上でも個人の興味と場所の一致を成立させたりしようとしている。

　伝統を「知らないこと」から「楽しそうなこと」「興味のあること」への体験にコンテクスト転換をすることで，受け手側のアクターはいつでも心の充足や平穏を手に入れられるようになった。つまり，寺社が空間(ゾーン)の新たな意味づけに成功したことで，リアル・オンラインのどちらでも，受け手はトポスやコンスタレーションを得ることができる。空間の使い分けによる関係編集が，寺社関係者および提供側のアクターにより行われたのである。

　この動きは心の拠り所となり個人のコンスタレーションとして，機能する。しかし，人々は現実世界で生活しており，ここでのつながり等の問題は解決できていない。この点に関して一石を投じたのが，岩手県奥州市で1000年続く奇祭「黒石寺蘇民祭」の中止決定である。この祭りを行うにあたり，多くの儀式が必要であり，それは檀徒の心の拠り所である信仰に根付いている。蘇民袋の争奪が注目され話題になっており，観光という経済効果もある。しかし住職は，イベントとして継続することは市民の自由だが，信仰を守るために黒石寺は今後蘇民祭に関与しない旨の意思表明をしている。

　文化やコミュニティの維持は，地域住民であるアクター自身の生活の質や精神面にも必要である。今後はこの実体と精神の関係編集が求められるだろう。

注
 1）福島県は人口動体の予測困難性から日本創成会議の調査対象外となっている。また，どの宗教法人も文化庁および都道府県に登録されており，本調査は両者を含んだものである。
 2）神社，仏教，キリスト教，その他を含む。
 3）寺院の金に関しては，橋本（2014）および水月（2016）が詳しい。
 4）護持費（会費）は檀家が管理し，使用に関しての決定権は筆頭檀家の総代達にある。つまり，住職が自由に使えるお金ではない（水月，2016，pp. 41-46）。
 5）鵜飼も住職だけでは生計を立てられないため，サラリーマン記者をしている。
 6）本調査結果は『宗報』2022年1月号に掲載されているが，公式サイトからダウンロードした資料では，『宗報』自体のページ数が記載されているだけでなく，掲載資料のみのページ数も付記されている。本稿では，前者を記載している。
 7）月刊終活 WEB（2023）参照。
 8）お寺の収入源は主に，葬祭・法要，戒名，読経，墓地経営となる。神社の場合は，主に外祭，社頭祈願や御朱印・神札類となる。
 9）資料には本務宮司・宮司配偶者・後継者にアンケートをとっている。本調査結果は宮司の回答によるものだが，数字に単位をつけていない。よって，資料にあわせた表記にした。
10）高知県内の集落であっても幅があり，おおよそ1000円から3000円が相場となっている（冬月，2019，p. 116）。
11）神社の事情に関しては，島田（2018）が詳しい。
12）「宗教統計調査」は，文部科学省および都道府県管轄宗教法人が調査・集計したものである。宗教団体は両者のどちらかに管轄されている。
13）宗教法人は，包括宗教法人，被包括宗教法人，単立宗教法人に大きく分類できる。包括宗教法人は宗派，被包括宗教法人は宗派に属する末寺，単立宗教法人はもともと独立している，もしくは，この関係から独立したものが該当する。特に神社は，日光東照宮，出雲大社や靖国神社等の有名な神社が単立となっている。
14）寺社に関する最新の調査内容と同じものは一番古いものが2015年であった。よって，この二者で比較を行った。
15）NTT 東日本　祭りイベント総合研究所（2023）参照。
16）Caf report（2023）参照。
17）カトリック中央協議会，https://www.cbcj.catholic.jp/faq/lent/（2024.2.10 アクセス）。
18）ドイツ大使館「地方色豊かなカーニバル」，https://japan.diplo.de/ja-ja/themen/willkommen/karneval-gegend/967296（2024.2.10 アクセス）。
19）神田明神公式 HP，https://www.kandamyoujin.or.jp（2024.2.3 アクセス）。
20）「バーチャル秋葉原」とともに XR（AR,VR,MR 等の総称）で地域活性化の一環として行っている。VIRTUAL AKIHABARA（2022），https://www.virtual-akihabara.com（2024.2.10 アクセス）。
　　バーチャルで神田明神 VR で龍画家・絵獅匡エサカマサミ原画展を行っており，御社殿

や境内を見ることができる。神田明神 HP, https://www.kandamyoujin.or.jp/virtual/（2024.2.20 アクセス）。
21）「こち亀」はラボお守りの販売や神田明神で山車の展示，連載終了時には巨大絵巻を永年奉納するといったことも行われた。「ラブライブ！」では，絵馬にある片面の絵が同アニメのものもある。また秋葉原に近いこともあり，V Tuber の「ホロライブプロダクション」，神田祭およびアトレ秋葉原でコラボ企画を行った。
22）海禅寺公式 HP 参照。
23）神楽は，古くは神座（かむくら）と呼ばれ，転化し神楽となった。神や霊を安置する神聖な場所，および招魂や鎮魂を行う場所のことである。起源は天照大神が天岩戸に隠れた時に，天岩戸前でアメノウヅメが神がかりをして舞ったものだとされている。神を祀るための神事芸能となった。そして，儀式，舞や音楽を行いながら，神がかりがおこり神の託宣が下され，神を送り，神楽が成就される，というのが一連の流れになっている。なお，岩手県立図書館（2021），国土交通省中国運輸局を参考とした。
24）石見神楽公式 HP「石見神楽について」参照。
25）そのほかにも，石見神楽は 2023 年には世界的なダンサー，ケント・モリとミュージックビデオでコラボレーションをもしている。
26）コロナ禍によりインバウンドへの観光需要が得られないことや，石見神楽の内容や魅力を理解してもらうためのツールとなるかを判断するため，ライブ配信を行った。チャット機能を用いて回答を行い，終了後に鑑賞に対する調査も行った。「石見神楽チャンネルの購読者数が 2 人から 24 人に増えた。2022 年 4 月には購読者が 70 人に増えていた」とあり，この結果に対して唯一の外国語字幕付きチャンネルであることを挙げている。また，ライブ配信に関しては，通信環境および時差の問題や基本知識・理解といった関与の高い視聴者には有効であるが，低関与視聴者への訴求方法に課題があることを示している（江口，2023）。
27）石見神楽会館 in メタバース Spatial, https://www.spatial.io/s/Shi-Jian-Shen-Le-Guan-63afe826758e7f0001e0a7fe?share=4488666127193911255（2024.2.10 アクセス）。

参考文献
相澤秀生（2018）「過疎地域における曹洞宗寺院の現状―曹洞宗宗勢総合調査 2015 年に基づいて―」跡見学園女子大学『跡見学園女子大学文学部紀要』第 53 号, pp. 139-160。
秋野淳一（2015）「都市祭りの経年的変化―戦後の地域社会の変容と神田祭五十年の盛衰―」國學院大學『國學院雑誌』第 11 巻第 116 号, pp. 30-54。
池本裕行（2019）「人口減少社会における地方寺院経営の現状―高野山真言宗和歌山支所を事例として―」密教文化研究所編『高野山大学密教文化研究所紀要』第 32 号, pp. 182-164/1-20。
石井研士（2015）「宗教法人と地方の人口減少」文化庁『宗務時報』No. 120, pp. 17-35。
石塚尊俊（1983）「中国・四国の祭り」石塚尊俊編著者『日本の祭り　第 7 巻［中国・四国］』講談社, pp. 94-100。

岩手県県立図書館（2021）「いわての神楽の歴史」，http://www.library.pref.iwate.jp/ex/2021_kagura/main/01.html（2024.2.10 アクセス）。
石見神楽公式 HP「石見神楽について」，https://iwamikagura.jp/about/（2024.2.10 アクセス）。
鵜飼秀徳（2015）『寺院消滅』日経 BP 社。
江口真理子（2023）「石見神楽の YouTube ライブ配信がもたらす観光振興効果と課題の検討」島根県立大学総合政策学会『総合政策論叢』第 45 号，pp. 7-28。
NTT 東日本　祭りイベント総合研究所（2023），https://www.ntt-east.co.jp/release/detail/pdf/20230803_01_01.pdf（2024.1.15 アクセス）。
海禅寺公式 HP，http://www.kaizenji.info（2024.2.10 アクセス）。
カトリック中央協議会（2023），https://www.cbcj.catholic.jp/faq/lent/（2024.2.10 アクセス）。
月刊終活 WEB（2023）「収入額 6 割減から再生を図る高野山の宿坊『恵光院』」，https://butsuji.net/otera/15268（2024.1.15 アクセス）。
国税庁（2022）「令和 4 年分民間給与実態統計調査」，https://www.nta.go.jp/publication/statistics/kokuzeicho/minkan/gaiyou/2022.htm（2024.2.15 アクセス）。
国土交通省中国運輸局「ようこそ『神楽』の世界へ」，https://wwwtb.mlit.go.jp/chugoku/kankou/kagura/txt/charm.html（2024.2.10 アクセス）。
埼玉県神社庁教化委員会（2019）「『神職実態調査』報告書」『埼玉県神社庁報』228 号，別冊，http://www.saitama-jinjacho.or.jp/wp/wp-content/uploads/2019/05/jincho_228_ext_201904.pdf（2024.1.15 アクセス）。
島田裕巳（2018）『神社崩壊』新潮社。
第 11 回宗勢基本調査実施センター（2022）「第 11 回宗勢基本調査　中間報告（単純計算）」『宗報』浄土真宗本願寺派総合研究所，1 月号，http://j-soken.jp/files/shuho/shuho_2201_21-79.pdf（2024.1.15 アクセス）
統計数理研究所（2018）「日本人の国民性調査」，https://www.ism.ac.jp/survey/KSResults/Tables/Section3.html（2024.2.15 アクセス）。
谷口幸男・遠藤紀勝（1998）『ヨーロッパの祭り』河出書房新社。
橋本英樹（2014）『お寺の収支報告書』詳伝社。
文化庁（2015）「宗教統計調査」，https://www.e-stat.go.jp/stat-search/files?page=1&layout=datalist&toukei=00401101&tstat=000001018471&cycle=0&tclass1=000001082896&tclass2val=0（2024.1.15 アクセス）。
文化庁（2022）「宗教統計調査」，https://www.e-stat.go.jp/stat-search/files?page=1&layout=datalist&toukei=00401101&tstat=000001018471&cycle=0&tclass1=000001212980&tclass2val=0（2024.1.15 アクセス）。
冬月律（2019）『過疎地神社の研究：人口減少社会と神社神道』北海道大学出版会。
水月昭道（2016）『お寺さん崩壊』新潮社。
山路興造・武井正弘（1990）「島根県邑智郡桜江町小田　大元神楽」網野善彦他編集委員『［大系］日本　歴史と芸能　第八巻　修験と神楽』平凡社，pp. 213-223。
Caf report（2023），https://www.cafonline.org/docs/default-source/about-us-research/wgi_report_2023_final.pdf?sfvrsn=402a5447_2（2024.1.15 アクセス）。

第9章
路線デザインの新視角
―観光スポットの関係編集による沿線の価値発現―

鈴木　寛

はじめに

　マーケティングの歴史を振り返ると，アメリカでは「1970年代から80年代前半に非営利組織へのマーケティングの適用という考え方が浸透し，とりわけ民間部門に最も近い領域である教育，医療，交通運輸，美術館，図書館などのサービス領域においてマーケティング手法が急速に浸透し」(戸田, 2013, p.84)とあるように，公共性の高い業務である交通(鉄道)においては，マーケティングの導入が比較的遅く，同様にブランディングに関しても，鉄道業界はその業務特性から導入が遅かったと考えられている(鈴木, 2024)。

　鉄道会社は，沿線の住民や観光客を輸送することで利益を上げるのが基本的な経営スタイルである。鉄道会社の本業とされる，沿線住民を日常的に輸送する点においては同業同士の競争が比較的少ない[1]。そのため，特に関東の大手鉄道会社は大量の沿線住民を輸送することにより日々着実に収益を上げることができる。このような背景から，鉄道会社においてマーケティングやブランディングの必要性は相対的に低かったと考えられる。

　その中でも，阪急電鉄の小林一三が成立させた日本の民間鉄道会社のビジネスモデル(井原, 2020)は，線路を敷設して住宅地を開発・販売し，沿線に遊園

地や劇場，ターミナル駅には百貨店等を作り乗客を増やして運賃収入を得つつ，グループ会社の施設を利用してもらうというものであり，このようなビジネスモデルは海外と比べて日本の鉄道会社の特徴としていえるだろう。大阪における阪急に加え，東京では東急が同様の事業展開を行い，自社沿線を開発し，魅力的な住宅地（ゾーン）として開発することによりブランディングを行ってきており，両社とも高い顧客満足度を得ている（日本生産性本部サービス産業生産性協議会，2023）。

全般的に見ると，鉄道会社は他産業と比べて相対的にマーケティングやブランディングの導入が遅かったが，上述2社以外の関東の鉄道会社にとっても，2010年代に入る頃から少子高齢化の波を受け，本業ともいえる鉄道業において沿線の人口を確保・誘致することが重要な課題になり，沿線住民を積極的に獲得する競争が行われるようになった（鈴木，2024）。

本章では，第1節にて関東の鉄道会社におけるゾーニングとして，企業自身が行うものと消費者が認識しているゾーニングの異同を示す。第2節では本章で事例として取り上げる京急電鉄におけるゾーニングを示し，京急が設定した各ゾーンにおける現状を示す。第3節にて実際に京急が行ったコンテクスト転換の事例を示し，利用者増大や地域活性化にもたらした結果を明らかにし，鉄道会社におけるコンテクスト転換における今後の課題を示す。

第1節　鉄道会社における「ゾーン」

(1) 鉄道会社自身によるゾーンの設定

地域デザイン学会における公式モデルであるZTCAデザインモデルでは，どのようにゾーンを規定するかが重視される。鉄道会社にとってのゾーンとは，当然ながら線路を敷いている沿線ということになる。鉄道路線の多くは1つの自治体内で完結することなく，複数の自治体にまたがって走ることから，各鉄道会社は自社の路線をゾーンと規定して特徴づけることにより，地域価値の最大化を戦略的に指向することができる（原田・板倉，2017，p.22）。

しかしながら，単に鉄道路線といっても路線によって特性は様々であり，1つの路線を単一のゾーンとして捉えることは難しい。例えば小田急小田原線は，東京都新宿区の新宿駅を起点に渋谷区，世田谷区，狛江市を経て神奈川県に入り，神奈川県川崎市，東京都町田市，神奈川県相模原市等を経由し終点の神奈川県小田原市まで至る 82.5km の路線である。このように長大な路線の場合，路線全体を1つのゾーンとすることはイメージ上も実務上も難しく，戦略的にいくつかのエリアに分ける必要が出てくる。実際に，小田急電鉄の子会社である小田急不動産は，小田急沿線を6つのエリア（新宿・代々木，世田谷，新百合ヶ丘・多摩，町田・相模原，厚木・小田原，湘南）に分けて地域情報や不動産の情報提供を行っている。

(2) 消費者によるゾーンの認識

鉄道会社の沿線外に住む人にとっては，各路線の終着駅（目的地）もまたその沿線のイメージとして想起される場合がある。例えば関東の場合，東武鉄道（東武）が日光への路線が開業した 1929 年より展望車を走らせ（東武鉄道 HP），同様に小田急は 1950 年より箱根への直通列車を自社の看板列車として運行している（小田急電鉄 HP）。そして日光や箱根において，バス事業を行い，ホテル等を作って観光客を誘致するという事業展開をしている。このように古くから著名な観光地であり，各鉄道会社の看板となる特急列車が運行されることにより，東武＝日光，小田急＝箱根のような鉄道会社と地域が関連づけられてイメージされるものである。

しかしながら，近年東京近郊でも生じている少子高齢化の影響を受けた住民の獲得競争という現状を踏まえると（ex 鈴木，2024），終着駅の観光地のみが当該沿線の地域として認識されることは好ましくなく，広い沿線をいくつかに分け，ゾーンごとによいイメージを構築して住民を引きつけることが重要である。

大手鉄道会社の事業領域は基本的に鉄道やバス等の輸送事業が中心であり，それに付随して自社沿線においてスーパーマーケットや百貨店等の小売業，ホテル等のサービス業を展開するといった事例が多く見受けられる。当然ながら，

これらの事業を展開するエリアは自社の路線に沿った地域が中心となる。

例えば、東急の場合、①東横線および田園都市線の起点でもあり同社が拠点とする渋谷、②同社が戦後開発をしてきた多摩田園都市（神奈川県川崎市〜大和市にまたがる田園都市線沿いのエリア）、③同社が「プラチナトライアングル」と称する渋谷（東京都渋谷区）〜自由が丘（同目黒区）〜二子玉川（同世田谷区）を結ぶエリア、④多摩川流域、⑤横浜・新横浜エリアと分類をしている（東急HP）。

実際に、人々は鉄道の路線全体（起点から終点まで）を沿線として認知しているわけではないケースも示されている。JR東日本傘下の広告代理店であるジェイアール東日本企画の駅消費研究センター(2023)は、インタビュー調査にて調査対象者に「沿線として認識する範囲」を聴取したところ、起点から終点までを「沿線」として捉えた人がJR中央線で11人中3人[2]、東急東横線で8人中4人であった（駅消費研究センター，2023, p.4）。

さらに、駅消費研究センター(2023)の調査では、回答者は中央線も東横線も全体を1つとしてイメージする人はおらず、路線内をいくつかの区間に分けて

図表9-1　東横線内・みなとみらい線内のイメージのまとまり

対象者	元町・中華街	日本大通り	馬車道	みなとみらい	新高島	横浜	反町	東白楽	白楽	妙蓮寺	菊名	大倉山	綱島	日吉	元住吉	武蔵小杉	新丸子	多摩川	田園調布	自由が丘	都立大学	学芸大学	祐天寺	中目黒	代官山	渋谷
1	港町ザ・横浜										ニューファミリー										ザ・東京				
2	買い物, 目の保養			興味なし		身近								おしゃれ, 探索する						
3	ザ・横浜			急行が止まらない			生活拠点			住宅街			おしゃれカフェ,おしゃれ居酒屋		ワンランク上のおしゃれ
4			洗練, デートスポット, 王道, ベタ									ゆったり				洗練, 格式, 上品, おしゃれ		
5	日帰り旅行			ラーメン, 男性						セレブ家族				おしゃれカフェエリア, 女性				
6	横浜						住宅									お買い物, 飲食				
7	みなとみらい			神奈川			都内寄りの住宅地						都内エリア				
8	みなとみらい			なじみのある場所					のどか				おしゃれな都内				

出所）駅消費研究センター(2023), p.5を修正し引用

イメージしていた(図表 9-1)。

このように，1つの路線であってもエリアによって人々のイメージは異なることから，鉄道会社にとっては，自社の沿線においてどのようにエリアをゾーニングするかが重要である。

第2節　京急電鉄におけるゾーニング

(1)　京急の特徴

本章で事例を取り上げる京急電鉄(京急)は，1899(明治32)年に前身となる大師電気鉄道が開業させた六郷橋(現京急川崎駅付近)から大師(現川崎大師駅)までの2.0kmの路線を発祥とする企業である。現在の京急の路線は泉岳寺(東京都品川区)から浦賀駅(神奈川県横須賀市)・三崎口(同三浦市)を結ぶ本線・久里浜線がメインとなっており[3]，京急川崎から川崎大師をへて小島新田へと向かう大師線は支線の扱いである(図表9-2)。

このように京急は川崎市内を発祥としているが，「京急＝川崎」というイメ

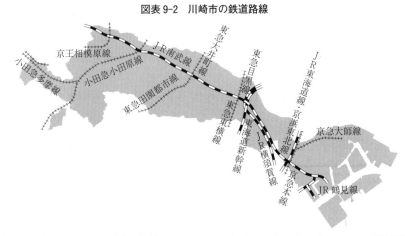

図表9-2　川崎市の鉄道路線

出所）川崎市 HP (2016)「市内の鉄道」, https://www.city.kawasaki.jp/kurashi/category/26-1-2-8-1-0-0-0-0-0.html (2024.6.16 アクセス) より引用

ージはそれほど強いとはいえない。その理由として，同社の発祥である大師線が現在は支線となっていること，また京急本線においても川崎市内に所在するのは京急川崎1駅のみであること，京急本線は川崎市の「南北に細長い」地形（東西に約31km，南北に約19km）に対し，その一部をほぼ垂直に貫通するのみであること[4]，京急川崎駅は本線における優等列車停車駅であるが，駅近辺で同社が大規模な商業施設等の事業を展開しているわけではないことなどが考えられる[5]。

　現在の京急は，事業の実態から窺える内容として「羽田空港第1・第2ターミナル」「羽田空港第3ターミナル」の両駅が東京国際空港（羽田空港）に直結していることから，全国的には羽田空港とターミナルの品川駅および都心部，横浜駅方面を結ぶ路線として打ち出しており（同社は実際に羽田空港と航空路線が結ばれている大阪や沖縄などのモノレールにおいて自社の利用を促す広告展開を行っている），同社がHP上でも「羽田と言えば京急と言われるように～」と記載しているように，全国的に「羽田＝京急」のイメージを形成しようとしていると考えられる。さらに，京急は列車の行き先として駅名が表示されることにより，鉄道利用者に対しその地へのアクセス可能性の認知を高めると考えていることから（京急電鉄HP，2019a），同社の路線における列車の行き先として頻繁に表示されるターミナル駅・品川に加え，「三崎口」「浦賀」「逗子・葉山」を同社の地域イメージとして打ち出そうとしていると考えられる。

(2) 京急電鉄におけるゾーニング

　京急におけるゾーニングを考える際，前節で示した3つの終着駅までの距離は品川から「事実上の」本線として列車が運行されている久里浜線の三崎口（神奈川県三浦市）までが65.7km，本線の終点である浦賀（同横須賀市）までが55.5km，逗子線の逗子・葉山までが（同逗子市）46.8kmという距離を考えると，路線全体を1つのゾーンとして捉えることは難しい。

　実際に，京急が投資家向けに公表している事業展開には同社の考えるゾーニングを見て取ることができる（図表9-3）。同社は品川，羽田および横浜を「成

図表9-3 京急の事業エリア

出所) 京急電鉄 HP, https://www.keikyu.co.jp/ir/individual/business_field.html (2024.6.21 アクセス) より引用

長トライアングルゾーン」として規定している (京急グループ, 2022, p.8)。ターミナル駅である品川はリニア中央新幹線の起点駅としても整備が進められており, 現在東日本旅客鉄道 (JR 東日本) とともに品川駅街区開発計画によって,

国際交流拠点にふさわしい都市機能の導入を目指して計画が進められている（京急電鉄 HP 2022）。

次に，同社の駅が空港に直結している羽田（空港）エリアは，羽田空港跡地[6]の整備事業として HANEDA INNOVATION CITY（羽田イノベーションシティ）が 2020 年にオープンした（2020 年に先行開業，2023 年にグランドオープン）。これは，先端モビリティセンターや先端医療研究センターに加え，ロボティクス・ツーリズム等を中心とした実証実験が行われ，カンファレンス施設や商業施設も包含した施設である（HANEDA INNOVATION CITY HP 2024）。また同跡地内には都市公園が計画されており（東京都都市整備局 HP 2024），今後も発展が見込まれるエリアである。

そして横浜では，みなとみらいエリアにおいて現在も開発が進められていて（横浜市 HP 2024），同社はみなとみらい 21 中央地区 53 街区開発事業に関わっている（京急電鉄 HP，2022a）。また JR 関内駅そばに位置していた横浜市庁舎の移転により，旧市庁舎の行政棟を保存・活用しつつホテルや商業施設，新産業創造拠点等を整備する事業に参画するなど（京急電鉄 HP，2022b），こちらも今後の成長が見込まれるエリアである。

このように，京急が規定する「成長トライアングルゾーン」では今後も成長が見込まれるのとは対照的に，京急本線の終着駅である浦賀や久里浜線の三崎口，逗子線の逗子・葉山のエリアは人口減少が続いている。よって，京急にとってはこれらのエリアの活性化が同社における課題となっている。その上で，人口減少が続くこれらのエリアと品川や羽田，横浜との往来を増大させることを目標としている（京急電鉄 HP，2021a，p.4）。

(3) 京急の運賃改定に見るエリアごとの戦略の違い

コロナ禍を経た近年，多くの鉄道会社が相次いで運賃の改定を行った。その背景として，新型コロナウイルス感染症による利用客の減少に加え，社会の変化に伴うバリアフリー化対応やホームドアの設置，防犯カメラの整備等，鉄道会社に求められる設備投資が増大したことが挙げられる。

コロナ禍を経て運賃を改定(値上げ)した鉄道会社の多くは，区間ごとの改定率に多少の差異はありつつも全区間において値上げを行うのが一般的であった。しかしながら，京急は「遠距離ほど改定率を低くし，さらに新たな需要創出と沿線活性化を目指し，41km以上は値下げいたします」(京急電鉄 HP, 2023)とし，値上げを行う区間がある一方で値下げを行う区間もあることが特徴的である。

具体的には41km以上の区間を現行の運賃から値下げをするものであり，品川から金沢八景以遠，横浜から三浦海岸以遠などが該当する。これらの区間の設定により，三浦半島における新たな需要創出と沿線活性化を目指すものである。

このように，京急におけるゾーニングを大別すると今後も成長が見込まれる品川・羽田・横浜の「成長トライアングルゾーン」と，対照的に人口減少が進み活性化が必要とされる三浦エリアの2つのゾーンからなっている。そしてこれらのゾーンごとに戦略を使い分けていることが2023年の運賃改定からも示されている。

第3節　三浦半島ゾーンにおけるコンテクスト転換

前節において京急におけるゾーニングが示され，同社においては沿線の終端部に当たる三崎口(同三浦市)，浦賀(神奈川県横須賀市)，逗子・葉山(同逗子市・三浦郡葉山町)のエリアに課題を抱え，成長を促す必要性があることが示された。本節では上述の3エリアに関し，神奈川県および各自治体による現状を示し，京急が行ったコンテクスト転換を明らかにする。

(1)　三浦，横須賀，逗子・葉山エリアにおける現状

神奈川県は観光振興計画として県全体を7つのエリア(① 横浜・川崎，② 箱根，③ 湘南，④ 丹沢大山，⑤ 相模湖・相模川流域，⑥ 三浦半島，⑦ 足柄)に分けて分析や施策を展開している(神奈川県 HP 2024)。前節で挙げた京急の3つの終点に当たる三崎口，浦賀，逗子・葉山のゾーンは，神奈川県の分類によると⑥ 三浦半島に該当し，京急の路線としては金沢八景駅(横浜市金沢区)以南の久里

浜線，本線，逗子線が走るエリアである。

　神奈川県によるこの分類において、横須賀市，三浦市，逗子市，葉山町は三浦半島に位置しており，自治体の境界を越えて地理的なつながりを単位としていることから，地域デザイン学における先行研究における主張とも合致している（ex. 原田，2010，p.42）。

　そのうえで，各自治体が観光や街づくりにおいて自身をどのように捉えているかを明らかにするため，公式サイトや観光情報等から現状を示す。

① 三浦市

　久里浜線の終点である三崎口駅が所在する神奈川県三浦市は，1994（平成6）年の5万4,350人をピークに人口が徐々に減少する一方で（図表9-4），高齢者人口は増加し，高齢化率が上昇している。2017（平成29）年1月における高齢化率は37.0％で，神奈川県の24.5％や全国の27.4％を大きく上回っている（神奈川県HP 出版年不明）。このため，三浦市としてはこのような高齢者に対する社会

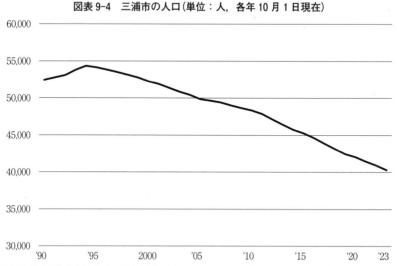

出所）三浦市HP「人口推移・男女別人口」https://www.city.miura.kanagawa.jp/soshiki/digitalka/digitalka_tokei/1_1/143.html（2024.2.20 アクセス）をもとに筆者作成

参加，地域社会の支援等を人口動態の変化に対する課題としている(神奈川県HP)。

また，三浦市が発行する観光案内のパンフレットには，イベントカレンダー(祭り)や海水浴場，公園等が示されているものの，全国的な知名度を誇る名所・旧跡あるいは行事といったものはあまり多くない。その一方，三浦市で著名なスポットとしては，三崎(漁)港を挙げることができる。三崎港は神奈川県では唯一，全国でも気仙沼(宮城)や銚子(千葉)，焼津(静岡)等 13 しかない特定第三種漁港[7]であり，日本有数のマグロ水揚港である(公益社団法人全国漁港漁場協会 HP 出版年不明)。

三浦市は漁港と隣接した魚や野菜の販売所，城ヶ島等のスポットを除くと，特段目玉となるコンテンツは多くなく，神奈川県内にありながら，人口動態の変化からも典型的な地域活性化が必要とされる地方都市と同様の状況であると考えられる。

② **横須賀市**

横須賀市も 1993(平成 5)年の 43 万 5,337 人をピークに人口は減少傾向にある(図表 9-5)。横須賀市の場合は，自動車など大規模工場の閉鎖が相次いだことにより人口流出に拍車が掛かり，県内の他の市町村と比べても速いスピードで人口が減少している[8]。2013 年には転出超過数が全国 1 位，2015 年には同 2 位となった。また，2019 年の段階で 65 歳以上の老年人口が全体の 3 割を超え，2040 年には 4 割近くまで上昇することが見込まれている(上地，2019)。

この人口減少に関する横須賀に固有の要因として，その地形を挙げることができる。横須賀は谷戸と呼ばれる，海に面して谷が入り組んだ地形をしている地域がある。明治初期には軍港が存在していたことから，軍関係者が軍港の近隣に居住するために市街地に近い山地や丘陵が宅地として利用されてきたが(上地，2019)，高齢化が進む中，このような急峻な土地は住みにくいこともあり，人口減少の要因ともなっている。

人口減少が続く横須賀市であるが，横須賀集客促進・魅力発信実行委員会HP による「横須賀市観光情報」を見ると，観光資源としては「音楽」「スポ

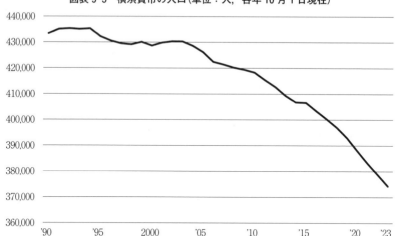

図表9-5　横須賀市の人口(単位：人，各年10月1日現在)

出所）横須賀市HP，https://www.city.yokosuka.kanagawa.jp/0830/data/toukei/suii/jinnkosuii.html
（2024.6.21 アクセス）をもとに著者作成

ーツ」「サブカルチャー」「自然」「歴史」の５つに分類がなされている。

　例えば「音楽」であれば「戦後ジャズ発祥の地」であるとされ，「スポーツ」についてはウインドサーフィンのワールドカップが開催されることやプロ野球・横浜DeNAベイスターズやJリーグ・横浜Fマリノスのホームタウン(DeNAベイスターズの練習場および選手寮，横浜Fマリノスの練習場が横須賀市内に所在している)となっていること(横須賀市HP 2024)，「サブカルチャー」は映画，音楽，アニメ，ゲームなどの舞台となってきたことがアピールされている。これらに加え，「自然」については海岸や公園等が紹介されている。横須賀集客促進・魅力発信実行委員会HPによると、観光情報として紹介されている情報は音楽，スポーツ，自然等の内容が多く，総花的で独自性の点では横浜や鎌倉，箱根などの神奈川県の他の地域との競争力に欠ける点が否めない。

　横須賀の独自性を発揮している要素としては，軍港が存在していた歴史とも関連し，世界三大記念艦である「三笠」(日露戦争時の連合艦隊船艦)，軍港逸見波止場衛門，浦賀ドック(元住友重機械工業株式会社旧浦賀工場跡地)レンガ造り

のドライドックなどがあげられる。また，第二次世界大戦を経て横須賀の日本海軍の施設はアメリカ軍に接収され，現在は在日米海軍横須賀基地司令部として利用されている[9]。普段は一般人が米軍施設内に入ることはできないが，年に2回ほど一般開放される機会があり，日本にいながらアメリカらしい雰囲気を体験できるイベントとなっている。

　また，軍港が所在していたことに関連し，軍港街として栄えていた横須賀市本町一帯に流れていたドブ川に海軍工廠から提供してもらった鉄板で蓋をしたことから呼ばれるようになった「ドブ板通り」は，アメリカへと帰還する米兵向けのお土産品として作られ始めた「スカジャン」の代表的な販売地とされる（ドブ板通り商店街HP 2024）。さらに，日本海軍で調理されていたカレーライス「よこすか海軍カレー」や，米海軍艦船の見張り要員の食事として提供され始めたとされるハンバーガー（ヨコスカネイビーバーガー）も名物とされ，2009年には横須賀の米海軍がアメリカで人気のニューヨークスタイルのチーズケーキをプロデュースおよびレシピを提供し，新たな名物としようとしている（横須賀集客促進・魅力発信実行委員会HP 2024）。

　このように，米軍基地そのものは市や観光協会が主体となって独自の施策を打ち出すことは難しいものの，かつての砲台跡が残る無人島である猿島や，造船所跡の巨大な建物やクレーンを見ることができる浦賀ドックなどの歴史的・産業的な遺構等，上述のスカジャンやグルメも含め，一連の要素を「海軍」というコンテクストで捉えると，土地の魅力を高めるために十分なポテンシャルを持っていると考えられる。

③ 逗子・葉山

　逗子・葉山は2020年に京急が逗子線の「新逗子駅」を「逗子・葉山駅」に改称した[10]ことによって（京急電鉄HP, 2019a），2つの市町（逗子市と葉山町）を1つのエリアとしてまとめて捉えられる機会が増えたと考えられるが，本項では新たに駅名に加わった葉山に着目する。葉山町の人口は1960（昭和35）年から人口が増加し，2011（平成23）年の3万2,861人にピークを迎えた後，減少傾向にある（図表9-6）。2010年まで人口の増加が見られたことが上述の2市と異

図表9-6　葉山町の人口(単位：人、各年10月1日現在)

出所）葉山町HPの内容をもとに著者作成

なる点である。また高齢化率については2020年の段階で32.3％と、全国平均28.8％と比べるとやや高い数値となっている。

　葉山についての魅力を発信しているNPOである葉山環境文化デザイン集団（2006）によると、葉山の最寄り駅の1つであるJR逗子駅は1889（明治22）年に開業し、その後葉山には1890（明治23）年に有栖川宮別邸が建設され、その隣には公爵・岩倉具定（いわくらともさだ）の別荘が建設された。

　1894（明治27）年1月の葉山御用邸の落成が、葉山における別荘建築の流れを決定づけ、葉山のステータスを一挙に高め、明治後半から大正にかけて皇族、華族、政財界人、著名文化人が次々と別荘を建てていき、昭和に入ると大企業の役員や中堅企業のオーナーなども別荘を建築し、1934（昭和9）年には487棟を数えるまでになった（葉山環境文化デザイン集団、2006）。

　富裕層の邸宅が多く建ち並ぶエリアは明治時代から湘南・三浦地域で最もおしゃれな商店街の1つであったとされ（葉山環境文化デザイン集団、2006, p.11）、「情報通で舌の肥えた別荘族が相手とあって（中略）店主や跡取りが東京・横浜、あるいは京都にまで修行に行ったりした」とされる。

このように，葉山は当時の都市や中心部からはやや離れた場所に位置していながら，最先端の文化をいっていたとされる。しかしながら第二次世界大戦を経て，華族制度が廃止され，政財界人が公職を追放され，財閥も解体されたことにより，別荘を手放す例があった。さらには，横須賀に進駐した米海軍が高級将校用の住宅やクラブハウスにする目的で多くの別荘を接収した（葉山環境文化デザイン集団，2006）。

また，葉山町観光協会によると，葉山を有名にしたのは石原慎太郎の小説『狂った果実』であり，この作品に影響を受けた若者による「太陽族」のブームにより，葉山は全国でも人気のビーチになったとされる（葉山町観光協会HP 2024）。この小説は，1956（昭和31）年に石原裕次郎主演で映画化され（KINENOTE HP 2024），森戸海岸沖の葉山灯台は「裕次郎灯台」として親しまれている。

上述のように，葉山は古くから富裕層の別荘地であり，高級で先進的な店舗も立ち並ぶエリアである一方，第二次世界大戦後は石原裕次郎によるブームもあったが，そのイメージが続くこととなり，それ以降，現代の若者に向けたタ

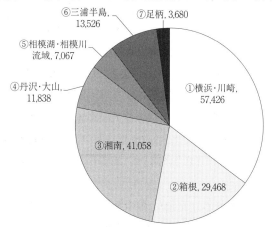

図表9-7　神奈川県のエリア別入込客数（2022年，単位：千人）

出所）神奈川県HP（2023）をもとに著者作成
注）観光客数には日帰り客および宿泊客の双方を含む。

ーゲティングやコンテンツの展開が行われたとは言い難い。

その後，2003年には一色海岸そばに神奈川県立近代美術館の葉山館がオープンした。この土地はもともと旧有栖川宮・旧高松宮別邸のあった場所で(葉山環境文化デザイン集団，2006，p.15)，近代的なデザインの美術館は，歴史や趣のある建築物の多い葉山において際立った存在である。

ここまで三浦，横須賀，葉山と三浦半島エリア全体を概観してきたが，横浜・川崎エリアや箱根エリア，鎌倉を含む湘南エリアの存在する神奈川県において，三浦半島エリアが人気観光地であるとは言い難い状況であった(図表9-7)。

(2) 京急によるコンテクスト転換

ここまで示してきたように，京急は現在三浦，横須賀，逗子・葉山を1つのゾーンとして捉えており，京急グループは2016年度および2020年度からの中期経営計画において「都市近郊リゾートみうらの創生」をエリア戦略の重点テーマに掲げている(京急電鉄HP 2024)。

本章における京急のコンテクスト転換を示す前に，上記3エリアにおいて京急が手がけてきたマーケティングを理解する必要がある。まず，京急の「事実上の」本線である三崎口駅周辺には同社が手がける観光・宿泊施設が複数存在している。また，三崎港がマグロの水揚げで有名であることなどから同社は2009年に「みさきまぐろきっぷ」という企画券を発売した。

このきっぷは，京急線各駅から三崎口駅までの往復乗車券と三浦・三崎エリアにおける京急バスフリー乗車券に加え，三浦・三崎エリアでの加盟店における食事券，施設利用券(観光船，日帰り温泉の入浴など)がセットになった商品である。発売当初の2009年度に1万6000枚ほどであった販売枚数が2016年度には15万7461枚を記録し(京急電鉄HP，2018a)，京急を代表する商品であるといえる。

次に横須賀エリアに関し，京急は2010年より「よこすかグルメきっぷ」を発売した(2017年に「よこすか満喫きっぷ」に改称・リニューアル)。この商品も「みさきまぐろきっぷ」と同様に京急線各駅からフリー区間までの往復乗車券と横

須賀エリアにおける京急バスフリー乗車券に加え，横須賀エリアでの加盟店における食事券(ネイビーバーガーやカレー等)，施設利用券(美術館，カフェなど)がセットになった商品で，コロナ禍前の2019年度に3万枚販売した(京急電鉄HP，2018a)。

さらに，逗子・葉山エリアに関し，京急は2015年より「葉山女子旅きっぷ」を発売した[11]。このきっぷも，上述の2種類のきっぷと同様に京急線各駅から逗子・葉山駅までの往復乗車券と逗子・葉山エリア指定区間の京急バスフリー乗車券に加え，加盟店における食事券および「ごほうび券(カフェ利用や雑貨・菓子等への交換)」がセットになった商品である。この商品も発売開始の2015年に6,023枚を販売し，2016年に2万8,931枚，2017年には4万8,355枚と着実に売上を伸ばしていった(京急電鉄HP，2018a)。

上述の3つのエリアそれぞれの企画きっぷは着実に販売枚数を伸ばしているが(図表9-8)，その要因として各エリアにおける京急によるコンテクスト転換があったと考えられる。

京急は，まず三浦エリアにおいて「みさきまぐろきっぷ」を発売した。これ

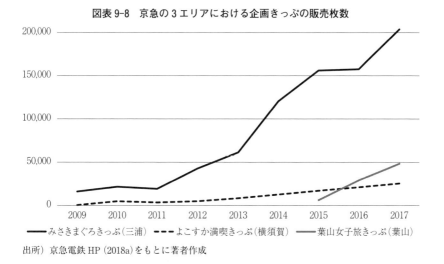

図表9-8 京急の3エリアにおける企画きっぷの販売枚数

出所) 京急電鉄HP(2018a)をもとに著者作成

は三浦市におけるトポスである三崎港に着目した商品であり，漁港と自然がメインのコンテンツとなる三浦市において著名な漁港で水揚げされるマグロに着目し，コンテンツ化したものである．総務省の家計調査によると，2021～23年の平均でマグロ（1,733グラム）はサケ（2,363グラム）に続いて2番目に多く食べられている魚であることから（農林水産省HP 2023），三浦の自然を眺めつつ，20店舗以上の地元の提携店でマグロ料理を食べられるという商品は人々を引きつける人気コンテンツとなり，リピーターを生み出していると考えられる．

次に，横須賀においては「よこすか満喫きっぷ」を発売した．こちらも横須賀の歴史上，軍港や米軍基地は重要な要素であるが，軍事関係の施設だけでは軍事マニアを除くと多くの人の興味を引きつける要素とは言い難い．しかしながら，海軍カレーやネイビーバーガー等，軍を背景とした食文化も加えることで多くの人にとって魅力的なものとなり，日本海軍および米軍の双方を背景とした食文化を楽しめる土地は希少なものであると考えられる．

最後に，葉山に関しては，京急は2015年に「葉山女子旅きっぷ」を発売し，その後2020年には葉山の玄関口である「新逗子駅」を「逗子・葉山駅」と改称した．今回の駅名改称は「ブランド力のある逗子と葉山を合わせた駅名に変更することで，三浦半島のさらなるイメージ向上と定住人口・交流人口増により，地域活性化を図る．また，羽田空港からの直行電車の終端駅のため，行き先として駅名が表示されることにより，多くのお客さまに保養地，景勝地である葉山へのアクセスポイントでもあることを広く認知していただく」（京急電鉄HP 2024）との目的があり，このことにより，同駅が葉山へのアクセスに利用可能であることを認知されるようになったと考えられる．また，葉山は歴史的に皇族や富裕層の別荘地として栄えてきた歴史があり，そのことを背景とする富裕層向けの先進的な店舗が存在していた．このように葉山には古き良き店舗が存在する一方，それ以外に観光客を引きつける要素がそれほど多くなかったことや，葉山を舞台とした作品や「裕次郎灯台」に見られるように，明治～昭和にかけての「古くからの別荘地」と捉えられてきた可能性がある．

しかしながら，京急が「葉山女子旅きっぷ」の発売を開始し，葉山には魅力

ある「おしゃれ」[12)]な店舗が存在し，そのことが「女子旅」に最適であることを商品のネーミングから伝えたのである。ここに京急のコンテクスト転換を見て取ることができる。

おわりに

　本章では，三浦，横須賀，逗子・葉山エリアにおける京急電鉄のコンテクスト転換の事例を考察したが，現在京急は三浦，横須賀，逗子・葉山の3つのエリアで三浦(半島)ゾーンの創成(再生)を目指している。3つのエリアに路線を持つ京急は，各エリアにおいて企画券を発売し着実に売上を伸ばしている。これらの取り組みは，三浦市における事例は「漁港と自然」という，一見すると寂れた田舎の風景とも捉えられかねない要素を「グルメと自然でリラックス」というコンテクストに置き換えた。同様に，横須賀についても「かつて栄えた日本軍の軍港とその後の米軍基地」を「日本軍と米軍，それぞれを由来とする(異国)情緒あふれるグルメ」という人々を引きつけるコンテクストに転換した。葉山の事例では「明治～昭和に栄えた富裕層向け海辺の別荘地」という要素を「古くからの良質でおしゃれな店舗の建ち並ぶ海辺の街」という捉え方によってコンテクストを転換し，街を再規定できたことが各エリアのきっぷの販売枚数増加として現れていると考えられる。

　京急は，三浦半島ゾーンにおいてZTCAデザインモデルにおけるアクターとして最適な役割を担える立場にある。今回の事例から，京急は沿線である横須賀・葉山・三浦をまとめてゾーンと捉え，市町村の単位を超えたという戦略的意義が認められるが，3つのエリアを統合した三浦半島ゾーンとして捉えると，観光の面において現在の状況が成功かつ完成形とはいえないであろう。その理由として，漁港と自然を特徴とする三浦，軍港に由来する歴史や文化を特徴とする横須賀，歴史ある別荘地の(逗子・)葉山の3つのエリアはそれぞれ異なる個性を持っていることから，「広域化は全体最適化という経済的なメリットはあるが，地域ブランド価値が薄まってしまう」(原田・板倉，2017，p.23)という

指摘があるように，3つのエリアをまとめて「ゾーン」として捉えた際に一貫性がなく，独自性を発揮しづらくなってしまうためである。

　また，同社は三浦エリアの宿泊客を増大させるために上述の3種の企画乗車券の要素を合わせ持った「三浦半島まるごときっぷ」を2020年10月より発売した（これは金沢文庫駅以南の鉄道のフリー乗車券（2日間有効）と，三浦半島の指定区間の京急バスフリー乗車券（2日間有効）に加え，「お食事券」および「施設利用 orお土産券」を加えた商品である）。

　神奈川県の観光地において鉄道会社が販売する類似の商品である，小田急電鉄が販売する「箱根フリーパス」は1967年から販売されており（ただしこの商品には食事券や施設利用券は付いていない），小田急は「箱根ゴールデンコース」と称される小田急線の終点・小田原から箱根登山鉄道やケーブルカー，ロープウェイ，芦ノ湖遊覧船に加えバスに乗ることで，箱根を一通り楽しむことのできるルートを提供している。また，パンフレットやアプリを通じ，時刻表や路線図の情報，お得な乗車券などを提供している（小田急箱根HP 2024 箱根ナビ）。このような小田急の取り組みと比べると，京急における三浦半島ゾーンの「三浦半島まるごときっぷ」は，どのように三浦半島を周遊できるかが分かりづらく（三浦半島を一周するには京急バスを利用する必要があるものの，バスの時刻表を積極的に案内している小田急の箱根と比べると「時刻表はご自身でご確認ください」とのメッセージが不親切である），また三浦半島を一周するルートの提案が積極的になされているわけではなく，3つのエリアの周遊性に難がある。

　今後は，日帰り客が多く宿泊客が少ないという課題に関し，外部企業と組むことによって宿泊施設を再開発し，高級リゾートの開業も予定されている。高級リゾートが参入することにより，日帰りがメインであった三浦半島ゾーンに新たな価値が加わることで，観光面の魅力が増していくであろう。

　三浦半島は観光だけでなく地元に暮らす生活者も多く住む街であることから，京急は住民向けの活性化策についてもアクターとして取り組みを進めており，観光と生活の両側面から地域活性化に取り組んでいるが，自社沿線活性化のため，三浦半島全体をゾーンと捉えた京急電鉄のさらなる地域価値の発現が期待される。

注

1) 今回事例として取り上げる京急電鉄は，品川—横浜間において JR 線がほぼ平行に走っておりこの区間においては競争状態にある。また横浜—横須賀中央間でも経路は異なるものの JR 横須賀線が横浜—横須賀駅間を結んでいるため競争状態にあるといえる。
2) 中央線の始点・終点の区間にはいくつかの定義があるが，同調査では車体にオレンジ色のラインの引かれた通勤車両が走る東京—高尾間を中央線としている。
3) 京急の起点である品川から最も速い優等列車（快特）の大半は久里浜線の三崎口行きであり，本線の終点である浦賀行き列車の大半は各駅停車である。
4) 全線が川崎市内を走る大師線の総距離は 4.5km である。また，京急本線で京急川崎駅を挟む両隣の六郷土手駅（東京都大田区）から八丁畷駅（横浜市鶴見区）までの距離も 2.5km である。
5) 京急電鉄は現在，京急川崎駅近辺で物販・飲食店の入居する 4 階建ての商業ビルを展開している。
6) 羽田空港沖合展開事業と再拡張事業により生じた空港の跡地を指す。
7) 漁港の利用範囲や利用される漁船の隻数・規模，水揚量等によって国が指定する，水産業の振興上特に重要な漁港である。
8) 日本経済新聞（2023）「横須賀市人口約 37 万 8800 人，約 4400 人減少　1 月 1 日時点」2023 年 1 月 12 日，https://www.nikkei.com/article/DGXZQOCC116UZ0R10C23A1000000/（2024.2.20 アクセス）。
9) 神奈川県 HP（2021）「横須賀海軍施設」，https://www.pref.kanagawa.jp/docs/bz3/cnt/f4937/p128173.html（2024.2.20 アクセス）。
10) 駅名改称に際しては，「逗子・葉山駅」が逗子市内に所在し，葉山町内にはないことから，葉山町町民の間には今回の改名に釈然としない人がいるとされる（産経新聞（2019）「京急『新逗子』が『逗子・葉山』に　駅名改称問題で住民に不協和音」2019 年 5 月 21 日，https://www.sankei.com/article/20190521-NURZV6GNRFK7HB2XZEATAPCKTU/（2024.2.8 アクセス）。
11)「女子旅」と称しているが誰でも購入可能である。
12) 地域における「おしゃれ」について，埼玉県戸田市の戸田市政策研究所によると，近郊都市の魅力や価値を高める 6 つの要件として，① 利便，② 環境，③ 安全，④ 医療，⑤ 教育に加え，⑥ おしゃれを挙げ，その上で「おしゃれ」を次の 2 点より規定している（梶山，2019，p.155）。1 点目は「視覚的におしゃれな都市」であるとし，これは表参道や横浜のように，街並みが整備され，都市景観がデザイン性に優れたイメージの定着している都市のことである。2 点目は，魅力的な都市空間を介在にして，住民と都市のつながりが生まれ，日々の生活が充実した都市である。おしゃれな都市の背景には，その都市空間に住民が介在することによって初めておしゃれな街並みや雰囲気が創り出されている（梶山，2019，p.155）。この 2 点でいうと，葉山のケースは 2 点目の葉山の歴史を通じて培われた文化や店舗等を通じることにより，「おしゃれ」さが形成されたと考えられる。

参考文献

伊原薫（2020）『関西人はなぜ阪急を別格だと思うのか　ブランド力を徹底検証』交通新聞社新書。

駅消費研究センター（2023）「利用者視点での鉄道沿線像に関する基礎的調査」『EKISUMER』Vol. 56, https://www.jeki.co.jp/field/ekishoken/upload/docs/EKISUMER_vol_56.pdf （2024.2.1 アクセス）。

小田急電鉄 HP（2024）「会社小史・略年表」, https://www.odakyu.jp/company/history/ （2024.2.2 アクセス）。

小田急箱根 HP（2024）箱根ナビ, https://www.hakonenavi.jp/ （2024.2.2 アクセス）

小田急不動産株式会社（2024）「小田急のくらし」, https://www.odakyu-life.jp/ （2024.2.15 アクセス）。

梶山浩（2019）「住民がデザインするおしゃれな都市の創造」公益財団法人日本都市センター・戸田市編『住民がつくる「おしゃれなまち」―近郊都市におけるシビックプライドの醸成―』pp. 154-185。

神奈川県 HP（出版年不明）「三浦市の人口のこれまでの推移と将来推計」, https://www.pref.kanagawa.jp/documents/50925/miura142107.pdf （2024.2.15 アクセス）。

神奈川県 HP（2023）「令和4年入込観光客調査」, https://www.pref.kanagawa.jp/docs/b6m/cnt/f80022/r4irikomi.html （2024.2.15 アクセス）。

神奈川県 HP（2024）「神奈川県観光振興計画」, https://www.pref.kanagawa.jp/docs/b6m/cnt/f80022/p27758.html （2024.2.15 アクセス）。

神奈川県立美術館 HP（2012）「過去の館長メッセージ」, http://www.moma.pref.kanagawa.jp/about_us/past_greetings （2024.2.20 アクセス）。

上地克明（2019）「横須賀市の現状と ICT を活用した街づくり戦略について」, https://www.soumu.go.jp/main_content/000597689.pdf （2024.2.15 アクセス）。

川崎市 HP（2024）「川崎縦貫道路」, https://www.city.kawasaki.jp/530/page/0000096272.html （2024.2.20 アクセス）。

KINENOTE HP（2024）「映画鑑賞記録 WEB サービス KINENOTE」, http://www.kinenote.com/main/public/home/ （2024.2.20 アクセス）。

京急グループ（2022）『統合報告書 2022』, https://www.keikyu.co.jp/company/csr/pdf/KEIKYU_Integrated_Report2022_webfin.pdf （2024.2.20 アクセス）。

京急電鉄 HP（2024）「事業エリア」, https://www.keikyu.co.jp/ir/individual/business_field.html （2024.2.20 アクセス）。

京急電鉄 HP（2018a）「ニュースリリース　『みさきまぐろきっぷ』ほか、おトクなきっぷ3兄妹売上絶好調！」, https://www.keikyu.co.jp/company/news/2018/20180416HP_18017NS.html

京急電鉄 HP（2018b）「ニュースリリース　2020年3月に4駅の駅名を変更します」, https://www.keikyu.co.jp/company/news/2018/20190125HP_18229TS.html （2024.1.28 アクセス）。

京急電鉄 HP（2019a）「ニュースリリース　京急線6駅の駅名を2020年3月14日（土）

に変更します」，https://www.keikyu.co.jp/company/news/2019/20191216HP_19166TS.html（2024.1.28 アクセス）．
京急電鉄 HP（2019b）「ニュースリリース 『葉山女子旅きっぷ』がリニューアル！」，https://www.keikyu.co.jp/company/news/2019/20190926HP_19141AK.html（2024.1.28 アクセス）．
京急電鉄 HP（2021a）「都市近郊リゾートみうらの創生」，https://www.keikyu.co.jp/assets/pdf/20210512HP_21026TK02.pdf（2024.2.20 アクセス）．
京急電鉄 HP（2021b）「ニュースリリース 『デジタルよこすか満喫きっぷ』期間限定発売」，https://www.keikyu.co.jp/company/news/2021/20211008HP_21089TS.html（2024.1.28 アクセス）．
京急電鉄 HP（2022a）「みなとみらい 21 中央地区 53 街区開発事業の街区名称を『横浜シンフォステージ（YOKOHAMA SYMPHOSTAGE）』に決定～みなとみらい 21 中央地区初の ZEB Ready 認証（オフィス部分）を取得～」，https://www.keikyu.co.jp/company/news/2022/20220824HP_22076TS.html（2024.2.20 アクセス）．
京急電鉄 HP（2022b）「JR『関内』駅前に『横浜市旧市庁舎街区活用事業』着工」，https://www.keikyu.co.jp/company/news/2022/20220712HP_22039TS.html（2024.2.20 アクセス）．
京急電鉄 HP（2023）「ニュースリリース 鉄道旅客運賃の改定申請が認可されました」，https://www.keikyu.co.jp/company/news/2023/20230421HP_23009TE.html（2024.2.22 アクセス）．
京急電鉄 HP（2024）「中期経営計画 骨子」https://www.keikyu.co.jp/ir/policy/vision/（2024.2.20 アクセス）．
公益財団法人全国漁港漁場協会 HP（2024）https://gyokou.or.jp/（2024.2.26 アクセス）．
公益財団法人日本都市センター・戸田市（2019）『住民が作る「おしゃれなまち」―近郊都市におけるシビックプライドの醸成―』公益財団法人日本都市センター．
埼玉県戸田市（2019）『住民主体の街づくりに関する調査研究』．
JR 東日本 HP（2024）「路線図」，https://www.jreast.co.jp/map/（2024.2.22 アクセス）．
鈴木寛（2024）「鉄道沿線のゾーンデザインに関する学際的アプローチ」地域デザイン学会誌『地域デザイン』第 24 号，pp. 211-230．
総務省（2019）「横須賀市の現状と ICT を活用したまちづくり戦略について」，https://www.soumu.go.jp/main_content/000597689.pdf（2024.2.22 アクセス）．
田中里沙（2019）「まちのブランド価値を高める『クリエイティブ』」公益財団法人日本都市センター・戸田市編『住民がつくる「おしゃれなまち」―近郊都市におけるシビックプライドの醸成 』公益財団法人日本都市センター，pp. 103-109．
東急 HP（2019）「長期経営構想を策定～未来に向けた美しい生活環境の創造～」，https://www.tokyu.co.jp/image/news/pdf/20190902-1.pdf（2024.1.21 アクセス）．
東京都大田区 HP（2023）「HANEDA オアシス～羽田空港跡地第 1 ゾーン都市計画公園予定地の暫定活用～」，https://www.city.ota.tokyo.jp/seikatsu/sumaimachinami/haneda_airport/kukoatochi/yoteichikatuyou.html（2024.2.8 アクセス）．

東京都都市整備局 HP（2024）「羽田空港をいかす跡地利用の推進」, https://www.toshiseibi. metro.tokyo.lg.jp/kiban/haneda/atochi.html（2024.2.20 アクセス）。

東武鉄道 HP（2024）「東武日光線・特急スペーシアの歴史」, https://www.tobu.co.jp/spaciax/ fun/history/（2024.2.8 アクセス）。

ドブ板通り商店街 HP（2024），https://dobuita-st.com/（2024.2.18 アクセス）。

戸田裕美子（2013）「医療マーケティング研究の学説史研究」『商学集志』pp. 81-106。

日本生産性本部サービス産業生産性協議会（2023）「JCSI 日本版顧客満足度指数　2023 年度第 3 回調査　詳細資料」, https://www.jpc-net.jp/research/assets/pdf/shosai2023_ 03.pdf（2023.12.8 アクセス）pp. 1-29。

農林水産省 HP（2001）「漁港の指定等に関する基準の制定等について」, https://www. maff.go.jp/j/kokuji_tuti/tuti/t0000517.html（2024.2.28 アクセス）。

箱根ナビ HP（2024）「雨の日に箱根の新しい魅力を発見！おすすめの観光スポット 10 選」, https://www.hakonenavi.jp/trip/（2024.2.22 アクセス）。

橋村季真（2017）「京急が三崎口を『三崎マグロ駅』にした理由『まぐろきっぷ』値上げしても大人気は続くか」『東洋経済 ONLINE』, https://toyokeizai.net/articles/-/197711?page=2（2024.2.13 アクセス）。

HANEDA INNOVATION CITY HP（2024）「ABOUT」https://haneda-innovation-city. com/about/（2024.2.20 アクセス）。

葉山環境文化デザイン集団（2006）『葉山の別荘時代』NPO 法人葉山環境文化デザイン集団。

葉山町 HP（2024）『令和 4 年版　統計はやま』, https://www.town.hayama.lg.jp/soshiki/ seisaku/1_3/toukeihayama/index.html

葉山町観光協会 HP（2024），https://www.hayama-kankou.jp/（2024.2.20 アクセス）。

原田保（2010）「地域ブランドのコンテクストデザイン」『日本経営診断学会第 43 回全国大会』, pp. 40-43。

原田保・板倉宏昭（2017）「地域デザインにおけるアクターズネットワークデザインの基本構想」地域デザイン学会誌『地域デザイン』第 10 号, pp. 9-44。

三浦市観光協会 HP（2024）「みうら観光ガイド」, https://miura-info.ne.jp/（2024.2.15 アクセス）。

宮田憲誠（2015）『京急電鉄　明治・大正・昭和の歴史と沿線』JTB パブリッシング。

横須賀市 HP（2024）「ホームタウン～横浜 DeNA ベイスターズ～」, https://www.city. yokosuka.kanagawa.jp/sports/hometown/002.html（2024.2.28 アクセス）。

横須賀集客促進・魅力発信実行委員会 HP（2024）「横須賀市観光情報」, https://www. cocoyoko.net/（2024.2.15 アクセス）。

横浜市 HP（2024）「みなとみらい 21 地区街区開発状況」, https://www.city.yokohama.lg. jp/kurashi/machizukuri-kankyo/toshiseibi/mm21/mmkaihatsu/（2024.2.22 アクセス）。

第10章

ネットワーク化による地域デザインの新視角

―都市連携の関係編集による連携中枢都市圏の価値発現―

福田　康典

はじめに

　人口減少社会に突入した日本では，地域価値を創出し地域課題の解決を図る1つの方法論としてネットワーク化が注目されるようになってきている。政府及び中央官庁は，三大都市圏以外の地域にも経済的な推進力を持ち豊かで安心できる社会を作り上げていく際の基盤を構築するために，様々な視点から都市連携の構想を打ち出している。一方で，こうした都市連携構想は必ずしもうまくいっているわけではなく，多様な構想が同時に推進されることによる混乱すら指摘されている。本章では，こういった多様な都市連携を統合するものとして提唱された連携中枢都市圏構想を取り上げ，その特徴を整理するとともに，コラボレーティブネットワーク研究やビジネス・エコシステム研究における知見を通じて，この連携中枢都市圏での価値発現を促進するような提言を行う。より具体的にいうと，価値創出ネットワークに関する既存研究のレビューを通じて，ネットワーク構造に関わる基礎概念やネットワーク健全性といった評価指標，そして中核的ネットワークアクターの戦略的立場の1つであるキーストーン戦略などを考察し，それらが連携中枢都市圏の描写や成果評価，戦略立案にもたらす示唆を探索的に検討している。

第1節　連携中枢都市圏構想と地域ネットワーク

　2014年に地方自治法が改正され，地方の都市や地域間での新たな広域連携を促す制度が創設された。こうした動きの背景には，各地の抱える社会課題を地域ごとに単独で解決しようとするのではなく，連携しながらより大きなネットワークの単位で解決しようという認識の広がりがみられる。地域課題の解決や地域価値の創出におけるこうした「ネットワーク化」という方法論への注目は，様々な都市圏構想として地方自治政策の中に具体的に現れてきている。本章では，こうした動きのうち，総務省が主導する連携中枢都市構想に着目する。本節では，この構想の背景や概要を整理するとともに，連携中枢都市圏の特徴を概観していくこととする。

(1)　構想の背景

　連携中枢都市圏構想は，2014年12月27日の閣議決定「まち・ひと・しごと創生総合戦略について」で定められた「まち・ひと・しごと創生総合戦略」の中で，既存の様々な都市連携に関わる概念や制度を統合するものとして生み出された都市圏構想である（内閣府，2014，p.52）。ここでは，この連携中枢都市圏構想の前身となるいくつかの地域連携構想を簡単にレビューしながら，その背景を確認していく。

　この構想の元型となる都市連携の1つが，総務省の提唱した地方中枢拠点都市圏である。総務省は第30次地方制度調査会「大都市制度の改革及び基礎自治体の行政サービス提供体制に関する答申」（2013年6月25日総理手交）において，平成60年（2048年）に1億人を下回ると予測されている日本の人口減少社会の中で継続的に生活と経済をけん引していくためには，中核都市とその圏域が全国に分散的に形成される必要があると指摘し，大都市制度の1つとして地方圏における広域連携の充実化を図るべきであるとしている（総務省，2023，pp.1-2）。

　この答申では，図表10-1に示されるように，地方圏を3つの連携の複合体

第 10 章　ネットワーク化による地域デザインの新視角　　243

図表 10-1　地方圏における広域連携のイメージ図

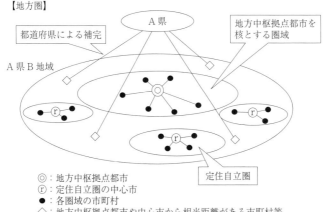

◎：地方中枢拠点都市
ⓡ：定住自立圏の中心市
●：各圏域の市町村
◇：地方中枢拠点都市や中心市から相当距離がある市町村等

出所）寺田（2013, p.15）より引用

　として構成していくイメージが提案されている（寺田，2013，pp.14-15）。1つ目の連携は，地方中枢拠点都市（指定都市，中核市，特例市，人口20万以上の市のうち，昼夜間人口比率1以上で圏域を支える都市）を核とする圏域であり，そこでは日常的な生活環境の確保のみならず，産業振興や観光，雇用確保や人材育成，あるいは医療，福祉，防災といったより高度な目的を持った連携が期待されている。2つ目の連携は，定住自立圏と呼ばれるものであり，先の地方中枢拠点都市を中核とする圏域の周辺にある市町村が人口5万人以上の中心市を核として，生活環境の相互協力的な確保を目指す連携である。最後に，地方中枢拠点都市からも中心市からも相当の距離があるような市町村は都道府県との連携に組み込まれる。
　このように，三大都市圏に含まれないすべての市町村が3つのタイプの連携の少なくとも1つに含まれるような広域連携構想が示され，その中でも地方中枢拠点都市圏はより高度で積極的な役割を果たすものとして位置づけられている。この答申の翌年の2014年に「新たな広域連携モデル構築事業」の募集が始まり，実際に姫路市や広島市などを地方中枢拠点都市とする9つの都市圏が

モデル事業として選定されている(総務省，2014a)。

　国土交通省の提唱する高次地方都市連合も連携中枢都市圏構想のベースの1つである。国土交通省は2014年7月に発表された「国土のグランドデザイン2050」において，先の総務省と同様に人口減少に伴う問題をクローズアップし，「多様性」と「連携」をキーワードとした国土づくりに向けて12の基本戦略を提示している(国土交通省，2014，pp. 10-12；pp. 19-31)。その1つにコンパクトな拠点の構築とそうした拠点をネットワークで結ぶ構想が取り上げられており，中でも各地域の核となる連携として高次地方都市連合の重要性を指摘している。これは「複数の地方都市等がネットワークを活用して一定規模の人口(例：生活の拠点となる人口10万人以上の都市からなる複数の都市圏が，高速交通ネットワーク等により相互に1時間圏内となることによって一体となって形成されるおおむね人口30万人以上の都市圏)を確保し，行政機能のみならず民間企業や大学，病院等も含め，相互に各種高次都市機能を分担(国土交通省，2014，p. 20)」するような連携都市圏を指している。人やモノの空間的な配置とその間の移動という都市構造の観点から，「コンパクト＋ネットワーク」という方法論を通じて，地域の多様性を保持したままどの地域でも高いQOLと経済発展が達成できることを目指した構想であるといえよう。

　国土交通省や経済産業省によって利用されている都市雇用圏も，先に述べた2つの都市連携構想とはやや性格が異なっているものの，連携中枢都市圏構想の基礎の1つとなっているものである(内閣府，2014，pp. 52-53；森川，2016，p. 51)。都市雇用圏とはDID人口の規模と通勤率をもとに中心都市とその周辺都市とを1つの圏域とみる考え方であり，具体的には，DID人口が1万人以上でかつそうした都市間での通勤率において他市町村への通勤率が10％を超えないものを中心都市の候補に設定し，その中心都市候補に対する通勤率が10％を超える市町村を1次郊外市町村，1次郊外市町村に対する通勤率が10％を超える市町村を2次郊外市町村といった形で圏域を定めていく(金本・徳岡，2002，pp. 10-14)。都市雇用圏は，生活や経済活動の中でも雇用とそれに関わる活動域という観点から1つの都市圏を把握する方法であるといえる。

まち・ひと・しごと創生総合戦略では，国全体の人口減少に加え，地方の人口流出や地域経済の縮小などを念頭に地域連携の重要性を強調しつつ，複数の都市連携施策が混在していることが問題を生じさせているという点を指摘しており，こうした各種の圏域概念の統一先として連携中枢都市圏構想が提唱されている（内閣府，2014，pp.52-53）。

(2) 地域ネットワーク構想としての特性

構想を主導する総務省の資料によると，連携中枢都市圏に求められているものは大きく3つあるとされている（総務省，2022）。1つ目は，圏域全体の経済成長を牽引することであり，具体的には産学金官の共同研究・新製品開発支援や六次産業化に向けた支援等が挙げられている。2つ目は，高次の都市機能の集積と強化であり，高度医療の提供体制の充実化や高等教育・研究開発の環境整備等が想定されている。3つ目の狙いは，地域医療の確保のための病院群輪番制の充実や地域公共交通ネットワークの形成といった圏域全体の生活関連機能サービスの向上であり，これは連携中枢都市圏が先に説明した定住自立圏の役割も内包していることを示唆している。

昼夜間人口比率がおおむね1以上で三大都市圏の区域に含まれない指定都市や中核市が連携中枢都市宣言を行うことで連携中枢都市となり，この中枢都市を中心にそこと社会的，経済的に一体性を持つような近隣の連携市町村によって形成されるのが連携中枢都市圏である（総務省，2022）。2020年4月1日時点で，全国に34圏域が形成されており，延べ325の市町村がこれに参加している。

連携中枢都市と周辺の連携市町村との間での連携は，2014年に地方自治法が改正された際に導入された連携協約（同法第252条の2第1項）という手法が用いられることが多い（役重，2022，p.22）。連携協約は，地方公共団体同士で連携して事務を処理する際の基本的な方針や役割分担を定める双務契約に類似した制度であり，具体的にはその連携の目的や基本方針，連携する取り組みの内容といったものが規定されることになる（総務省，2014b，pp.5-7；総務省，2019）。この協約は，政策面での基本的な方針や役割分担を定めることで公共

団体間での政策共有が可能となり，また都市や市町村の2者間で個別に締結されるため地域間連携に柔軟性をもたらすとされている。また首長間ではなく組織間での同意として締結され，紛争処理もあらかじめ設定されているという点で，連携の安定性も高めると考えられている(総務省，2019)。

　こうした協約を通じて形成された都市圏は，連携中枢都市圏ビジョン懇談会と呼ばれる協議会を立ち上げ，十分な協議のもとで都市圏のビジョンを策定及び改訂していくことになる。協議に参加する主体は，取り組みの内容等に応じて選ばれることになるが，行政機関だけでなく，民間企業，地域コミュニティやNPO，大学や医療・福祉施設，金融機関の代表者など幅広く含めることが望ましいとされている。このビジョンには，都市圏の名称，中長期的な将来像，関係する連携協約に基づいて推進される具体的な取り組み内容やその期間，そしてこうした取り組みを評価するための成果指標(KPI：Key Performance Indicator)が示されなければならず，また定められた連携中枢都市圏ビジョンは都市圏全体で共有されなければならないとされている(総務省，2014b，pp.13-15)。

　最後に，まち・ひと・しごと創生総合戦略の中でもう1つの都市圏構想として挙げられている定住自立圏と対比しながら，連携中枢都市圏の地域連携上の位置づけをより明確にしていく。定住自立圏とは，医療や買い物といった日常生活に不可欠な機能やサービスを多くの地域で確保できるように，中心市とその近隣市町村が役割分担や相互協力を行い，結果的に地方圏への人口定住を促進することを目的とした地域連携であり，2009年4月より全国への展開が始まったとされている(総務省，2008，pp.2-4)。中心市になるための要件は，連携中枢都市に比べて低く設定されており，人口5万人程度以上で昼夜間人口比率おおむね1以上の3大都市圏外にある都市を原則としている。中心市宣言から始まり，近隣市町村との1対1での協定を締結し，定住自立圏共生ビジョンを策定するという流れは，連携中枢都市圏とほぼ同じであるが(総務省，2008，pp.5-14)，都市圏の目的と規模において，両者には明確な違いがある。

　定住自立圏は中心市における行政機能(例えば総合病院など)や民間機能(例えばショッピングセンターなど)の集約的な整備を行って，それを近隣市町と分か

ち合い合いながら圏域全体において生活機能の安定的確保を目指している。換言すれば、地域圏の人口減や少子高齢化といった状況下において、現有する地域資源をより効率的・効果的に利用し、単独ではなく一帯で支え合いながらその圏域での生活環境を確保し人口流出を防ごうとするリアクティブな構想といえるかもしれない。

　一方で、連携中枢都市圏は、定住自立圏と同じ狙いを一部で含み持ちつつも、よりプロアクティブで高次元の連携に焦点が置かれている。先に示したように、連携中枢都市圏構想では、定住自立圏構想にない目的として圏域全体の経済成長のけん引と高次都市機能の集積・強化が掲げられている。前者に関しては、構想推進要綱の中に、産学金官民一体となった地域戦略を策定し、産業クラスターの形成や育成、イノベーションによる新規創業の促進、あるいは地域資源の戦略的活用による地域ブランド育成や観光振興などを進めていくことへの期待が明記されている(総務省, 2014b, pp.6-7)。また、後者の高次都市機能の集積・強化についていえば、高度な医療サービスや教育サービスが圏域内で提供できるような体制の確保と支援、そして空港や高速鉄道などの広域的公共交通網の構築や整備といった点が要綱内で言及されている。このように、連携中枢都市圏は、定住自立圏とある程度のすみ分けがなされており、また圏域における成長エンジンやイノベーション創発の役割が強く期待されているという意味で「攻めの地域連携」と解釈することができる。

第2節　理論的レビュー：価値創出ネットワーク研究における知見の整理

　本章の目的は、前節で議論した連携中枢都市圏の構築や展開に対して、コラボレーティブネットワーク研究やビジネス・エコシステム研究といった価値創出型のネットワークに関する研究(以下では価値創出ネットワーク研究とする)での知見を組み込むことで、地域連携の在り方に関する示唆を得ることである。とはいえ、こうした研究領域の内容は多様であり、それらをすべて包含するよ

うな議論は紙幅的にも困難である。そこで，本節では，こうした研究知見について，いくつかのポイントに焦点を絞ってレビューを行っていくことにする。

(1) 価値創出様式としてのネットワークとその基礎概念

　前節でみてきた種々の地域連携・都市連携は，生活基盤の確保が困難な地域の支援や補助を目的としているものもあるが，連結することで今までにないあるいはより高度な地域価値を生み出そうというものもあり，今回着目している連携中枢都市圏は，後者のプロアクティブな側面を多分に含んだものであるといえる。新たな地域価値の創出方法について明確なコンセンサスが存在しているわけではないが，地域デザイン研究の中では，地域資源を意味づける従来のコンテクストを転換して，地域資源や資源を扱う地域アクターの関係性を再編集するという方法，換言すれば地域の資源やアクターをつなぎ直して新たな価値創出ネットワークを作り出すという方法が注目されてきた（原田・板倉，2017，p.16；pp.28-29；原田・石川，2019，pp.11-14）。

　資源や主体をつなぐことが創出される価値の多様性を導出するという考え方の理論的基礎の1つが「資源に関するダイナミック・ビュー（dynamic view on resources）」である（Edvardsson et al., 2014, p.294；福田，2023, pp.191-193）。非常に簡単にいうと，このダイナミック・ビューとは，地域にある自然や歴史，それに関連した施設や特産品，生活習慣といった地域に関わる様々な対象物を，単独で固有の価値を有する資源とみなすのではなく，特定の状況下において他の資源と結びつくことではじめて価値を帯びるようになるものとみなす捉え方である。つまり，対象物とそれが生み出す価値は固定的な関係にあるのではなく，状況や組み合わせ方によって様々な価値を導出しうるという動態的な見方を指している。この認識に立つと，単独の地域アクターの能力や保有資産から生み出される地域価値は地域価値体系のほんの一部でしかなく，常に他のアクターとの間の相互依存・相互補完関係の中に埋め込まれているものとして認識する必要がある。こうした価値創出のための相互依存的，相互補完的な関係の集合体が，コラボレーティブネットワークやエコシステムといった概念で論じ

られている(Graça and Camarinha-Matos, 2017, pp. 238-240)。

　ネットワークやエコシステムの基本構造は，ノードとリンクによって描かれることが一般的である。ノードとはネットワークを構成する結節点や接合点であり，コンピューターネットワークであれば種々の電子機器や端末などで，またビジネスネットワークであれば人や組織，経営資源や製品・サービスといったものなどで描かれることが多い。このノードの捉え方は非常に多様であり，例えば，生物界のエコシステムであれば，生物種のレベルである「個体」として描かれる場合もあれば，個体の集まりである「個体群」や複数の個体群の集合である「群衆」といったレベルで描かれる場合もあり，どの水準で捉えるかは自由度が与えられている(八木，2017, p. 455)。地域デザインを考える場合，ノードを地域に関わる組織や人などに代表される地域アクターとして捉えることが多い(原田・板倉，2017, p. 16)。

　一方，リンクはノード間のつながりや経路のことを指している。カマリーナ＝マトスら(Camarinha-Matos et al., 2009：47-48)の類型を参考にすると，ネットワークリンクとなる相互関係は3つの水準に整理することができる。第1の水準は，アクター間で相互利益のためのコミュニケーションや情報交換がなされ，場合によっては各自が活動の調整や変更を行うものの，共通の目標設定や共同作業といったものは存在しておらず，各々が独自に設定した目標の達成のために行動しているような状態であり，「ネットワーキング(networking)」と呼ばれている。第2の関係性水準である「協働(cooperation)」とは，通信，情報交換，そして活動調整といった第1水準の関係性の特性に加えて，互換性のある目標(compatible goals)を達成するために部分的な作業分担や資源共有がなされる状態を指している。ここでの互換性のある目標とは，例えばバリューチェーンを構成する個々の組織の目標が最終的な市場提供物の質を高めるといった目標と置き換えることができるといったような意味で用いられている。この水準では，作業の分担や資源の共同利用について共通の計画が設定されるが，それは協議の中で策定するというよりも強い立場のアクターや権限が与えられたアクターによって設定されるものであり，協働の範囲も非常に限定的で，分担や協働の

水準も日常業務的や戦術的な水準にとどまっている。最も高い関係性水準は「コラボレーション(collaboration)」であり，リスクや資源，責任，損得といったものを共有・共用し，互いの能力や資源を活かしながら一緒に価値を創造していく状態を指している。当然，目的の設定や戦略の立案には双方が関与し，それを達成するために相互に関与や献身が求められる。こうした価値の共創プロセスは相互の信頼に基礎づく関係のもとで展開される。一方で，互いに無批判にならず，異なったアイディアや視点の適度な異質性や対立を許容しており，その昇華の中で新たな問題解決力を双方が持つようになる。

　一般に，ネットワーク内ではこれら3つの水準のリンクが混在しており，それぞれの比率はネットワークごとに異なっている。一般的に，関係性の水準が高いほど強いつながりと呼ばれるが，強いつながりの割合が高いネットワークほど優れたネットワークかというとそうではない。例えば，グラノベッター(Granovetter, 1973, pp. 1363-1364)の「弱い紐帯の強さ」は，ネットワーク内にそれまで存在していなかったような新しい情報や価値などが発生しやすい箇所が，関係の薄いアクター同士を橋渡し的につなげている弱いつながりの部分であることを理論的にも実証的にも示した概念としてよく知られている。

　リンクに関わるもう1つの基礎概念は，中心性(centrality)であり，ノードにつながっているリンクの数についての意味が示唆されている(安田, 1997, pp. 82-87)。最も単純に考える場合は，1つのノードがより多くのリンクを有しているほど中心性が高いと見なされる。一方，媒介性をベースに捉えると，つながっているリンクの先にあるノードの中心性の程度まで考慮しながら中心性を判断することになる。どのような基準を用いるにせよ，多くのリンクを持つアクターは，より多くの情報が入りやすい立場にあり，そのアクターの変化や欠落がより多くのアクターに影響を及ぼすような重要な存在であり，他を統制するパワーを持っていると考えられている。

　こうしたネットワークの基礎構造に関する理論的知見は，連携中枢都市圏など実際の都市連携に適用されることで多くの示唆を生み出すと考えられる。

(2) ネットワークの健全性と個別アクターのパフォーマンスの相互規定関係

　価値創出ネットワークに関する研究がもたらす知見の中でも最も重要なものの1つが，ネットワーク全体の状態とそれを構成する個々のアクターのパフォーマンスとの相互規定関係に関するものである。ミクロな振る舞いが，それらによって構成されるマクロ全体の性質を導出し，一方で，マクロな性質がミクロの振る舞いを強く規定するというミクロとマクロのリンクについては，経済学や社会学などで広く知られている。価値創出ネットワークに関していうと，ネットワーク全体の健全性が個々のアクターの価値創出パフォーマンスを左右するという点と，ネットワークの中核となるアクターが採用する戦略がネットワーク全体の健全性に影響を及ぼすという点が論じられることが多い(Iansiti and Levien, 2004, 邦訳 pp. 47-52；pp. 58-61)。本項では，主に前者についてその要点を整理し，次項では後者について概観を行う。

　生物学におけるエコシステムでは，水，空気，土壌といった条件的要素のもと，1つの種が他の種との間で競争，寄生，捕食といったつながりを通していかに生存し進化するかが主に論じられており，そうした生存や進化の確率はその種を取り巻く環境に大きく依存していることが広く知られている(八木，2017, pp. 457-460)。価値創出ネットワーク研究では，こうした個々のアクターのパフォーマンスに関わる環境特性としてネットワークの健全性という概念が論じられることが多い。多くの研究において引用されているイアンシティとレビーン(Iansiti and Levien, 2004, 邦訳 pp. 61-75)の枠組みでは，個々のアクターの価値創出パフォーマンスを高めるようなネットワークの健全性として，生産性と堅牢性とニッチ創出という3つの側面が挙げられている。

　生産性(productivity)とは，一連のインプットに対してどれくらい効果的にアウトプットに変換できるかを指しているが，ネットワーク全体のレベルで用いる場合，3つの種類があるとされている(Iansiti and Levien, 2004, 邦訳 pp. 62-67)。1つ目は，トータルな要素生産性(total factor productivity)であり，伝統的な経済生産性分析で用いられる投下資本利益率のように，そのネットワーク

内で投下された労働力や資本と生み出された価値との変換の効率性を指している。2つ目は，生産性の改善力であり，単に一時的に生産性が高いというだけでなく，時間の経過とともにそうした生産性を高めるような性質を有しているかどうかを表している。3つ目は，イノベーションの伝達力(delivery of innovations)と呼ばれるもので，新たに生じた技術やプロセスやアイディアといったものをネットワークアクターたちに伝達する際の効率性を指している。これは，新しい何かを生み出す創発力自体を指しているわけではなく，いったん生じた新しい何かについてネットワーク内でどれくらい早く情報が行きわたり，それにチャレンジし，吸収するかという新しいものの浸透性の高さを示唆している。こうした生産性の高いネットワーク内で活動する個々のアクターは，より少ない生産要素でより多くの価値を創出することができ，またより革新的な方法を試みる機会が多いため，生産性の低いネットワークに属するアクターよりもより高い価値創出パフォーマンスを生み出すことができると考えられている。

　堅牢性(robustness)とは，ネットワークがその外部で生じる大きな変化や破壊的力に直面した際の頑強さを意味しており，さらにいくつかの次元に細分化されている(Iansiti and Levien, 2004, 邦訳 pp. 67-71)。例えば，堅牢性はネットワークを構成するアクターの生存率の観点から概念化されうる。外部環境の変化で容易に多くの構成メンバーが死滅してしまうようなネットワークは堅牢性が低いことになり，そうした変化の影響を緩和したり，アクター同士で助け合ったりするような仕組みを持ったネットワークは高い堅牢性があると見なされる。また，ネットワーク構造の持続性もネットワーク堅牢性の1つの次元とみなされている。外的な変化に対して，アクター間関係の安定性が保たれている場合，高い堅牢性が見られると考えられる。関係が安定していることは，ネットワーク内で生じることの予測可能性を高め，その関係への特定資産の投入とより高い水準での価値共創が促進され，より効率的で効果的な価値創出を導くと考えられる(Iansiti and Levien, 2004＝2007, pp. 70-71；Camarinha-Matos et al., 2009, pp. 47-48)。

　最後のニッチ創出(niche creation)とは，ネットワークが多様性を生み出す力

を示唆する健全性指標であり，ネットワーク内に多様なアクターを生み出す力と，ネットワーク内に発現する価値やそれを生み出す技術，価値のカテゴリーなどの多様性を生み出す力で捉えられている(Iansiti and Levien, 2004, 邦訳 pp.72-75)。多様性は生産性と対峙する場合があり，また多様性が高いこと自体が常にネットワーク健全性を直接高めるわけでもない。重要な点は，多様性が価値創出につながるニッチの創出と結びついているかという点である。ニッチとは，生物学の一般的な用語法に従えば，他と区別されたネットワーク上の地位や位置づけとなる。価値創出ネットワークの文脈でいえば，例えば，OSを開発する企業とそのOS上で機能するアプリケーションを開発する企業は，価値連鎖上において異なるニッチを占めていることになる。また，陶磁器の生産者は流通チャネル上において焼き物問屋とは異なるニッチを占めているし，同じ生産者であっても，企画された器を大量受注・大量生産し大手飲食店チェーンに販売する陶磁器生産者と一つひとつを手作業で作成しアトリエやウェブ展示会を通じて個人の愛好家に販売する陶磁器生産者では，同じものを生産していても異なるニッチを占めていることになる。こうしたニッチは，人や組織だけでなく技術や価値カテゴリーにおいても想定されうる。多様なニッチを生み出しうるネットワークは，外部の変化に対する柔軟な対応を可能にするだけでなく，アクター間のつながりの多様性も増大することになり，結果としてイノベーションや新たなコンテクストの創発をも促進すると考えられる。

　ネットワーク健全性の次元については，多くの枠組みが提案されているが(例えば，Lippi et al., 2017, pp.43-44；Mhamdia, 2013, pp.516-520)，基本的に上記の3つの側面はどの枠組みにおいても共通して言及されている。ネットワークの生産性と堅牢性とニッチ創出について考慮することはネットワーク化を方法とする価値創出において不可欠な点であるといえよう。

(3) 中核的アクターの戦略的立場とキーストーン戦略

　前項で考察したように，ネットワーク全体の健全性は個々のアクターのパフォーマンスを左右すると考えられているが，一方で個々のアクターの戦略や行

動がネットワーク健全性の状態を左右することも広く知られている。とはいえ，すべてのアクターが同程度の影響を有しているわけではなく，いわゆるネットワークのハブと呼ばれる部分の中心となっているアクターはネットワーク全体の状態により強い影響力があると考えられている。ここでいうハブとは，車輪の中心のようにネットワークの中でも特にアクター間関係が集中しており，ネットワーク内での価値創出において重要な役割を果たしている部分を指す(O'Kelly, 1998, pp. 172-175)。このハブ上では，コア企業やプラットフォーム企業と呼ばれる中核的アクターが価値創出を補完する様々な周辺的アクターとの結びつきを生み出したり発展させたりする振る舞いがネットワーク研究の1つの焦点となっている(木川他，2020, pp. 2-4)。

先のネットワーク健全性概念を提示したイアンシティとレビーン(Iansiti and

図表10-2　中核的アクターの戦略的立場に関する類型

戦略	定義	存在	価値創出	価値獲得	主な焦点と課題
支配者	垂直的あるいは水平的に統合し，ネットワークの大部分をコントロールする	物理的な存在感が大きい。大半のノードを占有する	価値創出の活動の大半を単独で行う	価値の大半を自社のみで独占する	コントロールと支配権を追求する。ネットワークが何を行うかを決定し，直接指示する
ハブの領主	ネットワークをコントロールはしないが，できるだけ多くの価値を横奪する	物理的な存在感は小さい。ごく少数のノードを占有する	価値創出はネットワークの他のメンバーに依存する	価値の大半を自社のみで独占する	根本的に整合性のない戦略。領主は価値の源泉としてネットワークをコントロールすることを拒否する。領主は同時に，価値の大半を横奪しており，自らの存在をリスクにさらしている
キーストーン	エコシステム全体の健全性を積極的に改善し，その結果，自社の持続的なパフォーマンスにも便益を享受する	影響力は大きいが，物理的な存在感は一般に小さい。比較的少数のノードを占有する	価値創出の結果の大半をネットワークに残しておく。自社内で創出した価値も広く共有する	ネットワーク全体で価値を共有する。特定の領域では，価値の獲得と共有のバランスをとる	プラットフォームを創出し，ネットワークにおける問題の解決方法を共有する。重要な課題は価値の獲得と共有のバランスをとりながら，価値創出を持続させること。どの領域を選択して占有するかという決定も，重要な課題である

出所）Iansiti and Levien (2004, 邦訳p.99)の一部を加筆・修正

Levien, 2004, 邦訳 pp. 88-99；pp. 106-160)は，ネットワーク全体の健全性を左右する中核的アクターの戦略的立場として3つのタイプを示唆している(図表10-2参照)。1つ目は，支配者あるいは支配者戦略であり，ネットワークを構成するアクターを次々に自らのうちに取り込んでいき，ネットワーク内での自分の統制範囲を拡張することで，より効果的，効率的に価値を創出し，同時に創出された価値やその報酬も自らが占有していこうとする戦略を指している(Iansiti and Levien, 2004, 邦訳 pp. 94-96；p. 99；pp. 139-160)。イアンシティとレビーン(2004)はビジネス・エコシステムの文脈で書かれたものであるため，具体的な支配者戦略としては企業買収や垂直的チャネル統合などが想定されている。ネットワーク全体は支配者の生存と発展の道具であるという認識が強くみられ，ネットワークの全体的あるいは長期的な状況は，それ自体が目的ではなく手段的な価値の観点から捉えられているといえよう。

　支配者戦略が採用されることで，これまで多様なアクターが担っていた価値創出のフェーズやドメインが1つのアクターの内部管理下におかれるようになる。こうしたトップダウン的なコントロールは，価値創出の内容によっては，ネットワークの生産性，特にトータル要素生産性を向上させるかもしれない。一方で，ネットワーク内での支配者の拡張は，周辺的アクターが買収されたり競争に敗れたりすることでアクターの生存確率を下げ，アクター間関係の安定性も損なうなどネットワーク堅牢性を低下させる可能性がある。また，自らが他のアクターを吸収し，ネットワーク内のカバー範囲を広げていくため，ニッチの境界線は崩れ，これまで支配者と競争関係になかったようなアクターも次第に競争に巻き込まれていくようになる。こうした意味では，ニッチの画一化や淘汰が進み，多様なニッチの創出という健全性の領域にはネガティブな影響を及ぼすと考えられる。

　2つ目の戦略的立場はハブの領主戦略である。この戦略は，支配者戦略の亜種に位置づけられており，自らが周辺のアクターを取り込んでいくという拡張的な動きはしないものの，ネットワークにおける価値創出は他のアクター任せにして創出された価値や報酬を可能な限り占有しようとするものである(Iansiti and Levien, 2004, 邦訳 pp. 96-97；p. 99)。この戦略的立場は，ネットワークの全体的な状態や長期的な状態にはほとんど関心を見せず，その時々で自分自身の最適化や生産性を高めることに戦略上の主眼が置かれていると解釈できる。中核的アクターがこうした戦略的立場に立つ場合，ネットワークそれ自体が消耗していき，その健全性は損なわれていくと予想される。

　こうした2つの立場とは対極の位置にあるのがキーストーン戦略と呼ばれるものである。キーストーン戦略とはネットワーク全体の健全性を積極的に改善しつつ，その結果として自らのパフォーマンスも高めることで，全体と自らが獲得するベネフィットを長期的に向上させていこうとする戦略である(Iansiti and Levien, 2004, 邦訳 pp. 89-94；p. 99；pp. 106-108；pp. 119-127)。この戦略は，ネットワークハブを形成する中核的アクターであるにもかかわらず支配者戦略のような侵略的意図を持たない主体によって採用されるものであり，当該ハブの中で他の周辺的アクターと共有や共同利用されることで急速にその価値を増すような資産を通じて価値共創を組織化していくという点を基礎的な特徴としている。イアンシティとレビーンはこうした資産を「オペレーティング・レバレッジ」と呼んでいる(Iansiti and Levien, 2004, pp. 119-120)。具体的には，大規模な生産設備や売り場といった物理的資産，重要なアクターとのダイレクトな接点や様々なオペレーション・ノウハウといった知識資産，周辺的アクターやスタートアップ企業への投資などの金融資産などが挙げられている。これらは，ともに価値を作っていくためのつながりや場を形成することで，自分だけでなく価値創出のパートナーのパフォーマンスも高めることができ，結果的により質の高いネットワークを生み出すことになる。重要な資産を自分のみが占有・占用することでより優位な地位に得ようとするのではなく，保有資産を共有・共用することでその資産に関わる周辺的アクターのアビリティを高め，結果的にその資産に紐づくネットワーク全体を競争力の高いものにしていくと同時に，そのネットワークの競争力が資産の価値をより高めていくという好循環を目指すのである。

　キーストーン戦略の採用は，ニッチ創出による多様性の確保や堅牢性の向上

といった点からネットワーク全体の健全性に好ましい影響を及ぼすと考えられる。周辺的アクターへの侵略と自己拡張を主たる特徴とする支配者戦略では，ニッチの境界線が崩壊し，支配的アクターのもとでの画一化が進むと考えられるが，キーストーン戦略は，栄養素や隠れ家を提供している海藻のように，周辺的アクターに様々な機会を与え，多様なニッチの独自性を維持するのに役立つであろう。

このように，ハブを形成する中核的アクターがとる戦略的立場や戦略的振る舞いの違いは，ネットワーク全体の健全性を大きく左右すると考えられる。そして，影響を受けた健全性の変化が再び個々のアクターの戦略とパフォーマンスに影響するといった循環が形成されていくのである。

第3節　連携中枢都市構想の展開と評価に向けた試論

本節では，前節でレビューした価値創出ネットワーク研究における各種の知見を適用しつつ，連携中枢都市圏やより広い意味での都市連携構想のあり方について検討を行い，いくつかの提言を試みる。

(1) 都市圏を構成するネットワークの描写と特性把握

ネットワーク全体を統括管理する視点であれ，その中で価値創出に参加する個々のアクターの視点であれ，まずはネットワークそれ自体を描くことがネットワーク化による価値創出という方法論の基本となるであろう(Adner, 2012, 邦訳 pp.74-79)。連携中枢都市圏の場合，前節でみたように，連携協約の対象となっているのが地方公共団体であるため，形式的には，ノードにあたるのが都市や市町村であり，リンクされた都市や市町村の総体である連携中枢都市圏をネットワークやシステムの全体とするような描写が思い浮かぶかもしれない。しかし，それは関連する行政区域の構成を示しているにすぎず，都市圏としてなされる具体的な価値創出の取り組みは，行政機関に加えて，民間企業，地域コミュニティ，大学，医療・福祉施設，金融機関，あるいは個々の農家や住民

といった様々な地域アクターのつながりとして描かれる必要がある(総務省, 2023)。特に,連携中枢都市圏構想はイノベーティブな地域価値の創出が期待されているため,都市の連携のあり方は,前節で説明してきたような価値創出ネットワークの基礎的概念を使った描き方が採用されるべきであろう。

　こうした形で連携中枢都市圏を描く場合,2つの点に留意する必要がある。1つは,連携中枢都市圏が複数のネットワークで描かれうるということである。例えば,都市圏は,具体的な取り組みごとに異なったアクターで構成される異なるネットワークとして描かれうるし,取り組みとして顕在化していなくても地域価値を創出するであろう潜在的なネットワークとして描くことも可能である。連携協約を結んでいる地域や自治体の集合体とみなす場合は,連携中枢都市圏は固定された特定のものとして描かれるが,地域価値創出ネットワークとして描写する場合は,何に光を当てるかによって浮かび上がってくるネットワークが異なってくるのであり,ネットワークを構成するアクターの組合せも,アクター間のつながりも違ってくる。こうした特性は,連携中枢都市圏を多面的に理解し,ネットワーク多層性のもとで奥行きのある認識をもたらすと考えられる。

　もう1つは,同じアクターが異なるネットワークの中で異なる役割のもとに位置づけられる可能性があるということである。地元の製造企業は,地域ブランドの育成を目指すネットワーク上において開発ノウハウや生産能力を持つ地域アクターとして描かれるが,同時に,雇用の確保や人口流出の抑制を目指すネットワーク上では若者の働き先や能力育成の場を担うアクターとして描かれうる。前者の場合は原材料の供給者,流通業者や物流業者とのつながりの中に位置づけられるかもしれないが,後者の場合は高校や大学,あるいは職業能力開発センターといったものとのネットワークの中で描かれると考えられる。このように,ミクロな観点から個別のアクターに着目すると,同じアクターであっても複数のネットワークと同時に関わっており,またどのネットワークとの関わりで見るかによってその描かれ方も変わってくる。これは,連携中枢都市圏に貢献する個々のアクターの戦略や行為を多面的に解釈するための前提に

なると考えられる。

　そしてさらに，2つの点を統合して捉えると，連携中枢都市圏は，キーとなる中核的アクターを1つの接合点として，複数のネットワークの結合体として描写することも可能になるといえる。まさに，ネットワークをアクターとするネットワーク全体として都市圏を描くことも可能になる。こうした認識は，都市圏全体のマネジメントにおいて，ネットワーク間での相互補完関係や対立関係といった複雑な事象を読み取るための手がかりを与えてくれるかもしれない。

(2) KPIとネットワーク関連指標の統合

　連携中枢都市圏構想では，そこでなされる様々な取り組みのPDCAサイクルを確立するために各圏域の特性を踏まえた重要業績評価指標，いわゆるKPIを設定することが強く求められている（総務省，2014b：14）。「地方創生事業実施のためのガイドライン」によると，KPIは都市圏全体か個々の取り組み（ここでは交付金を活用した具体的な事業のことを指す）かという範囲の違いとアウトカムかアウトプットかという成果側面の違いによって3つのカテゴリーに整理されている（内閣府，2023, p.16）。「総合的なアウトカム指標」には，当該都市圏内にもたらされる最終的な成果・効果や最終目標が示される。それに対して「交付金事業のアウトカム指標」は，交付金を活用した個々の具体的な取り組みによって得られる成果や効果を客観的に示す指標を指している。一方，「交付金事業のアウトプット指標」とは，個々の交付金事業における活動量を示している。上記のガイドライン内に例示されるもののうち，地域デザインの文脈に近い観光振興を参考にすると，例えば，新たな観光資源開拓事業の事業アウトプット指標には「新しい特産品や体験ツアーの開発数」や「新しい観光ルートや設備の整備数」などが，また事業アウトカム指標には「特産品の売上やツアー参加者数」「当該ルートや設備の利用者数」といったものが含まれ，総合的アウトカム指標には「当該圏域全体の観光消費額や観光客数」などが設定されうる（内閣府，2023：21）。

　KPIは，都市圏の定めた目標達成に向けた取り組みの進捗状況と，交付金の

有効性を知るための評価指標である。そのため，費用対効果が高いことを示唆しかつ短期的・直接的に目標達成に寄与するような指標に注目が集まってしまう。一方，前節で論じたように，価値創出ネットワークは，ミクロとマクロの循環するループの中でその成果が生み出される長期的で動態的な性質を有している。この点を踏まえると，以下の2点を提言できると思われる。

　1つはネットワーク健全性のようなネットワーク評価指標を連携中枢都市圏の評価の際に考慮すべきではないかという点である。すでに見てきたように，ネットワーク全体が健全であるかどうかは個々の地域アクターの状態やパフォーマンスに大きな影響を及ぼす。連携中枢都市圏にはいくつかの目標領域が設定されているが，例えば，圏域全体の経済成長の牽引という目標に対しては生産性やニッチ創出といった側面での健全性が強く関わっているだろうし，域内全体の生活関連機能サービスの向上という目標に対してはネットワーク堅牢性が重要な指標となりうる。KPIの説明の際に示した観光資源開拓事業を例にとると，その事業アウトプット指標となる体験ツアーの開発数や観光スポットの整備数を高めるためには，分散的に存在する多様な地域アクターが共通した地域価値の創出に向けて高い水準での相互依存・相互補完関係を構築する必要があり，ニッチ創出性の乏しいネットワークの場合は，こうしたコラボレーションのための基盤が欠落してしまっているかもしれない。このように，ネットワーク健全性を1つの成果指標として組み込み，さらには種々のKPIとの関連づけを行うことができれば，短期的で直接的な費用対効果の側面だけでなく，長期的で立体的な側面においても都市圏政策の評価ができるようになると思われる。

　もう1つは，ネットワーク健全性とも深く関わってくる中核的アクターの戦略的振る舞いを評価するような指標を都市圏事業の評価の中に組み込むべきではないかという点である。これは，ネットワーク研究が示唆するミクロからマクロへ向かう影響力の知見に基づいている。中核的アクターが自己増殖や自己拡張と報酬の総取りを目指す支配者戦略を採用する場合，あるいは価値創出は他者任せにして報酬の占有のみに注力する領主戦略を採用する場合，地域価値

第10章　ネットワーク化による地域デザインの新視角　　261

創出のためのネットワークはその堅牢性とニッチ創出性を喪失してしまうであろう。逆に，中核的アクターがキーストーンとなり，自らの資源や能力を他の地域アクターと共有や共用しながら，一緒に価値を創出しその報酬も分かち合うという戦略的立場のもとで振る舞うならば，その価値創出に関わる周辺的アクターの生存率や関与度は高まり，ネットワークの各所で高い専門性を有したニッチが見られるようになるであろう。もちろん，こうしたキーストーン戦略の採用は，個々の事業や圏域全体でのアウトカム指数やアウトプット指数といったKPIとも正の相関関係を持つことが予測される。こうした戦略的振る舞いの評価指標を連携中枢都市圏の評価体系の中に組み入れることは，地域価値創出ネットワークを構築し管理するという視点において非常に有益なものとなるであろう。

　連携中枢都市圏の成果を把握しより良いものに改善していくために必要と思われる上記3つの指標，つまりKPI，ネットワーク健全性，中核的アクターのキーストーン性の関連性は図表10-3のようにまとめることができる。

図表10-3　連携中枢都市圏の評価指標に関する体系図

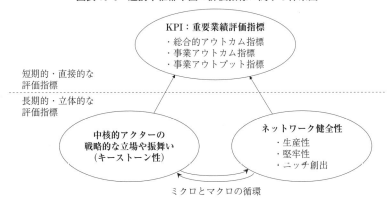

出所）著者作成

(3) キーストーンとしての連携中枢都市

　最後に，連携中枢都市圏の中でそれを主導する存在に位置づけられている連携中枢都市についてネットワーク研究がどのような示唆を与えているかという点を簡単に触れておく。いうまでもなく，この構想における連携中枢都市は，その定義や資格という点から見ても，地域価値創出ネットワークの中で中核的アクターと位置づけられうる存在である。しかし，こうした法的な位置づけだけでなく，地方公共団体はキーストーンに適した存在であるといえよう。なぜなら，基本的に個々のアクターとしてその生存や収益といった点を第一義的に考慮しなければならない存在ではなく，ネットワークを構成する種々の地域アクターの成果やネットワーク全体の成果を高めることに注力できる立場にいるからである。もちろん，民間企業でも中核的アクターとなりうるが，法律的な立場と組織の存立基盤の違いから，連携中枢都市宣言を行った都市の行政機関はこの構想内での中核的アクターの筆頭となるであろう。したがって，前項の議論を踏まえ，中枢都市の行政機関がキーストーン戦略に基づく振る舞いを見せるかどうかは，当該連携中枢都市圏の高いKPIとネットワーク健全性にとってきわめて重要な条件になると考えられる。

　しかし，これについて1点留意すべき点がある。森川(2016, pp.52-53)は，連携中枢都市圏に対する財政的な支援のあり方について詳細な検討を加えた研究の中で，この都市圏に関わる2つの財政措置の内容が圏内の中心部と周辺部での財政支援に非常に大きな格差を生み出している点を指摘している。詳細は割愛するが，圏域人口を75万人として試算すると，中枢都市には普通交付税分の約2億円に加えて特別交付税分で年間1.2億円程度の財政支援がなされるのに対して，中枢都市と連携する周辺の市町村への財政支援は一律1,500万円と定められている。役重(2022, p.37)は，こうした支援財源面での非対称性が，中枢都市への過度な権限集中と周辺地域の連携ネットワークに積極的に関わろうとする動機の低下を招いているという点を指摘している。中枢都市がすべてを決め，周辺的アクターは要求されたことだけを受動的に行うといった関係は，先に述べたアクター間関係の類型論でいえばコラボレーションには至っておら

ず，価値共創という様式にはなっていない。そういう意味では，連携中枢都市のキーストーン戦略には，周辺的アクターの地域価値創出ネットワークへの参加，関与，献身といった意思を高めるような側面も含まれていなければならないということができる。

おわりに

　本章では，地域価値創出の方法論の1つとしてネットワーク化に着目し，コラボレーティブネットワーク研究やビジネス・エコシステム研究における知見を，代表的な都市連携構想である連携中枢都市圏構想に適用することで，その展開や評価に関する示唆や提言を抽出してきた。1つ目は，連携中枢都市圏を地域価値創出ネットワークとして描写し，そこでの地域価値創出のメカニズムを把握するためには，ネットワークやエコシステムに関する研究で精緻化されてきた様々な概念や枠組みを利用した方が有益であるという点である。連携協約を結んでいるのは地方公共団体同士であるが，そうした地方公共団体間での法的なつながりを描くだけでは，地域価値の創出メカニズムの理解にとって十分な描写とはならない。地域価値の見極めとそれに関与するアクター間関係の把握を行うことは，地域価値創出の方法論としてネットワーク化を採用する際の基礎的な作業であるといえよう。また，ネットワーク結合の強度や中心性といった概念も，地域価値を創出するためにどのアクターが中核的な存在でありどこに地域価値創出の推進力やボトルネックがあるのかを把握する際に多くの示唆を与えてくれると考えられる。

　2つ目は，連携中枢都市圏の評価指標にネットワーク健全性や中核的アクターのキーストーン性を評価するような指標を統合すべきではないかという点である。現行では都市圏全体とそこでなされる個々の事業のKPIのみが都市圏事業の評価と修正に用いられているが，価値創出ネットワーク研究では，ネットワーク健全性がそうした事業を担っている種々の地域アクターのパフォーマンスにとって無視できない影響を及ぼすこと，そして中核的アクターの戦略的

なスタンスがネットワーク健全性を大きく左右することが示唆されている。こうした指標を都市圏の評価指標に組み入れること，さらには，こうした指標とKPIとの相互作用を考慮することによって，短期的・直接的な観点からだけでなく長期的で立体的な観点からも都市圏の評価が可能になると考えられる。

最後は，キーストーンとしての地方公共団体のあり方についてである。連携中枢都市圏構想では，連携中枢都市の行政機関はまさに中核的アクターとして民間企業や地域コミュニティ，地域住民などが織りなすネットワークを発展させていく存在に位置づけられている。そうした行政機関がキーストーンになるためにどうあるべきかを考えることは，地域価値の創出によるKPIの改善だけでなく，ネットワーク健全性の改善や，それがさらなるKPIの改善を生み出すといった長期的成功へとつながっていくであろう。

本の内容は，地域連携構想とネットワーク研究の接合に関わる入り口の議論であり，概念的なレビュー結果に基づく試論のレベルに留まっている。次の段階では，本研究の考察内容を全国で展開されている連携中枢都市圏の具体的な例に当てはめながら，より実践的な含意の抽出を試みる予定である。

参考文献

金本良嗣・徳岡一幸（2002）「日本の都市圏設定基準」『応用地域学研究』7，pp. 1-15。
木川大輔・髙橋宏和・松尾隆（2020）「エコシステム研究の評価と再検討」『経済経営研究』第2号，pp. 1-22。
国土交通省（2014）「国土のグランドデザイン2050〜対流促進型国土の形成〜」，https://www.maff.go.jp/j/nousin/nouson/bi21/pdf/2-2.pdf（2024.2.10 アクセス）。
総務省（2008）「定住自立圏構想推進要綱」，https://www.soumu.go.jp/main_content/000758778.pdf（2024.2.13 アクセス）。
総務省（2013）「大都市制度の改革及び基礎自治体の行政サービス提供体制に関する答申（6月25日総理手交）」，https://www.soumu.go.jp/main_content/000293394.pdf（2024.2.10 アクセス）。
総務省（2014a）「新たな広域連携モデル構築事業委託予定団体一覧」，https://www.soumu.go.jp/main_content/000299812.pdf（2024.2.10 アクセス）。
総務省（2014b）「連携中枢都市圏構想推進要綱」，https://www.soumu.go.jp/main_content/000757551.pdf（2024.2.13 アクセス）。
総務省（2019）「広域連携について（第32次地方制度調査会第29回専門小委員会参考資

料）」，https://www.soumu.go.jp/main_content/000659996.pdf（2024年2月13日アクセス）。
総務省（2022）「連携中枢都市圏の取組の推進」，https://www.soumu.go.jp/main_content/000811114.pdf（2024.2.10アクセス）。
総務省（2023）「連携中枢都市圏の主な取組事例（R5.6時点1）」，https://www.soumu.go.jp/main_content/000838335.pdf（2024.2.13アクセス）。
寺田雅一（2013）「第30次地方制度調査会『大都市制度の改革及び基礎自治体の行政サービス提供体制に関する答申』の概要について」全国市長会編『市政』，62(8)，pp. 10-15。
内閣府（2014）「まち・ひと・しごと創生総合戦略」，https://www.chisou.go.jp/sousei/info/pdf/20141227siryou5.pdf（2024.2.10アクセス）。
内閣府（2023）「地方創生事業実施のためのガイドライン（令和5年3月改訂版）」，https://www.chisou.go.jp/sousei/pdf/16_R4_guideline.pdf（2024.2.20アクセス）。
原田保・石川和男（2019）「"無用"と"不要"から価値を生み出す"リボーンビジネス"—コンテンツとトポスに新たな価値を吹き込むためのコンテクスト転換」地域デザイン学会誌『地域デザイン』第14号，pp. 11-44。
原田保・板倉宏昭（2017）「地域デザインにおけるアクターズネットワークデザインの基本構想—アクターズネットワークデザインの他のデザイン要素との関係性を踏まえた定義付けと体系化」地域デザイン学会誌『地域デザイン』第10号，pp. 9-43。
福田康典（2023）「地域価値発現に向けた連結培養の推進力としての資源ネットワーキング能力」原田保・西田小百合編『地域デザイン研究のイノベーション戦略—フィードバック装置としての多様なメソドロジーの開発』学文社，pp. 181-204。
森川洋（2016）「連携中枢都市圏構想の問題点について再度考える」『自治総研』42(457)，pp. 50-64。
八木京子（2017）「生態学におけるエコシステムの概念に関する検討」『江戸川大学紀要』第27号，pp. 453-462。
役重眞喜子（2022）「連携中枢都市圏構想をめぐる評価と課題—先行研究のレビューとみちのく盛岡広域連携都市圏の事例調査をふまえて—」『総合政策』第23号，pp. 21-43。
安田雪（1997）『ネットワーク分析—何が行為を決定するか』新曜社。
Adner, R.（2012）*The Wide Lens: A New Strategy for Innovation*, Penguin Group Inc.（清水勝彦監訳・清水勝彦研究室訳（2013）『ワイドレンズ—イノベーションを成功に導くエコシステム戦略』東洋経済新報社）
Camarinha-Matos, L. M., H. Afsarmanesh, N. Galeano and A. Molina（2009）"Collaborative Networked Organizations-Concepts and Practice in Manufacturing Enterprises," *Computers and Industrial Engineering*, 57(1), pp. 46-60.
Edvardsson, B., M. Kleinaltenkamp, B. Tronvoll, P. McHugh and C. Windahl（2014）"Institutional Logics Matter When Coordinating Resource Integration," *Marketing Theory*, 14(3), pp. 291-309.

Graça, P. and L. M. Camarinha-Matos (2017) "Performance Indicators for Collaborative Business Ecosystems—Literature Review and Trends," *Technological Forecasting and Social Change*, 116, pp. 237-255.

Granovetter, M. S. (1973) "The Strength of Weak Ties," *American Journal of Sociology*, 78(6), pp. 1360-1380.

Iansiti, M. and R. Levien (2004) *The Keystone Advantage: What the New Dynamics of Business Ecosystems Mean for Strategy, Innovation, and Sustainability*, Harvard Business School Press. (杉本幸太郎訳 (2007)『キーストーン戦略—イノベーションを持続させるビジネス・エコシステム』翔泳社)

Lappi, T., T. R. Lee and K. Aaltonen (2017) "Assessing the Health of a Business Ecosystem: The Contribution of the Anchoring Actor in the Formation Phase," *International Journal of Management, Knowledge and Learning*, 6(1), pp. 27-51.

Mhamdia, A. B. H. S. (2013) "Performance Measurement Practices in Software Ecosystem," *International Journal of Productivity and Performance Management*, 62(5), pp. 514-533.

O'Kelly, M. E. (1998) "A Geographer's Analysis of Hub-and-Spoke Networks," *Journal of Transport Geography*, 6(3), pp. 171-186.

終章

地域デザインモデルの効果を高めるためのコンテクスト転換
―価値発現を指向する境界融合と関係編集の推進―

原田　　保
西田小百合
諸上　茂光

はじめに

　地域デザイン学会では，地域価値の発現のために，デザインを活用しようと考えている。したがって，我々のデザインの対象は地方ではなく地域になっており，創生といういわば目的の達成のために行為としての的確なデザインが追求されることになる。つまり，我々は地方ではなく，すべての時空間を対象に価値発現を追求するために，地域デザイン学会を設立したわけである。だからこそ，本書のタイトルは『地方創生から地域デザインへのコンテクスト転換〜地方と中央との関係編集による地域価値の創造〜』なのである。

　本書では，まず地域価値の発現を指向するための理論の構築を模索した。また，著者が近年ずっと言い続けているのは，単純な価値の移転，とりわけ高生産性地域(例えば大都市)から低生産性地域(例えば田舎)への移転は望ましくないということである。その意味では，例えばふるさと納税は，国家全体，とりわけ国家のエンジンである首都東京のグローバルな競走力の観点からは推奨できないことになる。単なる移転は価値を増大させないし，生産性の低い地域への移転は全体としての価値を低減させるからである。そこでは，組織能力としてのネットワークが保持するパワーを発揮できる価値発現を指向する主体のマル

図表終-1 地域価値発現のコンテクスト転換

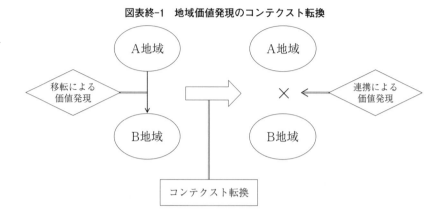

チ化の展開が図られることが期待される。

現在，地域価値の発現を図るための正しい対応が求められている。こう考えると，価値の移転を指向するのではなく，ネットワークが効果を追求するような価値発現，つまりネットワークが現出する価値の増幅を活用できる方法の選択を行う必要がある。そこで，著者は価値の増幅が期待される対応として，本書でネットワークが保持するパワーの活用を構想したわけである（図表終-1）。本章では，境界融合に向けた関係編集を推進するための基本的思想に関する振り返りと各章の内容に関する取りまとめが行われることになる。

◇ **地域価値の発現方法のコンテクスト転換視角** ◇

　　A. 移転による価値（移転価値）の発現
　　　　　　　　↓
　　B. 連携による価値（連携価値）の発現

第1節　境界融合に向けた関係編集を推進するための基本的思想

　本書においては，地域価値の発現のためには境界融合とそのための関係編集が大事であることが，多様な関係における多様な方法で述べられてきた。これについては，現在流布されている誤った展開が見出される社会的に主流の考え方に対するある種の批判と，今後における地域デザインの方向性に対するコンテクスト転換を実現しようということから提言されたものである。このようなことから，本節では著者の個人的な見解も含んだコンテクストベースの新たな方向性の提示が行われる。

(1) 境界融合と関係編集による地域価値の増幅に関する基本的な考え方

　近年において著者が境界融合と関係編集による地域価値の発現を指向したのは，まさに人口減少や過疎化の進展について，市町村の大合併やふるさと納税によって対応するのは大きな誤りであると考えたからである。つまり，著者としては，人口密度を下げながら単純に面積を拡大したり，脆弱な地域に対して資金を流したりするといった政策からの脱却が不可欠である，と考えているのである。このような対応は，単に消滅可能性地域の延命や地方出身者のプライドの喚起にはそれなりに有効であるとは思われるが，それでも今行うべきは経済生産性の観点からはむしろ東京，福岡などの大都市のグローバル競争力の保持が不可避な対応ではないかと考えるからである。

　我が国のグローバルな競争力を高めるためには，特に外交や経済におけるグローバルイニシアチブ(global initiatives)の復権が追及されるべきである。つまり，我が国において特に優先させるべき対応は，各種のグローバルポジション(global position)の向上とグローバルスタンダード(global standards)におけるイニシアチブの獲得に向けた機運の醸成である。こう考えると，グローバルに開かれた組織の構築，組織戦略としての境界融合を推進するための関係編集，お

よび組織間の関係編集が不可欠な対応策になることが理解できるであろう(原田,2000；原田・古賀編著, 2002)。

(2) 価値発現のためのネットワーク指向の組織戦略の展開

こうなると，まずは組織戦略のコンテクスト転換が期待されることになり，新たな組織戦略の投入が不可欠になってくる。これはすなわち，日本的な組織戦略からのコンテクスト転換であり，境界誘導と関係編集から価値発現を指向することになってくる。ここでは，組織を多様なノードの集合体であると捉えることになるため，これらをいかにネットワーク化するかが考察されることになる。なぜなら，価値の最大化はネットワークによって指向されることになるし，そのつながれるノードの特性によることになるからである。これはネットワークの生産性を指向するものであり，そのための選択肢はそれこそ無限に存在する。

そこで，まずは地域デザインにおけるノードの組織単位についての考察が必要になる。ネットワークにおける構成ノードについては組織単位で考える場合と課題単位で考える場合等が見出される。前者の場合は，一般的には市区町村ということになるが，場合によってはそれより狭い設定でも広い設定でも可能である。

例えば，小田急線新百合ヶ丘駅が市内にあり，政令指定都市である川崎市の新都心になっている新百合ヶ丘地区の場合をみてみよう。駅が小田急多摩線の起点であるため，八王子市，町田市，稲城市，多摩市にまたがる多摩ニュータウンのコア駅の多摩センター駅までの各駅ゾーンとは密接なつながりがあり，また将来的には横浜市営地下鉄グリーンラインが新百合丘まで延伸されるため，横浜市の最初の巨大ニュータウンである港北ニュータウン(都筑区)[1]ともつながることになる。こうなると，自身も麻生区(川崎市)の住宅地の中においてコア的な存在である新百合ヶ丘地区は広域ゾーンのハブ的なノードとしての期待が住民などに大きく膨らんでいる。

また，このことを捉えて，麻生区，都筑区，そして前述した多摩地区4市と

図表終-2　2通りのネットワーク化の行政単位とその部分の連携

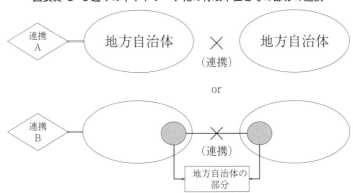

いう行政地域によるリンクが構築されているとも考えられる(川崎新都心街づくり財団監修，2023)(図表終-2)。

◇　新百合ヶ丘をめぐるノードと捉え方　◇
　A.　行政単位と異なるゾーンによる連携を指向したネットワーク
　　　　　　　　　　　　　or
　B.　行政単位と同様のゾーンによる連携を指向したネットワーク

(3) 経費の分配や投資の配分による価値移転ではなく共創による新たな価値の創造

　いうまでもないが，地域に対しては新たな価値を付与することが大切である。それには，新たな価値の創造が期待される地域内での投資の配分(allocation)や経費の分配(distribution)からのコンテクスト転換が不可欠になってくる。地域の価値を発現させるためには，これまでの一般的な政治手法である投資に関する概念である配分や経費に関わる概念である分配からの脱却である。これらには，自身で価値を創造しようという姿勢が見出されない。

　著者には，このような配分や分配という手法では，新たな価値の創造はきわ

めて困難であると感じられる。このような政治家などが好むコンテクストではなく，価値を増殖するという側面からの投資や経費への関わりをもたないと新たな価値の発現は困難であることから，このようなコンテクストからの脱却が急がれるわけである。

そのため，地方創生やふるさと納税は配分や分配主体に対して新たな創造をすることは困難である。新たな価値を獲得するには，自身でこれまでにはない価値を現出する必要が生じる。これは，移転による価値の獲得から創造による価値の獲得が必要であることを示している。すなわち，地域価値の発現は移転価値ではなく創造価値が期待されるということであり，そのため価値発現を指向するための秀逸なコンテクスト転換が必要になってくるわけである。

◇ 地域価値発現のためのコンテクスト転換 ◇

A. 価値の移転による地域価値の発現

↓

B. 価値の創造による地域価値の発現

(4) 急がれるグローバル視点での価値発現による我が国経済の早期の回復

我が国におけるグローバルなポジションは，特に経済においては長期低落傾向が継続している。ここでは詳細は述べないが，我が国のGDP (gross domestic product) は2023年にドイツに抜かれ，2024年にはインドにも抜かれると予測されており，急激な人口の減少などによってOECD（経済協力開発機構）諸国でのランキングはさらに低下するだろう。他の国ではこのような場合には政権が変わることが多いのだが，我が国においては何があっても変わらないという風潮が継続している。これはもはや国民の問題であると思わざるを得ない深刻な状況であると感じられる。

このような危機的な状況に遭遇してすら，国家も国民もグローバルなポジションの復権を主張する動きは出てこないという，非常に情けない状況にある。

実際，多くの政治家や国民は，未だに国内のシステムはすべてグローバルなシステムの中で稼働していることや，グローバル競争の中心的なプレイヤーがクリエイティブシティ(creative city)，クリエイティブビジネス(creative business)，クリエイティブクラス(creative class)であることを認めようとはしていない(Florida, 2005)。

このような状況にあって，多くの政治家や国民は未だに国内重視，地方(田舎やふるさととしての)重視から抜け出ようとしないままである。価値は創造するものではなく，移転させるものであるという認識が蔓延しており，これが我が国の低迷を加速しているのである。今すぐに行うべきは，国家のグローバルなポジションの回復と東京などの大都市の競争力維持である。

また，我々はOECD諸国との連動で国も，企業も，国民もそれぞれの価値を高めることが課題になっているのだから，他国が支持する基本的な考え方への理解が不可欠になっている。そこで，自由主義，資本主義，個人主義の徹底とこれらに依拠した競争力の獲得が欠かせない。我々はこれらの対抗概念である強権主義，社会主義，家庭主義の拡大を抑え込む必要がある。

◇ 我が国や国民が依拠すべき価値感 ◇
①×強権主義　VS.　自由主義○
②×社会主義　VS.　資本主義○
③×家庭主義　VS.　個人主義○

第2節　個別の執筆者の独自の主張とその地域デザインからの評価

本章では，本書の各章の主張と，それが第1章で示されたネットワークモデルや，その前提となるZTCAデザインモデル研究に対してどのような貢献や示唆が得られたのかを整理する。

第2章ではゴフマンの自己呈示概念を使って地域デザインを説明することで，地域ではどのような営みが行われ，そのデザインには行為では何に留意しなければいけないのかといった，ダイナミズムを明らかにしようと試みている。

　ゴフマンの自己呈示概念を援用すると，地域デザインは地域が主体となって自己呈示(ゴフマンでいう印象管理)をする行為だと捉えられる。そこには役割を演じる場における「表局域」と「裏局域」が存在する。そのため，地域住民にとって大事なものが必ずしも地域外の人間にはそうではないという前提から地域の自己呈示を設計することが重要であり，成功させるためには，全国全世界のコンテクストを把握し，その中でどう価値を発現させるのかの戦略を練る巧みさが必要だとしている。

　また，地域デザインの場合は，地域の住民にとって表局域と裏局域の境界をはっきりさせることが難しい部分があり，同一地域内である種の境界融合が起きているという特徴がある。そもそもSNSの普及によって表局域，裏局域の区別が曖昧となった現代において，演出された表局域だけの呈示では満足できない観客たちは，裏局域を見せているように見せかけつつ演出された本物であるような「自己呈示」を好んで消費しており，地域についてもオーセンティシティ(真正性)，すなわち「心で感じる本物感」をどのように地域デザインの中で実現できるかが重要であると指摘している。

　第3章では，地域デザイン論の先行研究において地域の価値を創造する主体としてのアクターの重要性については着目されていたものの，アクターが担う役割自体の具体的な議論が進展していなかったことを指摘している。その上で，「関係編集」という概念を前提として，S-Dロジックもしくはサービス・エコシステムの中でアクター同士の関係性を整理し，それぞれの役割について議論を進めている。

　S-Dロジックで強調されているように，価値はアクター単独で創造するものではなく，価値は常に多様なアクターによって共創されているのであり，サービス交換を通じた価値共創の枠組みが必要である。S-Dロジックではサービス交換の範囲を説明する3つのレベル(ミクロ・メゾ・マクロ)が設定されているが，

終章　地域デザインモデルの効果を高めるためのコンテクスト転換　275

地域ではアクターが主体的であるとともに，それが複数存在する地域においては直接的なサービス交換がない可能性がある。

　そのため，マクロおよびメゾ・レベルでのサービス交換を中心に分析を進展させる必要がある。本章では，地域価値を発現するための関係編集を明らかにするためには，この階層間は静的に独立して存在するのではなく，互いに影響し合う動態的な関係であるというエマージェンスの視点を取り入れて，動態的な分析を進展させることが重要であると指摘しており，この点についてさらに今後議論が精緻化されることが期待される。

　第4章では，外部人材を用いて，どのように地方部の地域をデザインし，地域の価値を向上させるのかを論じている。

　我が国では，長らく都市から地方への移住および定住を促進する政策によって，過疎化・高齢化した地方の活性化が試みられてきた。過疎地域に地域外の若年層を人材として送り，地域協力活動を行い，任期後も当該地域での定住を図る地域おこし協力隊がよく知られている。第4章では，この外部人材が任期付雇用である協力隊員としての活動を終えた後の動向を分析している。

　任期を終えた協力隊員は，当該地方自治体において協力隊員時代の業務とほぼ同様業務を遂行したり，自治体や非営利組織に採用され，新たな業務に勤しんだり，また農・林・漁業を本格的に開始したり，地域資源を生かした開業・起業したりする者らがその大半を占める。つまり，終了後も当該自治体や近隣の自治体で営みを続けることが多いが，このとき彼らの立場は協力隊から元協力隊へと身分が変化する。これに伴い，地域住民との関係も新たに編集し直す必要がある。すなわち，地域住民は，元協力隊員の行う新たな仕事について，コンテクスト転換が求められる場合もあるし，元協力隊員も準公務員的な思考を転換することが求められる。第4章では，同じアクターで構成されるアクターズネットワークが，地域おこし協力隊員という外部人材の立場が転換することに伴って変質することを報告しており，彼らと地域住民との関係編集を見据えた制度設計や地域デザインが必要だとしている点が重要な指摘である。

　第5章では，第1章で示した3つの関係編集ネットワーク，すなわちコンテ

クストによって形成されたトポス同士を束ねる3層のトポスネットワークの有機的な連携をデザインすることによって，客体に地域のトポスの存在を知らせ，地域に関わる動機を高め，地域の価値を認識させることができることを理論的に説明している。

ローカルネットワークは地域の中で同じコンテクストに関係する点トポス主体同士のつながりによる協力関係を構築するものであり，地域資源それぞれのトポス性を束ねることで，客体に対して，その地域がコンテクストと関連したかけがえのない場であるということを認識させる「面」のトポスを掲げることを目指す。主体の想いを重視したローカルネットワーク対し，リージョナルネットワークは，より客体の都合や観光心理に寄せて，地域内や周辺地域に存在する複数の面トポスを組み合わせ，客体の価値観に沿ったパッケージを提示することで客体の訪問動機を高めようとするものである。意味関連ネットワークはさらに客体の心理や記憶構造に踏み込んだものであり，様々なコンテクストと地域を知識構造の中で結び付けることで，客体が様々なコンテクスト下で当該地域を選択する可能性を少しでも上げるというものである。

第5章で示されたモデルでは以上の3つのネットワークが同一地域空間の上に層として重なって連携している点が特徴的であり，同一地域資源が各ネットワークに位置づけられていることから，地域のトポスをめぐる主体の心理から客体の心理まで横断的に捉えたうえで地域の価値を発現するための関係編集を行うことが重要であることをしている。

本章の議論は地域内対地域外，あるいは主体対客体という境界が融合していっているという第2章の議論とも合致しており，これをトポスという軸を中心として体系的なモデルして説明していると捉えられよう。また，第10章でも議論されるコラボレーティブネットワークの各種理論とも整合しており，本モデルの各ノードのキーストーン性について，今後さらに検討を進めることが期待されよう。

第6章では，公共空間デザインの先行研究を整理し，近年の公共空間デザインで注目を集めているマーケットに欠かすことのできない存在となっている移

動販売車による地域の価値発現について，カテゴリー研究の理論を援用しながら理論的考察を行なっている。

　移動販売車の組み合わせによって構成されるマーケットをZTCAデザインモデルに当てはめると，まずマーケットの開催場所や規模を適切にデザインすることが求められ，プラットフォームビジネス企業によって，マーケット自体のトポス性をデザインする必要がある。そのうえで，どのようにトポスを表現するようなコンステレーションを出店可能な移動販売車の組み合わせによって実現するか，主催者とプラットフォームビジネス企業がデザインする必要がある。さらに，地域内の主催者が地域外のプラットフォームビジネス企業と適切な協力関係を持ち，エディター（編集者）となって，その地域の公共空間の最適解を導き出すという関係編集が重要であるとしている。

　可変性の高いマーケットでは，異種補完集合の中での関係編集と同類代替集合を考慮した関係編集を両立させた公共空間のマーケットデザインを行うことが可能であり，本章でも，実際にいくつかのプラットフォームビジネス企業によって試行され始めていることが紹介されている。今後，さらにビジネスプラットフォーム企業を含むマーケットの主催者側とマーケットを訪れた人たちといった多様なアクターそれぞれの関係編集のあり方について，理論的な精緻化がなされて行くことが期待されよう。

　第7章では，地域デザインにおけるプラットフォームの役割をさらに精緻化して考察を進め，そこから発現される価値創造の可能性を探っている。

　そのため，まずはビジネス分野においてプラットフォームがどのように構造化され，進展していくのか，その形成過程が紹介されている。ビジネス分野におけるプラットフォームとはコンテンツとして捉えると，これらを束ね，知的財産とガバナンスをコントロールし需要者と供給者を仲介する機能を持ったものと規定できるものである。

　第7章では，地域資源を体系的に束ねて地域価値の発現につなげる地域デザインのあり方を，このプラットフォームの体系的な統合によって説明している。地域資源である拠点やアクター，サービスなどのコンテンツは，束ねられてプ

ラットフォームとして地域内にいくつも存在する。これらがさらに「観光」「スマートシティ」「共助」「人材育成」など特定のテーマによって，階層的に統合した，「地域プラットフォーム」を構築すると捉えることで，プラットフォームの持つネットワーク効果や関係編集による地域価値を創造できる可能性があることが理論的に明らかにされた。

第7章ではさらに将来の地域戦略を考察するために，境界連結者というアクターを仮定し，彼らが「地域プラットフォーム」間を関係編集することで複数連結させ，「統合プラットフォーム」を構築することで，地域をより大きく捉えた「活動圏」のデザインを担うことが可能となるのではないかと予見している。

地域プラットフォームを規定するテーマを第1章で呈示されたZTCA+Caのカテゴリーに相当するものと見做すと，本章では，地域デザインのプラットフォーム構築に対して，ZTCAデザインモデルを適応することの妥当性を理論的に検証したものといえよう。

第8章では，近年人々の関わりが薄くなったことで存続が難しくなってきている寺社の現状を，空間を使い分けるという関係編集によって改善できることを論じている。

若者の流出や高齢者の増加により，檀家・氏子・地域住民が減っており，宗教法人の3分の1以上は2040年までには消滅する可能性があるという危機的な状況が生じている。地域にとっては寺社を中心として，祭りや行事を通して長年培われ継承されてきた地域の文化や伝統，アイデンティティをも失うことにもつながる。特に，「祭り」は担い手や資金の不足によって継続が断念される例が多く，結果として地域のつながり・地縁も維持することが難しくなりつつある。

さらには，寺社や祭りを支えてきた地域住民の意識の変化も影を落としている。かつては地域住民同士のつながりの中で，体験に基づいた共通の物語がコミュニティ内で一種のコンステレーションを描くことができていた。しかし，現在では多くの人の活動の場がオンライン空間へと移行しており，地域に縛ら

終章　地域デザインモデルの効果を高めるためのコンテクスト転換　　279

れるのではなく，自身が自由に縁を結びたい場所を選べる。このような状況でコミュニティを維持するための新しい試みが必要である。

　これに対し，第8章では成功している海外のカーニバルが核となる民衆の信仰と祭りという行為そのものを分離させ別個のものとしたように，寺社という空間を信仰や儀式の場だけでなくアニメやダンス，HipHop，メタバースといった新しい活動の場ともすることでより多くの受け手にとって魅力の高い場とすることができると主張している。

　これを俯瞰すると，寺社関係者が寺社という空間，あるいは祭りという場を単一のコンテクストで縛らず，いくつかのコンテクストを共存させるというコンテクスト転換を行うことで，受け手となる多様なアクターと寺社や祭りの関係性を編集したと捉えることができる。

　第9章では鉄道会社による地域のゾーニングによって地域の観光資源を束ねて観光客に提示し，地域価値を発現させる方法について論じている。

　我が国において，鉄道事業者は自社の路線によって複数の自治体をつないでおり，これをゾーンと規定して地域価値を向上させることができる重要なアクターである。しかし，その利用者や沿線住民は必ずしも同一路線を1つのゾーンとしては捉えていないことがあり，特に長大路線の場合，その広い沿線をいくつかのゾーンに分け，ゾーンごとにイメージを構築して住民を引きつけることが重要である。第9章では，京浜急行が三浦半島にある三浦，横須賀，逗子・葉山エリアで実施している価値向上戦略の事例を基に，鉄道事業者が地域デザイナーとして，地域の捉え方をコンテクスト転換させ，魅力的な観光地として訴求することの効果と課題を示している。

　第9章で展開されている単一の地域の魅力だけでは足りない場合にそれらを連携させて魅力を発揮させるという議論は第5章や第7章でもなされている。本章で紹介された事例は鉄道事業者が地域をデザインする主要なアクターとなって，鉄道によるつながりを活かした地域同士の関係編集を行い得ることを示している。

　その一方で，個性の異なる地域同士を無目的に連携させて一体としての広域

ゾーンを形成してしまうと，それは全体最適化という経済メリットをもたらすものの，それぞれの地域ブランド価値が薄まってしまい，魅力が低下してしまう危険性がある事も指摘しており，鉄道事業者はどのように第1章で論じられたような効果的なトポスあるいはテーマカテゴリーをデザインすることができるのか，さらに議論を進展させることが期待される。

　第10章では，コラボレーティブネットワークやビジネス・エコシステムといった相互依存的，相互補完的なネットワークに関する先行知見を参照しながら，地域価値創出のために都市同士を連携させる都市連携構想のあり方について論じている。

　第10章では，まず，連携中枢都市圏を地域価値創出ネットワークとして描写し，カマリーナ＝マトス他(2009)の知見である「ネットワークリンクの3水準の相互関係」やグラノベッター(1973)の「弱い紐帯の強さ」，安田(1997)の「ノードの中心性」といったネットワークやエコシステムに関する研究で精緻化されてきた概念を利用すれば，地域連携による地域価値創出のメカニズムを把握できると主張している。

　また，イアンシティとレビーン(2004)によるネットワークの中核的アクターの戦略的立場に関する知見において，ネットワーク健全性がネットワーク上の個々のパフォーマンスにとって無視できない影響を及ぼすこと，そして中核的アクターの戦略的なスタンスがネットワーク健全性を大きく左右するということが示唆されている。このことから，連携中枢都市圏の評価指標として，連携中枢都市圏内にニッチ創出による多様性の確保や堅牢性の向上といったネットワーク健全性，さらには，連携中枢都市の行政機関などの中核的アクターのキーストーン性を評価するような指標を作成し使用することを提言している。

　第10章は都市同士あるいはその中に存在する多様なアクター同士を関係編集することによって出来上がったネットワークがどの程度有効なものであるのかを評価することができることを理論的に示しているところが重要な点であり，第10章によってZTCAデザインモデルの特にアクターやアクターズネットワークの実証的研究を後押しすることが期待される。

おわりに

　ここで確認されたのは，地域デザインにおける ZTCA デザインモデルの効果的な活用のためにはネットワーク組織論の活用が大事であるということであった。地域デザインにおいて期待されることは，地域価値の増大である。そうなると，価値の移転は，とりわけ低生産性地域への移転は望ましい対応ではない。これに対して，ネットワーク組織論から捉えた関係編集におけるノードによる的確なリンクは価値の増大が期待できることがわかった。

　また，価値の移転は政治的に利用されるリスクがあると考えられることから，これから逃れるためには分配や配分の背景にある思惑を正しく認識することが不可欠であることも理解できたと思われる。これは，多くの政策は政治的なパワーを獲得するために行われる傾向があることに由来している。したがって，政治家がからむ案件には注意が必要になってくる。

　さらに，近年の北陸新幹線の金沢から敦賀への延伸に対する期待については，東京からの敦賀地域への顧客の誘因であることが理解できる。近距離にある大阪よりも，北陸新幹線がある種のトリガーになって東京からの顧客誘引が期待されるということは，東京圏は広大で裕福な住民が多いということが前提になっている。これはすなわち，大都市圏の維持や拡大が地方には有効に機能することを表していると考えるべき事柄である。こう考えると，東京一極集中から地方への分散というような主張は，我が国の全体的な価値の低減を招いてしまうというリスクがあることを示しており，避けるべき対応となってくる。

　これについては，敦賀周辺の北陸地域にとっては，ここに東京からの移住者を受け入れるよりは，むしろクリエイティブシティのクリエイティブクラスに何度も来訪してもらうほうが望ましことを示している(Florida, 2005)。これはある種のアイロニーであるが，過疎地域にとってはわずかばかりの低所得者の移住よりは，むしろ東京などの大都市のクリエイティブクラスが訪問することの方が望ましいということである。こう考えると，我が国の価値はネットワーク組織論を活用した大都市と地方都市とのネットワークを強くすることにより

図表終-3　大都市と地方の関係に関するコンテクスト転換

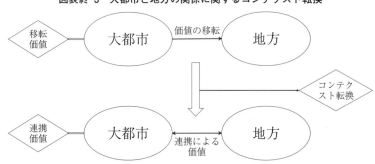

高めることができるということになる。

したがって、東京などの大都市と地方都市との関係編集は、価値の移転ではなく価値の波及であることになる。このような大都市と地方との関係においては、これまでとは異なる関係を指向したコンテクスト転換が不可欠になっている。今後は、新たな通信や交通の投入が行われ、両者は一体として行動するようになることから、リンク戦略が一層大事になってくる。そのためにも、従来型の地方主義者は表舞台から降りてほしいと願うばかりである(図表終-3)。

◇　大都市と地方との関係に期待されるコンテクスト転換　◇
　　A．大都市から地方への価値の移転による地方の維持
　　　　　　　　　　↓
　　B．大都市と地方のネットワーク結合による地方の維持

注
1) 都筑区内の丘陵地に広がる港北ニュータウンは、市の中心部から北北西約12km、都心から南西25kmに位置している（横浜市, 2023）。

参考文献

川崎新都心街づくり財団監修, 平本一雄編著 (2023)『持続する郊外 住民主導のアーバニズム』青弓社。
原田保 (2000)『関係編集：知識社会構築と組織革新』日科技連出版社。
原田保 (2001)『場と関係の経営学：組織と人材のパワー研究』白桃書房。
原田保 (2020)「地域デザイン理論のコンテクスト転換―ZTCA デザインモデルの提言」地域デザイン学会誌『地域デザイン』第 4 号改訂版, pp. 11-27。
原田保・古賀広志編著 (2002)『境界融合：経営戦略のパラダイム革新』同友館。
安田雪 (1997)『ネットワーク分析―何が行為を決定するか』新曜社。
横浜市 (2023)「港北ニュータウン 現況とまちづくりの方針」, https://www.city.yokohama.lg.jp/kurashi/machizukuri-kankyo/toshiseibi/jokyo/sonota/nertown/nt.html (2024.6.16 アクセス)。
Camarinha-Matos, L. M., H. Afsarmanesh, N. Galeano and A. Molina (2009) "Collaborative Networked Organizations-Concepts and Practice in Manufacturing Enterprises," *Computers and Industrial Engineering*, 57(1), pp. 46-60.
Florida., R. (2005) *The Flight of the Creative Class: The New Global Competition for Talent*, Harper Business. (井口典夫訳 (2007)『クリエイティブ・クラスの世紀』ダイヤモンド社)
Granovetter, M. S. (1973) "The Strength of Weak Ties," *American Journal of Sociology*, 78(6), pp. 1360-1380.
Iansiti, M. and R. Levien (2004) *The Keystone Advantage: What the New Dynamics of Business Ecosystems Mean for Strategy, Innovation, and Sustainability*, Harvard Business School Press. (杉本幸太郎訳 (2007)『キーストーン戦略―イノベーションを持続させるビジネス・エコシステム』翔泳社)

【監修】

一般社団法人 地域デザイン学会（理事長 原田保）

　2012年1月設立。2015年6月一般社団法人化。日本学術会議協力学術研究団体。

　地域振興や地域再生を，産品などのコンテンツからではなく知識や文化を捉えたコンテクストの開発によって実現しようとする学会である。地域デザインを知行合一的に展開することで，インテグレイティッド・スタディーズとしての地域デザイン学の確立を指向している。

地域デザイン学会叢書 11
地方創生から地域デザインへのコンテクスト転換
――地方と中央との関係編集による地域価値の創造

2024年12月20日　第1版第1刷発行　　　　　〈検印省略〉

　　　　　　　監　修　一般社団法人 地域デザイン学会
　　　　　　　　　　　　　　　原田　　保
　　　　　　　　編著者　諸上　茂光
　　　　　　　　　　　　西田小百合

発行者　田中　千津子　　〒153-0064　東京都目黒区下目黒3-6-1
　　　　　　　　　　　　　　電話　03（3715）1501 ㈹
発行所　株式会社 学文社　　FAX　03（3715）2012
　　　　　　　　　　　　　　https://www.gakubunsha.com

©2024 HARADA Tamotsu, MOROKAMI Shigemitsu & NISHIDA Sayuri
乱丁・落丁の場合は本社でお取替えします。　　　Printed in Japan
定価はカバーに表示。　　　　　　　　　　　　　印刷　新灯印刷

ISBN 978-4-7620-3388-9